CÓDEX
ARQUIMEDES

REVIEL NETZ E WILLIAM NOEL

CÓDEX
ARQUIMEDES

Tradução de
RACHEL SCHWARTZ

Revisão técnica de
DIEGO VAZ BEVILAQUA

EDITORA RECORD
RIO DE JANEIRO • SÃO PAULO
2009

CIP-Brasil. Catalogação-na-fonte
Sindicato Nacional dos Editores de Livros, RJ.

N391c
Netz, Reviel
    Códex Arquimedes / Reviel Netz, William Noel;
[tradução Rachel Schwartz]. – Rio de Janeiro: Record, 2009.

    Tradução de: The Archimedes codex
    Inclui índice
    ISBN 978-85-01-07870-4

    1. Arquimedes, 287 a.C.-212 a.C. – Manuscritos. 2. Matemática antiga. I. Noel, William. II. Título.

08-2785
    CDD – 510.9
    CDU – 51(09)

Título original em inglês:
THE ARCHIMEDES CODEX

Copyright © Reviel Netz e William Noel, 2007

Todos os direitos reservados. Proibida a reprodução, armazenamento ou transmissão de partes deste livro através de quaisquer meios, sem prévia autorização por escrito. Proibida a venda desta edição em Portugal e resto da Europa.

Direitos exclusivos de publicação em língua portuguesa para o Brasil adquiridos pela
EDITORA RECORD LTDA.
Rua Argentina 171 – Rio de Janeiro, RJ – 20921-380 – Tel.: 2585-2000
que se reserva a propriedade literária desta tradução

Impresso no Brasil

ISBN 978-85-01-07870-4

PEDIDOS PELO REEMBOLSO POSTAL
Caixa Postal 23.052
Rio de Janeiro, RJ – 20922-970

EDITORA AFILIADA

Este livro é dedicado
a Lynn, Maya Darya e Tamara e a Ioannes Myronas

SUMÁRIO

	Prefácio	9
1	Arquimedes nos Estados Unidos	11
2	Arquimedes em Siracusa	35
3	A Grande Corrida, Parte I: Antes do Palimpsesto	73
4	Ciência Visual	95
5	A Grande Corrida, Parte II: A História do Palimpsesto	125
6	O *método* de Arquimedes, 1999 ou A Construção da Ciência	145
7	A Via Crítica	165
8	O *método* de Arquimedes, 2001 ou Infinito Desvendado	189
9	O Palimpsesto Digital	213
10	O *Stomachion*, 2003 ou O Jogo de Arquimedes	241
11	Nova Luz sobre Assunto Antigo	269
	Epílogo: "O Vasto Livro do Universo"	289
	Agradecimentos	301
	Outras Leituras	305
	Índice Remissivo	311

PREFÁCIO

Nicetas Choniates, irmão do arcebispo de Atenas, foi testemunha da maior calamidade que já se abateu sobre o mundo do saber. Em abril de 1204, soldados cristãos em missão para libertar Jerusalém, detendo-se em seu objetivo, saquearam Constantinopla, então a cidade mais rica da Europa. Nicetas fez um relato da carnificina a que assistiu. O suntuoso tesouro da grande igreja de Hagia Sophia (Sabedoria Sagrada) foi destroçado e distribuído entre os soldados. Mulas foram levadas ao santuário da igreja para transportar o fruto da pilhagem. Uma meretriz, dada a feitiçarias e envenenamentos, sentou-se no lugar do Patriarca, dançando e entoando canções obscenas. Os soldados capturaram e estupraram freiras a Deus consagradas. "Oh, Deus imortal", lamentou Nicetas, "que enormes são as aflições humanas". A indecorosa realidade das guerras medievais abateu-se sobre Constantinopla, arruinando o coração de um grande império.

Na cidade atacada havia mais livros do que pessoas. Pela primeira vez desde sua fundação pelo imperador romano Constantino, o Grande, 874 anos antes, em 330 d.C., Constantinopla era saqueada. Seus habitantes ainda se consideravam romanos, e a cidade guardava, como herança sua, tesouros literários do mundo antigo. Entre eles, havia tratados do maior matemático do mundo antigo e um dos maiores filósofos já existentes. Ele aproximou o valor do π, desenvolveu a teoria dos centros de gravidade e deu os primeiros passos em direção ao desenvolvimento do cálculo, 1.800 anos antes de Newton e Leibniz. Seu nome era Arquimedes. Apesar de centenas de milhares de livros terem sido destruídos durante o saque, três contendo textos de Arquimedes sobreviveram.

Dentre eles, o primeiro a desaparecer foi o Códex B; a última notícia que se teve dele foi que estava na biblioteca do papa em Viterbo, ao norte de Roma, e data de 1311. O próximo a se perder foi o Códex A; seu último paradeiro foi na biblioteca de um humanista italiano, em 1564. Por meio de cópias desses livros, mestres da Renascença, como Leonardo da Vinci e Galileu, conheceram as obras de Arquimedes. Mas Leonardo, Galileu, Newton e Leibniz nada sabiam sobre o terceiro livro, que continha dois textos extraordinários de Arquimedes, não existentes nos códices A e B. Se comparada a tais textos, a matemática de Leonardo parece coisa de criança. Oitocentos anos depois do saque de Constantinopla, esse terceiro livro, o Códex Arquimedes, tecnicamente conhecido como Códex C, reapareceu em cena.

Esta é, pois, a verdadeira e notável história desse livro e dos textos nele contidos, revelando como tais textos atravessaram séculos, como foram descobertos, como desapareceram novamente e como, finalmente, encontraram um patrocinador. É também a história da paciente conservação, da tecnologia de ponta e da dedicada competência que permitiram o ressurgimento dos textos apagados. Em 1999, quando começaram a trabalhar no livro, os membros da equipe não tinham a menor idéia do que desvendariam. Terminado o trabalho, tinham descoberto textos do mundo antigo absolutamente inéditos e mudado a história da ciência.

1
Arquimedes nos Estados Unidos

Arquimedes à Venda

NOVA YORK, NOVA YORK

Felix de Marez Oyens. Que nome importante! Não o conheço, mas o vi uma vez pela televisão. Tanto seu nome como suas maneiras me pareceram talhados para indicar uma estirpe ilustre e internacional que, como seria natural, produziu aprendizado profundo, gosto requintado, excelente discernimento e total integridade. Ele claramente tinha um vasto conhecimento sobre livros e sabia vendê-los como ninguém. Não admira que fosse o diretor internacional do Departamento de Livros e Manuscritos da casa de leilão Christie's, em Nova York.

A quinta-feira, 29 de outubro de 1998, foi um dia excepcionalmente ocupado para Felix. A maior parte dela foi dedicada ao leilão da parte final da fenomenal coleção de livros de ciências e medicina do colecionador Haskell F. Norman. Dentre os 501 lotes havia algumas preciosidades. Pela manhã ele vendeu a tese de doutorado de Marie Curie, por ela autografada para Ernest Rutherford, o homem que descobrira a estrutura nuclear do átomo; vendeu também a primeira edição de *A origem das espécies* de Darwin e uma cópia da publicação de Einstein de 1905 sobre Relatividade Especial. À tarde, foi batido o martelo para outros livros extraordinários: a cópia da primeira edição do *Tratado de eletricidade e magnetismo*, de James Clerk Maxwell, que havia sido ganha como um prêmio pelo descobridor do elétron, J. J. Thompson; o primeiro depoimento publicado de Wilbur Wright sobre os vôos experimentais em Kitty Hawk, Carolina do Norte; e o artigo de Nicolai Lobachevskii,

Sobre os princípios da geometria, o primeiro trabalho publicado sobre geometria não-euclidiana. Grandes livros, todos eles, e um grande dia para Felix.

Inserido entre as sessões da manhã e tarde, houve um minileilão separado, destinado a um único livro. Não se tratava de livro impresso, mas escrito à mão, e não pertencia à coleção de Norman. Na realidade, o notável catálogo que Felix havia preparado para a ocasião, com o suntuoso código de venda "Eureca — 9058", não mostrava a quem ele pertencia. Não parecia ser um grande livro. Estava chamuscado pelo fogo, corroído pelo mofo e quase ilegível. Para piorar as coisas, bem no dia anterior, o Patriarcado Greco-Ortodoxo de Jerusalém havia entrado com uma liminar contra a Christie's, na Corte Distrital dos Estados Unidos, Distrito Sul de Nova York, presidido pela juíza Kimba Wood. O patriarcado argumentava que o manuscrito havia sido roubado de uma de suas bibliotecas. A Christie's foi bem-sucedida na defesa de seu direito de leiloar o livro no dia seguinte, mas ficou claro que a questão da propriedade do livro continuaria após a venda. Apesar da engenhosidade do catálogo, o livro se configurava uma venda difícil. Quem iria querer um manuscrito ilegível, em péssimas condições, e sob disputa judicial? Apesar de tudo isso, às 14h desse dia, Felix estava determinado a vendê-lo por um valor astronômico, e estabeleceu o preço de reserva em 800 mil dólares.

Felix estimava que valesse muito, pois, mal visíveis sob as orações cristãs do século XIII, havia palavras apagadas de legendário gênio da matemática: Arquimedes de Siracusa. Incompleto, danificado e sobrescrito como estava, o livro era o primeiro manuscrito de Arquimedes. E o único que continha *Corpos flutuantes* — talvez seu tratado mais famoso — no original, em grego, assim como uma versão de outros dois textos extraordinários — o revolucionário *O método* e o lúdico *Stomachion*. Mal dava para lê-los, mas, como Felix apressou-se em ressaltar, havia a possibilidade de que as mais modernas técnicas de imagem ajudassem. Havia ainda no livro outros textos apagados, quase invisíveis; ninguém conseguiria lê-los e ninguém lhes deu muita atenção. O importante é que o livro continha material póstumo extremamente danificado da mente de um grande homem. Se aquele era um grande dia para Felix, era um dia enorme para a história da ciência.

A sala do leilão ficava nos escritórios da Christie's, na esquina da Park Avenue com Rua 59, em Nova York. Os grandes quadros contemporâneos alinhados na sala conferiam uma ambientação visual imponente que o manuscrito não conseguia, atado que estava a um suporte de livro e protegido em uma vitrine excessivamente iluminada, do lado direito do púlpito do leiloeiro. Minutos antes da contagem regressiva para a venda, começaram a chegar os repórteres. Eles permaneceram no fundo da sala, com seus cinegrafistas, que focalizavam suas lentes no livro, tentando em vão mostrá-lo por um ângulo tão bom quanto o de um dos quadros. As fileiras mais distantes do púlpito estavam cheias, ocupadas principalmente por acadêmicos, gente como o professor de matemática de West Point, Fred Rickey, um apaixonado pelo manuscrito e profundamente interessado em seu destino, mas sem cacife para arrematá-lo. Os lugares da frente, que se esperava que fossem ocupados pelos realmente interessados, estavam ainda alarmantemente vazios. Felix talvez tivesse se preocupado um pouco. Mas teve sorte. Seu número de sorte era dois, porque o valor de mercado de um objeto é sempre determinado por quanto é desejado por mais de uma pessoa.

Uma das pessoas que desejava o livro ardentemente era Evangelos Venizelos, o ministro da Cultura da Grécia. Ele o queria para seu país. Havia divulgado publicamente que adquirir o manuscrito era obrigação moral, histórica e científica da Grécia. No último minuto ele organizou um consórcio para comprar o livro, e o cônsul-geral da Grécia em Nova York, sr. Manessis, foi enviado ao leilão. Sentou-se na fileira da frente, do lado esquerdo da sala, juntamente com um associado.

Logo atrás do sr. Manessis estava alguém disposto a desapontá-lo — Simon Finch, um destacado livreiro de Londres. Se a idéia que você faz de um vendedor de livros é de um cavalheiro inglês que usa óculos e terno de tweed, é melhor repensá-la. Finch não é nada disso. Com cerca de 45 anos, ele mais se parece com uma estrela do rock do que com um livreiro, e vende livros a estrelas do rock com a mesma freqüência com que o faz para bibliotecas. Ele é o tipo do sujeito que normalmente pode ser encontrado em feiras de livros usando ternos Vivienne Westwood, barba por fazer e cabelo desalinhado. Tem até um par de sapatos de camurça azul. Finch é um romântico, razão pela qual está no negócio de livros. Se você não achar que é romântica a combinação de uma grande história e a suprema qualidade que os livros podem oferecer, ele lhe dirá que você nunca folheou as páginas de um grande livro. Em cinco minutos você poderá se tornar cliente dele. Ao dar o lance para o Palimpsesto que continha os tratados de Arquimedes, seu ar de mistério era maior do que o habitual. Ninguém sabia em nome de quem ele estava agindo, e ninguém imaginava quanto essa pessoa estava preparada para pagar pelo manuscrito.

O duelo começou às 14h, com Francis Wahlgren da Christie's ao púlpito. Logo foi alcançado o preço de reserva de 800 mil dólares e ultrapassado o marco de um milhão de dólares do leilão. Cada vez que os gregos levantavam sua plaquinha — número 176 —, Finch rebatia com a dele — número 169. Os gregos não saíam do telefone, recebendo instruções, e cada vez que o preço subia, demoravam um pouco mais para levantar a plaquinha. E toda vez, Finch cobria o novo preço. O cônsul-geral aceitou a proposta do leiloeiro de 1,9 milhão de dólares. E rapidamente Finch aquiesceu à de dois milhões de dólares. Wahlgren olhou para o cônsul-geral buscando resposta a uma oferta superior aos dois milhões. Ao telefone, os gregos procuravam desesperadamente levantar mais dinheiro. Após alguns minutos, que pareceram uma eternidade, Wahlgren bateu o martelo — "Dois milhões de dólares", disse ele, "para a placa 169". Os gregos não conseguiram: o livro acabou nas mãos do cliente anônimo de Finch. Somada a comissão do leiloeiro, o Palimpsesto de Arquimedes foi vendido por 2,2 milhões de dólares.

Esse único livro ficou apenas abaixo da metade do valor total de venda de todos os 501 lotes de Norman. Não surpreende que sua história tenha chegado às manchetes dos jornais. No dia seguinte, o desempenho de Finch estava estampado na primeira página do *New York Times*, para saciar o interesse provocado. Ele não era o representante de uma universidade ou livraria, mas de uma pessoa física. E não revelaria tudo. Apenas admitia ser o comprador de um cidadão americano que "não era Bill Gates". Antes do leilão, Felix de Marez Oyens havia mostrado o livro a

Finch e ao comprador. Referira-se a ele como "um livro velho e sujo" ao tirá-lo de um saco de papel marrom e colocá-lo sobre sua mesa. Essa não era a técnica habitual de vendas de Felix, mas funcionara. Quem quer que esse indivíduo fosse, diferentemente de muitas eminentes instituições, ele desejava o livro o bastante para desafiar um governo nacional e um líder religioso, e estava disposto a pagar um alto preço pelo privilégio de possuir um livro embolorado, ilegível e sob disputa judicial. Seria um caso de loucura? Alguém pretendendo guardar conhecimento secreto só para si? Felix poderia sentir-se feliz, mas muitos sentiam-se ultrajados. Se o passado do Palimpsesto era obscuro, seu futuro parecia perigosamente incerto.

BALTIMORE, MARYLAND

Meu nome é Will Noel e sou curador do Museu de Arte Walters, em Baltimore, Maryland. O Walters, como é sabido, é um grande museu americano, que teve por modelo um palácio renascentista de Gênova. Pense em grandiosas escadarias de mármore e em um pátio rodeado de colunas e você terá uma idéia de como ele é. Está localizado ao lado de outros edifícios nobres que circundam a Mount Vernon Place, na área central de Baltimore. No centro da praça há um pilar alto com a estátua de George Washington. Se fosse em Londres, a praça estaria lotada de turistas, músicos de rua e estudantes. Mas, localizada como está na área central de Baltimore, a Mount Vernon Place normalmente está vazia, o que lhe empresta um ar de melancólico desânimo que o fluxo de tráfego não consegue disfarçar. O museu abriga a soberba coleção de dois indivíduos: pai e filho, William e Henry Walters. Em um gesto de magnânima filantropia cívica, a coleção foi dada por Henry à cidade de Baltimore, em 1934. Poucas pessoas o visitam, mas o museu contém 55 séculos de arte, e seu acervo é verdadeiramente fabuloso em muitas áreas. Thomas Hoving, diretor do Museu de Arte Metropolitan, de Nova York, disse sobre ele: "Peça por peça é o maior museu de arte dos Estados Unidos." Faz parte de meu trabalho pesquisar, ensinar a respeito e expor os manuscritos e livros raros da coleção do Walters. Eles são a essência da lenda e o tecido da história, abrangendo o período entre 300 a.C. e 1815, desde um Livro dos Mortos egípcio às memórias de Napoleão. A maioria deles é medieval e suntuosamente ilustrada com iluminuras. Entre outras preciosidades do Walters, há sarcófagos romanos e pinturas de Hugo van der Goes, Raphael, El Greco, Tiepolo e Manet.

Gary Vikan, o diretor do Walters, é meu chefe. Várias semanas antes da venda do Palimpsesto de Arquimedes, eu comentei com Gary a respeito dele — faz parte do meu trabalho acompanhar as vendas de Nova York, e Gary tem particular interesse em manuscritos medievais. Ele teve um estalo. Quando cheguei ao trabalho no dia posterior à venda, ele me cumprimentou do alto da escadaria da casa que havia sido dos Walters e, sacudindo o *New York Times*, disse: "Will, por que você não descobre quem comprou o Palimpsesto de Arquimedes e vê se o consegue para uma exposição?"

Achei uma má idéia. Afinal de contas o Walters é um museu de arte — está voltado para a aparência das coisas. Não dá sequer para ver o que há de interessante no Palimpsesto. Enviei a Gary um memorando perguntando se realmente queria que eu fizesse isso. Dois dias depois recebi a resposta num rabisco típico da diretoria: "NÃO PRECISA SE ESFORÇAR MUITO." Estava claro que eu precisaria pelo menos tentar. Não tinha mais pistas do que os demais. Simon Finch era o único nome que eu tinha para ir atrás. Pedi então a Kathleen Stacey, a bibliotecária-chefe do Walters, para procurar o endereço de e-mail dele na internet. Ela o fez, e eu enviei a Finch a seguinte mensagem:

Prezado sr. Finch,

Sou o curador de manuscritos do Museu de Arte Walters, em Baltimore. O Walters tem 850 manuscritos medievais, 1.300 incunábulos e outros 1.500 livros impressos depois de 1500. A maior parte dos livros é ilustrada e foi colecionada por Henry Walters entre 1895 e 1928 aproximadamente…

Temos um programa de aquisições ativo, embora nossa verba seja limitada. Recentemente, por exemplo, adquirimos de Sam Fogg um luxuoso manuscrito etíope do século XVI. De modo geral, portanto, teria o maior interesse em receber seus catálogos e ficaria agradecido de ter meu nome incluído em sua mala-direta.

Tenho, porém, uma razão mais específica para lhe escrever. O diretor do Walters, dr. Gary Vikan, é um especialista em assuntos gregos e ficou fascinado (assim como eu) pelo Palimpsesto de Arquimedes. Ele gostaria de saber se há alguma possibilidade de expor o manuscrito no Walters por um pequeno período. Não sei se haveria interesse por parte do comprador, mas, se lhe parecer viável, eu lhe ficaria muito grato se pudesse encaminhar a sugestão a ele.

O Walters tem um programa de exposições contínuo. A mostra atual é de obras do Vaticano; houve uma exposição de Monet no começo do ano, e as Artes da Geórgia serão expostas em 1999. Se o proprietário do Palimpsesto estiver interessado em exibir o manuscrito, talvez considere o Museu Walters o lugar adequado.

Peço desculpas por tomar a iniciativa. É apenas uma idéia, mas empolgante, segundo nosso ponto de vista, dada a extraordinária importância cultural do códex. Qualquer que seja sua posição a respeito, espero ter, como disse, notícias suas e receber seus catálogos. Com meus agradecimentos por sua atenção,

William Noel

Curador de Manuscritos e Livros Raros

Movi o cursor para o canto superior esquerdo da tela: Enviar. No momento seguinte tirei o assunto da cabeça; honestamente, as chances de uma resposta positiva eram remotas ao extremo, e eu nem desejava muito que alguma coisa acontecesse. Tinha que escrever fichas de identificação para uma exposição de manuscritos iluminados da Holanda. De toda forma, havia cumprido meu dever.

O ritual de e-mails é curto. Não é preciso ir buscar na caixa de correio, examinar o selo, abrir o envelope, adivinhar de quem é a letra. Eles simplesmente pipocam sem ser convidados na tela de seu computador enquanto você está absorvido em sua atividade diária. Alguns, como verdadeiros terroristazinhos eletrônicos, assaltam sua mente e mudam sua vida. Foi o que aconteceu comigo três dias depois de enviar o e-mail a Finch. Estava todo contente preenchendo a ficha de um livro com iluminuras dos mestres pintores de Delft quando meu computador me alertou: Mensagem para você. Sam Fogg. Cliquei no botão esquerdo do mouse:

Prezado Will,

Escrevo em referência a sua carta a Simon Finch sobre o Palimpsesto. Creio que o comprador vê com muita simpatia a idéia de enviar o manuscrito para o Walters. Já sugeri a ele que visite o museu em janeiro. Talvez possamos conversar sobre a visita e o Arquimedes por telefone em breve.

Atenciosamente,

Sam Fogg

Fiquei paralisado em minha cadeira, de olhos fechados, com as mãos na cabeça, balançando levemente, um frio no estômago. Peguei então o telefone e disquei um número que sabia quase de cor. Embora não estivesse esperando ter notícias de Sam, eu o conhecia bem. Pós-graduando desempregado, para suprir uma parca existência em Camden Town, Londres, fiz certa ocasião uma pesquisa em nome dele (leia-se "ele me empregou"), e, quando me tornei curador nos Estados Unidos, coube-me negociar o estranho manuscrito com ele. Sam é um dos personagens mais brilhantes do mundo das artes. Famoso por ter vendido ao Museu Britânico painéis do teto da Câmara Pintada de Henrique III, do Palácio de Westminster, por ter vendido ao Museu Paul Getty uma folha da obra-prima de miniatura de Jan van Eyck, *Horas Turim-Milão*, bem como por ter comprado um Rubens por 40 milhões de libras, Sam é bem-sucedido, inteligente e bem-apessoado. Não me lembro bem de nossa conversa, mas Sam deve ter me dito que Simon Finch telefonou a ele porque eu havia mencionado seu nome em meu e-mail a Finch.

Marquei um vôo para Londres. Antes de pegar o avião, discuti a estratégia com Gary. Ele achava que Simon Finch e Sam Fogg talvez fossem na realidade a mesma pessoa e que eu estava sendo ludibriado. Não era o que eu achava. Dois dias depois tive a constatação: almocei com ambos no restaurante Brown, na Maddox Street, em Londres. Foi somente nesse almoço que descobri quem era o dono do Palimpsesto. Ele havia inclusive estado presente ao leilão, mas não foi notado pelos concorrentes e nem tampouco reconhecido pela imprensa. É uma história que ele gosta de contar. Além do mais, ele sabia exatamente a responsabilidade que estava assumindo e comprou o manuscrito com a intenção de confiá-lo a uma instituição para conservação e estudo acadêmico. O anonimato era importante para ele e, a partir de então, passou a ser chamado, em qualquer correspondência, de sr. B. Acertamos que Sam e o sr. B visitariam o Walters em janeiro.

Magnífico. O problema era que eu não sabia coisa alguma sobre Arquimedes ou seu livro. Meu irmão Rob certa vez escreveu uma história sobre um palimpsesto com dobras nos cantos, e assim eu tive uma noção vaga e romântica de que palimpsestos podem hospedar conhecimentos secretos só desvendados pelos muito inteligentes. Mas era tudo de que me lembrava. Precisava de mais detalhes e de um mapa do Mediterrâneo. Lembro ter pensado que Arquimedes havia nascido em Samos, mas não sabia onde Samos ficava. Levei alguns dias para descobrir que ele na verdade nascera na Sicília. O que posso dizer? Tinha muito a aprender. Comecei a ler a respeito. Era novembro. Eu tinha dois meses pela frente para aprender o suficiente a fim de não parecer um total idiota.

Por volta das onze horas da manhã de terça feira, 19 de janeiro de 1999, o sr. B e Sam chegaram ao museu. Eu os aguardava à entrada. Sam demonstrava o bom humor de sempre; o sr. B permanecia completamente calado. Nervoso de início, eu os levei à sala de manuscritos, local de temperatura controlada, que também é o meu escritório e o repositório de centenas de tesouros medievais. Recepcionei Sam e o sr. B por mais ou menos uma hora, antes de levá-los para um almoço com Gary. O homem era uma incógnita. Tudo o que sabia sobre ele é que estava se aposentando, era rico — mais rico do que Creso — e apreciava a boa mesa. Sabia que gostava de livros também, mas não estava conseguindo descobrir nada mais além disso.

Fiz reserva para almoço em uma instituição de Baltimore — o Marconi's, restaurante que fica a umas quatro quadras do Walters, na West Saratoga Street. Sobrevivente um tanto decadente do elegante passado de Baltimore, serve pratos maravilhosos, em lindas instalações com painéis brancos de madeira. No caminho, Sam e Gary caminhavam à frente, e eu seguia atrás com o sr. B, um peixinho nervoso tentando enfrentar o maior peixão da minha curta carreira. Lembro-me de tê-lo cumprimentado por sua empolgante nova aquisição e de ter dito que havia sido muita generosidade dele ter ao menos considerado colocar esse tesouro em depósito no Walters. A reação que teve foi minha primeira lição sobre a personalidade dele. Ele disse que já o havia deixado em depósito comigo. Não entendi. Pedi que repetisse o que havia dito. Ele disse que havia deixado o manuscrito em um saco sobre minha mesa. Engoli em seco. Como se apressaria em lembrar a responsável pelos registros do Walters, tal procedimento não estava em conformidade com as normas do museu relativas ao transporte e documentação de objetos de vários milhões de dólares. Fui no embalo. Que ótimo, disse a ele, aliviado por ter trancado a porta ao sair.

Foi um almoço cordial, mas meio estranho. Como disse, o sr. B aprecia comer, e também não tem pressa para acabar. Eu queria voltar ao museu e ver o manuscrito. Já estava bastante satisfeito com apenas um prato; o sr. B quis um sundae de chocolate. Eu mal conseguia ficar sentado em minha cadeira, mas não conseguia fazer o sr. B se levantar da dele. Finalmente terminou o almoço e solicitou-se a conta. Gary tentou pagar com cartão de crédito. Assim é Baltimore. O Marconi's não aceitava American Express. Paguei em dinheiro. Voltamos ao museu. No caminho, desculpando-me, me afastei para comprar um maço de cigarros. Havia três horas que não colocava um cigarro na boca, fumei dois em cinco minutos, acelerando o passo. Consegui alcançá-los a tempo de abrir a sala de manuscritos.

Uma despretensiosa sacola azul estava sobre a minha mesa. Estampada em branco na lateral havia um par de tesouras e abaixo as palavras GIANNI CAMPAGNA, MILANO. Abri o zíper da sacola e tirei uma caixa marrom. No dorso, em letras douradas, estava escrito: "O PALIMPSESTO DE ARQUIMEDES". Chamei minha colega Abigail Quandt, conservadora de manuscritos do Walters. Abrimos a caixa. Dentro dela havia um livro pequeno e grosso. A capa era de couro curtido e estava muito manchada. Na parte superior da capa havia um resquício de tinta vermelha e um esquisito rebite prateado. Abigail colocou o livro sobre a mesa, entre dois blocos de madeira forrados de veludo. Os blocos impediam que o manuscrito fosse muito aberto, causando pressão desnecessária sobre a encadernação e sobre as páginas. Ela abriu o livro o suficiente para que pudéssemos ver seu interior. Para manter as páginas abertas, delicadamente colocou "cobrinhas" sobre suas bordas. (Tais "cobrinhas" na realidade eram puxadores de cortina comprados com facilidade na John Lewis, uma loja de departamentos situada na Oxford Street, em Londres; eles funcionavam muito bem para marcar lugar em um livro medieval.) Todos, o sr. B, Gary e eu, espiávamos por sobre o ombro de Abigail. De início não vi nada. Somente aos poucos meus olhos foram se adaptando, e então fiquei maravilhado ante o pensamento de que estava olhando para o único elo com a mente de um gênio que morrera 2.200 anos antes. Mal dava para enxergar qualquer coisa, quanto mais para ler, se bem que eu nada entenderia ainda que desse, mas lá estava ele apesar de tudo.

Após alguns minutos de estupefação ocorreu-me que já havíamos visto o suficiente. Haveria tempo depois para um exame detalhado. A responsável pelos registros do museu, Joan Elisabeth Reid, preparou então um recibo do livro que entreguei ao sr. B. Anotei o endereço de e-mail dele, uma vez que essa era e continua sendo sua forma preferida de comunicação, e o acompanhei até a porta da frente do museu, na North Charles Street, e nos despedimos. Voltei então feito uma bala para a sala do manuscrito, onde Sam me aguardava, e dei-lhe um enorme e eufórico abraço, esquecendo-me por um momento que estávamos sob a mira de uma câmera de vídeo e que o pessoal da segurança do Walters estava monitorando cada movimento nosso.

Dois dias depois, recebi uma carta do sr. B contendo um cheque a favor do Walters. A quantia foi alta o suficiente para despertar a atenção da instituição e me proporcionar um aumento de salário.

Socorro para Arquimedes

O sr. B me disse que havia comprado um livro feio. Como havia pago mais de dois milhões por ele, não levei a afirmação a sério. Mas devia. No momento em que tive o livro em mãos, compreendi que ele fora honesto. Feio mesmo. Era pequeno — mais ou menos do tamanho de um saco de café. Ao abri-lo, manchas amarronzadas eram visíveis, e, à medida que as páginas eram viradas, mostravam marcas de água em linhas simétricas, em uma e outra face do livro. O meio das páginas era mais claro, e as bordas, mais manchadas. De fato, nas pontas, as páginas estavam enegrecidas, como se o livro tivesse passado por um incêndio. Sobreposta ao marrom das páginas havia uma grelha de letras gregas, todas desordenadas, de um marrom um pouco mais escuro. A monotonia das páginas era ligeiramente atenuada pelo avermelhado da estranha letra maiúscula e por algumas manchas de bolor. Virando as páginas, pude vez por outra apenas entrever círculos e linhas retas de coisas que lembravam diagramas, os quais inconvenientemente desapareciam das margens internas do livro, na lombada. Comparando a outros manuscritos que manuseara, as páginas não tinham muita maleabilidade e estavam deformadas. Algumas vezes, ao virar uma página, topava com um formato meio diferente. Outras vezes, uma página inteira saía em minhas mãos. Do começo ao fim, somente quatro páginas me encantaram um pouco por conter pinturas, mas no geral a experiência foi decepcionante. E então, quase ao final, as páginas pareciam tão frágeis e tão mofadas que as fechei alarmado. O livro pelo qual o sr. B pagara tão caro estava nas últimas.

Essa descrição não é lá muito útil; assim, deixe-me descrever o livro etimologicamente. O livro é um manuscrito ou, de forma mais técnica, um códex manuscrito. Derivado das palavras latinas *manu* (mão) e *scriptus* (escrito), um manuscrito é inteiramente escrito à mão. A diferença fundamental em relação ao livro impresso é não ser o exemplar de uma edição. É exclusivo. Outros manuscritos podem conter alguns textos dele. Tudo o que eu sabia com certeza nesse momento era que em nenhum outro manuscrito havia *O método*, *Stomachion* ou *Corpos flutuantes* em grego. E também que o manuscrito era um palimpsesto. Derivado das palavras gregas *palin* (novamente) e *psan* (esfregar), significa que o pergaminho foi raspado mais de uma vez. Como veremos, para fazer o pergaminho é preciso raspar a pele de animais. Para se reusar o pergaminho, é preciso raspar novamente para que o texto anterior suma antes de se escrever sobre ele. O manuscrito palimpsesto em questão consistia em 174 fólios. Derivado do latim *folium* (folha), um fólio tem frente e verso, equivalentes às páginas modernas. Os fólios eram numerados de 1 a 177, mas, misteriosamente, faltavam três números. Eu esperava que o sr. B estivesse a par disso.

O manuscrito é agora chamado de Palimpsesto de Arquimedes, o que é um pouco confuso. Não se iluda: o manuscrito *é* um livro de orações. Tem jeito de livro de orações, é sentido como livro de orações e até cheira como de livro de orações, e são orações que se vêem em seus fólios. Só é chamado Palimpsesto de Arquimedes por terem sido reaproveitados fólios de um manuscrito anterior que continha tratados de Arquimedes. Mas lembre-se de que o texto de Arquimedes havia sido raspado. Note ainda que os escribas do livro de orações usaram também fólios tirados de vários outros manuscritos. Na época da venda, ninguém tinha idéia do que havia nos fólios; não pareciam fólios do manuscrito de Arquimedes, nem que eram todos do mesmo manuscrito. Por exemplo, enquanto o texto de Arquimedes estava disposto em duas colunas, os textos de outros fólios estavam apenas em uma e outros tinham um número diferente de linhas por fólio e às vezes de escrita, quando essa não estava invisível. O sr. B comprara vários livros diferentes em um. Basicamente, concluí, o Palimpsesto de Arquimedes foi assim denominado somente porque ninguém conseguiu identificar os outros textos do manuscrito, como também por terem sido considerados os textos de Arquimedes muito mais importantes do que o livro de orações que os encobria.

Mas qual era a real importância do "Palimpsesto de Arquimedes"? Comecei a indagar ao meu redor e obtive visões decididamente controversas sobre o livro do sr. B. Embora tivesse alcançado 2,2 milhões de dólares no leilão, a verdade era que somente três interessados haviam lutado por ele: o patriarcado, o governo grego e o sr. B. Nenhum deles sabia muito sobre Arquimedes. Como se justifica, me perguntei, que nenhuma instituição acadêmica tivesse tido interesse suficiente para entrar na briga? Descobri que muitos acadêmicos bem informados eram céticos de que conseguiríamos saber muito mais a partir do livro. Todos mencionavam que um cidadão de nome Heiberg havia descoberto e lido o manuscrito em 1906. E Heiberg, aparentemente, era endeusado. Improvável que ele tivesse deixado escapar alguma coisa importante, diziam.

O sr. B, alegavam, havia comprado uma relíquia, mas não um livro que compensaria maiores pesquisas.

Ainda assim, como o sr. B havia confiado essa relíquia a mim, eu não tinha outra escolha a não ser levá-la tão a sério como ele o fizera. O livro claramente precisava de três providências: primeira, como estava literalmente despencando, precisava de conservação; segunda, como não dava para ver direito o texto, precisava de técnicas de processamento de imagens avançadas; terceira, se por qualquer motivo algumas linhas tivessem escapado a Heiberg, especialistas precisariam lê-lo. Sabia que o sr. B exigiria o melhor. Isso era bom porque o livro estava em condições tão precárias que só os melhores conservadores, a mais avançada tecnologia da imagem e os mais qualificados acadêmicos poderiam tentar salvá-lo. Eu não me encaixava em nenhum desses requisitos e me perguntava se seria a pessoa certa para cuidar do livro do sr. B. Sou extremamente desajeitado. Uma ocasião tive uma Kodak instamatic, mas a perdi faz tempo; sou especialista em manuscritos latinos, não gregos, em livros religiosos, não de matemática, e livros belos, não feios. E certamente em livros legíveis e, pelo amor de Deus, não em invisíveis.

Parecia-me mais que absurdo que, de todas as pessoas possíveis, o sr. B tivesse me escolhido para cuidar do livro. Mas ele estava ciente de minhas limitações. Minha função, como ele viu mais claramente do que eu na ocasião, não era fazer o trabalho, mas selecionar as pessoas certas para fazê-lo. Mas como eu me desincumbiria até disso?

O GERENTE DE PROJETO

Na 6ª feira, 16 de julho de 1999, o jornal *Washington Post* publicou um artigo sobre o Palimpsesto. Abigail e eu recebemos muitos e-mails em reação a esse artigo. Alguns estão entre os mais idiotas que já recebi. (Ao neto não reconhecido de Rasputin, só posso dizer que ainda não houve no Palimpsesto de Arquimedes qualquer corroboração de sua ascendência.) Concentremo-nos, porém, nos que foram de ajuda. Eis aqui o melhor:

Prezados drs. Noel e Quandt,

Li com interesse o artigo no *Washington Post*. Parabéns. Ele certamente coloca nosso trabalho em perspectiva. Nós, da comunidade de inteligência, temos equipamentos que podem ajudar. Temos também um grande número de contatos no meio dos especialistas em tecnologia da imagem que poderiam lhes ser úteis. Se quiserem mais informações a respeito, por favor não hesitem em entrar em contato. De toda maneira, o projeto parece fascinante. Boa sorte em seus esforços.

Atenciosamente,

Michael B. Toth

Diretor de Política Nacional

Escritório Nacional de Reconhecimento

O Escritório Nacional de Reconhecimento (NRO) não é mais secreto, mas o foi por muito tempo. O sr. B me explicou que a única razão pela qual foi obrigado a se tornar público é que ninguém entendia por que centenas de carros desapareciam dentro de um pequeno prédio de escritórios. A resposta é que a maior parte dele ficava no subsolo e era o desconhecido centro nervoso do programa de satélites de reconhecimento americano. Agora, porém, podem obter detalhes na internet: trabalhando em conjunto com a CIA e o Departamento de Defesa, ele pode alertar sobre potenciais áreas de problemas em todo o mundo, ajudar a planejar operações militares e monitorar o meio ambiente. Sua missão é desenvolver e operar sistemas exclusivos e inovadores de reconhecimento do espaço e conduzir atividades de inteligência essenciais para a segurança nacional dos Estados Unidos. Como ávido leitor de John le Carré, sempre me cativou o mundo da espionagem. Excelente.

Liguei para o sr. Toth tentado a dizer que, se ele aguardasse um momento na linha, eu levaria o livro até o telhado do museu e, se ele apenas direcionasse um satélite sobre o mesmo, o assunto poderia ser concluído em poucos minutos. De maneira mais sóbria, fiz o convite para que ele viesse de Washington para Baltimore. Ainda esperava que ele tivesse um dispositivo, talvez em seu bolso traseiro ou simulado em relógio, que pudesse ajudar em meu problema. Para meu grande desapontamento, logo ficou evidente que nenhuma agência de governo poderia nos ajudar na digitalização das imagens do Palimpsesto. Como se tratava de um bem particular, dinheiro público não poderia ser gasto nele. Mike disse que de todo modo ficaria feliz de colaborar como voluntário. Sem os seus brinquedinhos, não tinha muita certeza de que ele conseguiria, mas julguei pouco aconselhável desagradá-lo, e ele parecia bastante certo de poder ser útil.

Resultou que Mike era um especialista em gerenciamento de sistemas de alta tecnologia, incluindo os de tecnologia da imagem, e especialmente na avaliação do chamado "risco do programa". Foi um tremendo golpe de sorte. Aparentemente encontrara um cidadão americano treinado profissionalmente para me dizer exatamente em que enrascada eu me metera. Ele havia visto piores, mas era melhor que eu estivesse preparado. O importante é que ele queria me ajudar. Sou acadêmico especializado em manuscritos iluminados litúrgicos de Canterbury, Inglaterra, de aproximadamente 1020. Tenho umas poucas habilidades. Sei, por exemplo, recitar o Livro de Salmos de trás para a frente e os reis e rainhas da Inglaterra em seqüência, de Hengist a Henrique VIII. Tais habilidades, porém, não são muito bem indicadas para administrar um projeto integrado eficaz, a um custo razoável, no nível de desempenho exigido, e dentro de um cronograma exeqüível, que gerasse valor ao dono e o texto de Arquimedes ao mundo. Gente, eu precisava de um consultor técnico, que de preferência fosse, eu queria acreditar, alguém que tivesse pressionado o botão de partida de um ônibus espacial.

Mike, como tantos outros que ajudariam no projeto, era voluntário. Ele não queria dinheiro e nem que seu serviço no governo fosse divulgado pela imprensa. De fato, toda a sua atividade no Arquimedes era feita através da empresa de seu pai, a R. B. Toth Associates, e era assim que ele se apresentava às pessoas. Com Mike a bordo, todos os demais também ganharam rótulos, ou assim me pareceu. O sr. B passou a ser chamado de "autoridade máxima" (ou seja, ele decidia tudo); Abigail tornou-se a "via crítica" (ou seja, tudo dependia da conservação); os especialistas eram os "usuários finais" (ou seja, eles definiam o que era melhor); e os técnicos de imagem, os "valores agregados" (ou seja, eles faziam a diferença). Quanto a mim, Mike deu-me o imponente título de "Diretor do Projeto".

A AUTORIDADE MÁXIMA

Conheço o dono do Palimpsesto de Arquimedes, e conheço-o muito bem. Se você não o conheceu até agora, então não precisa mais. Para a imprensa digo que ele é mais útil como um enigma; aos curiosos digo que não é da sua conta. Para aqueles que o conhecem, ele é um homem leal, generoso, atencioso e lúcido. Suas mensagens de e-mail são um tanto curtas, mas a gente acaba se acostumando.

Quando o Palimpsesto de Arquimedes foi vendido, alguns acadêmicos sentiram-se indignados de que o livro tivesse ido parar em uma coleção particular. Se tivesse algum interesse público, alguma instituição governamental o teria comprado. Mas não teve; o livro foi oferecido a elas por um valor menor do que o alcançado no leilão e recusaram. Se você acha isso uma vergonha, então é uma vergonha da qual você compartilha. No mundo em que vivemos valor significa dinheiro. Se você se preocupa com o que acontece com a herança do mundo, assuma uma posição política a respeito e esteja preparado para pagar por isso. Sinto muito.

As razões práticas pelas quais poderia ter sido uma "coisa ruim" que o manuscrito fosse para uma coleção particular seriam que ele poderia ser indevidamente manuseado e especialistas talvez não tivessem acesso a ele. O livro poderia simplesmente ter ido parar em um sótão. Como veremos, dado o estado em que ele saiu da última coleção particular, são preocupações válidas. Espero, ao término deste livro, quiçá até deste capítulo, ter demonstrado que o manuscrito tem sido extremamente bem cuidado pelas pessoas certas. Uma outra razão pela qual talvez fosse uma "coisa ruim" é a incerteza de seu futuro. Isso continua sendo verdade: quando o trabalho estiver concluído, o manuscrito retornará ao dono, e não sei o que poderá lhe acontecer. Mas a melhor maneira de se prever comportamento futuro é observar comportamento passado; ao longo dos últimos sete anos o sr. B se comportou com responsabilidade, consideração e generosidade.

O que quero dizer com isso? Bem, ele demonstra o maior interesse pelo Palimpsesto de Arquimedes e uma grande preocupação com o projeto e seus objetivos. É conhecedor de livros, é cuidadoso com eles e tem uma magnífica biblioteca. É ele quem toma todas as decisões importantes a respeito do livro, mas o faz depois de nos ouvir atentamente e ler as propostas que encaminho a ele. E mais do que isso, ele paga por todo o trabalho a ser feito. O projeto nunca foi prejudicado por falta de dinheiro. Especialistas em manuscrito, classicistas e matemáticos devem muito ao dono do Palimpsesto de Arquimedes.

A VIA CRÍTICA

A primeira preocupação foi assegurar a integridade do manuscrito. O que quer que acontecesse, ele precisava estar a salvo. Quanto a isso eu nada tinha a fazer, e nada fiz desde que o livro chegou. Abigail Quandt é quem faz tudo. Ela tem uma reputação internacional quanto à conservação de manuscritos medievais. Trabalhou em alguns dos mais famosos manuscritos do mundo, incluindo os Manuscritos do Mar Morto e uma das maiores obras-primas da Idade Média — o Breviário de Joana D'Evreux no Museu de Arte Metropolitan. Abigail teve treinamento em Dublin com Tony Cains, o chefe do laboratório de conservação do Trinity College Dublin e, na Inglaterra, com Roger Powell, que recuperou o Livro de Kells. Ela trabalha no Walters há mais tempo que eu — desde 1984. Eu era o novato no pedaço.

Abigail foi essencial para o planejamento do futuro do Arquimedes e, em qualquer das decisões referentes à integridade do manuscrito — e haveria muitas —, a opinião dela sempre prevalecia. Ela não era apenas uma grande colega de trabalho. Estava convencido de que o manuscrito não poderia estar em mãos mais seguras, o que era o mais importante. Eu podia dormir tranqüilo de não estar comprometendo a situação dele, e pude me concentrar em outras coisas.

OS USUÁRIOS FINAIS

Recebi ofertas de inúmeros entusiastas para ajudar na decifração do Palimpsesto. Algumas delas eram um tanto contundentes (isso é um eufemismo). Tentei não ser ofensivo enquanto desenvolvia uma estratégia. O manuscrito era tão frágil que não podia permitir que fosse submetido a uma mera tentativa. Precisava reunir as duas ou três pessoas que melhor pudessem editar os textos para que fossem publicados. A questão era quais dois ou três?

Gary Vikan imediatamente me aconselhou a entrar em contato com Nigel Wilson, da Lincoln College, em Oxford. Ele era uma escolha óbvia por duas razões. A primeira porque ele conhecia o livro melhor do que ninguém, tendo colaborado muito no catálogo do manuscrito produzido para o leilão da Christie's. Ele havia sido convidado pela Christie's pelo mesmo motivo que eu o queria trabalhando no manuscrito: ele era ímpar em erudição sobre a transmissão de textos clássicos da Antiguidade à Idade Média, e suas habilidades paleográficas (decifração de manuscrito) e filológicas (análise de texto) são lendárias. Escrevi a ele na segunda-feira, 25 de janeiro de 1999, explicando que, para fazer justiça ao manuscrito, precisávamos de um acadêmico conceituado que conhecesse o assunto para ser nosso consultor e que, se estivesse disposto, ninguém melhor do que ele para nos ajudar. Desde então é o que Nigel tem feito e se tornou muito mais do que um consultor independente.

O passo seguinte foi telefonar para meu discreto amigo Patrick Zutshi, curador de manuscritos e arquivos universitários da biblioteca da Universidade de Cambridge; contei a ele o meu problema. Ele sugeriu que eu procurasse Patricia Easterling, professora régia de grego da universidade. Era grandioso demais para mim, mas não, pensei, para Arquimedes. Liguei então para ela, pedindo: "Poderia, por favor, me dizer quem é a pessoa mais indicada para estudar o Palimpsesto de Arquimedes?" Tive uma reunião com ela no começo de março de 1999 na sala de chá da biblioteca, e ela sugeriu que eu entrasse em contato com Reviel Netz, que estava traduzindo Arquimedes para o inglês para a editora da Universidade de Cambridge. Netz, segundo ela, mais do que ninguém teria interesse no assunto. Enquanto muitos se mostravam céticos quanto ao que pudesse ser descoberto no texto, todos concordavam que o manuscrito era importante pelos diagramas, e Netz parecia ter um peculiar interesse por eles (mais ainda depois). Netz estava no Instituto de Tecnologia de Massachusetts (MIT). Enviei um e-mail a ele e depois conversamos por telefone. Pat Easterling estava certa:

"Sim. Preciso ver os diagramas, principalmente os que constam em *A esfera e o cilindro*", creio que foram suas primeiras palavras. Até agora não tenho bem certeza porque ele tem um sotaque israelense bastante carregado. Achei o tom meio petulante e tentei puxar o breque. Falei então devagar, explicando-lhe em que consistiria o trabalho e como ele se enquadraria; se estivesse interessado, então quem sabe, apenas quem sabe, no momento oportuno ele viria para Baltimore.

Ao encontrá-lo à saída do aeroporto uns dias depois, entendi de imediato que seu tom ao telefone provinha mais de temor e empolgação. Fiz o possível para tranqüilizá-lo: sim, o Walters era um centro de excelência; não, o Palimpsesto não estava lá só de passagem; sim, ele poderia vê-lo — amanhã mesmo — mas teria de ser muito cuidadoso; não, não pretendia mostrá-lo a qualquer pessoa. No dia seguinte, compreendi seus antecedentes: ele sabia melhor do que ninguém que a caixa contendo o Palimpsesto representava uma máquina do tempo de volta a Arquimedes de Siracusa no século III a.C. Ele me explicou a importância dos diagramas, como nenhuma outra pessoa havia feito. Depois de se convencer de que eu entendera a séria responsabilidade colocada sobre meus ombros, olhou-me com simpatia. Sabia que eu faria o máximo possível pelo livro, ainda que não o entendesse e que representasse uma tarefa longa e árdua que me afastaria de minhas próprias pesquisas por anos. Ótimo. Ele estava do meu lado, bastando que eu estivesse do lado de Arquimedes.

Diferentemente de mim, Reviel nunca considerou o Palimpsesto feio — ele pouco se importa com sua aparência; ele simplesmente o vê com admiração, e se sentiu assustado com a tarefa a sua frente. Suas dúvidas acabaram, porém, quando ficou sabendo que estaria trabalhando lado a lado com um colega da estatura de Nigel Wilson. Reviel tinha ainda uma outra sugestão. Julgava importante ter alguém para trabalhar somente nos fólios do Palimpsesto que não contivessem textos de Arquimedes. Queria saber quem fizera companhia a ele no livro de orações. Achei a idéia boa: mesmo que o texto de Arquimedes fosse bem entendido, havia a possibilidade de descobrirmos mais sobre os outros textos primitivos.

O nome sugerido por Reviel foi Natalie Tchernetska, uma letã que estava fazendo doutorado em palimpsestos gregos no Trinity College, em Cambridge. Pat Easterling era sua orientadora. Que mundo pequeno. Eu a conhecera na sala de Pat, no Newnham College, no verão de 1999. Natalie foi de ajuda na avaliação de imagens, e teremos a oportunidade de ver alguns de seus trabalhos mais adiante. Esse era o núcleo acadêmico que iria pintar um retrato inteiramente novo do maior matemático da antigüidade e revelar ao mundo o mais importante dos palimpsestos.

OS VALORES AGREGADOS

Certo dia, em agosto de 1999, sentei-me ao lado de Abigail em meu escritório e confrontei Mike Toth. Tínhamos de encontrar as pessoas certas para digitalizar o Palimpsesto. Era assustador. Senti-me esmagado ao pensar em quanto trabalho teria pela frente e ser tão ignorante ao ponto de nem ao menos saber que trabalho exatamente seria esse. Mike sugeriu que fizéssemos uma concorrência para essa tarefa. Não achei uma boa idéia: pareceu-me que daria muito trabalho. Mike insistiu com delicadeza: aumentaria muito o número de procedimentos de digitalização que poderíamos aplicar no livro e daria aos participantes o incentivo de reduzir custos e melhorar o desempenho na expectativa de serem recompensados com a incumbência de trabalhar nas imagens do volume todo. Era simplesmente sensato, disse ele. Para mim soou como ciência espacial. Ele me falou então pela primeira vez sobre uma Requisição de Propostas. Uma RDP me é bastante familiar agora. É um documento no qual se descreve um problema e se solicita uma solução.

Abigail preencheu a RDP, um de inúmeros documentos completos e brilhantes redigidos por ela durante a história do projeto. Começava com um objetivo: recuperar e preservar digitalmente para a posteridade toda a escrita dos 174 fólios do Palimpsesto de Arquimedes. Mencionava todas as limitações: como o manuscrito era muito frágil, todo o seu manuseio seria feito por Abigail e pessoal por ela designado. Descrevia as fases do trabalho: depois da fase de concorrência, o contratado selecionado trabalharia nas imagens de todo o manuscrito desmontado. A proposta consistia em seis páginas. Recebemos seis respostas, das quais três foram submetidas ao sr. B e duas foram por ele selecionadas.

Uma equipe era composta por Roger Easton, membro do corpo docente do Centro Chester F. Carlson para Ciência da Imagem, do Instituto de Tecnologia de Rochester, e Keith Knox, que na ocasião era o cientista-chefe do Centro de Tecnologia de Imagem Digital da Xerox, também em Rochester, embora trabalhe agora para a Boeing, no Havaí. Keith juntamente com Brian J. Thompson haviam ficado famosos alguns anos antes ao desenvolver e patentear um método — o algoritmo Knox-Thompson — que recupera imagens de fotografias telescópicas degradadas pela atmosfera. Mais recentemente, Roger e Keith formaram uma equipe, juntamente com o falecido Robert H. Johnston, para recuperar imagens de textos deteriorados, incluindo um palimpsesto da Biblioteca da Universidade de Princeton e diversos fragmentos dos Manuscritos do Mar Morto. O trabalho deles foi saudado pela BBC e pela televisão americana. Eles já tinham prestado alguma colaboração para o Palimpsesto, uma vez que a cunhada de Keith conhecia Hope Mayo, que trabalhara com Nigel na preparação do catálogo para a venda da Christie's. Algumas de suas imagens estão de fato no catálogo. Roger, Keith e Bob Johnston eram de valor reconhecido e uma aposta certa.

A outra equipe era da Universidade Johns Hopkins e tratava-se, na realidade, de apenas um homem, William A. Christens-Barry. Bill não é um cientista da imagem, menos ainda um fotógrafo; ele é físico. Quando o conhecemos, ele trabalhava no Laboratório de Física Aplicada da Universidade Johns Hopkins, que emprega quase três mil pessoas, entre engenheiros, tecnólogos da informação e cientistas. O foco principal do laboratório são os projetos de desenvolvimento financiados por órgãos federais, destacando-se a Marinha dos Estados Unidos e a NASA. Os cientistas no Laboratório de Física Aplicada participam de toda sorte de atividades de coleta e análise de dados de interesse para seus patrocinadores, incluindo dados de reconhecimento aéreo, marítimo e espacial. O trabalho em áreas que não são de defesa ou espacial constitui uma atividade secundária do laboratório. A maior parte da pesquisa de Bill era pertinente a problemas da ciência médica e biológica, particularmente relativos a câncer. Lugar impressionante; homem impressionante. A proposta dele era repleta de idéias em que ninguém havia pensado.

O DIRETOR DO PROJETO

Todas essas pessoas tinham papéis bem definidos. E eu, o que era? Um mero factótum de Arquimedes. Falar e coordenar era comigo. Como disse Mike, eu era o malabarista fazendo um monte de pratos girar simultaneamente. E teria de fazê-lo por muito tempo. Diferentemente de todos os demais, eu não tinha qualificações especiais para minha função. Eu era somente um cidadão empolgado com livros. Contudo, e ainda que tivesse sido mais por sorte do que por determinação, eu havia falado com as pessoas certas e conseguido bastante. No final do ano, tinha um plano em vigor e os principais parceiros a bordo. Sabia dizer o que estava fazendo para quem quer que me procurasse. Só não conseguia realmente dizer o porquê de estar fazendo. Se alguém tivesse me telefonado, perguntando a razão por que qualquer dos Amigos de Arquimedes queria fazer o trabalho, eu teria imediatamente encaminhado para Reviel Netz.

2
Arquimedes em Siracusa

Arquimedes é o cientista mais importante que já existiu.

Pode-se chegar a essa conclusão da seguinte maneira. O filósofo britânico A. N. Whitehead disse certa vez a famosa frase: "A melhor caracterização da tradição filosófica européia é que ela consiste em uma série de notas de rodapé que citam Platão." Essa avaliação pode soar ofensiva, mas é de fato bastante séria. Os seguidores imediatos de Platão, como Aristóteles, tentaram acima de tudo refutar, ou refinar, os argumentos dele. Filósofos posteriores debateram se seria melhor seguir Platão ou Aristóteles. E então, no sentido exato, toda a filosofia ocidental posterior não passa de notas de rodapé ao pensamento de Platão.

A melhor caracterização da tradição científica européia é que ela consiste em uma série de notas de rodapé que citam Arquimedes — pelo que, *grosso modo*, faço o mesmo tipo de genealogia, feita por Whitehead, em relação a Platão. Como exemplo, basta examinar um dos mais influentes livros da ciência moderna, *Diálogos sobre as duas novas ciências*, de Galileu. Esse livro foi publicado em 1638; nessa ocasião Arquimedes estava morto havia 1.850 anos, um tempo bastante considerável. Apesar disso, Galileu, durante todo esse tempo, esteve em dívida para com Arquimedes. Essencialmente, Galileu foi o precursor de duas ciências, da estática (como os objetos se comportam em repouso) e da dinâmica (como os objetos se comportam em movimento). Com relação à estática, os principais legados de Galileu são os *centros de gravidade* e a *lei do equilíbrio*. Ambos os conceitos Galileu tomou emprestado — sempre expressando, explicitamente, sua admiração — de Arquimedes. Com relação à dinâmica, os principais legados de Galileu são a *aproximação de curvas* e o *estudo de tempos e movimentos*, os quais, uma vez mais, derivam diretamente de Arquimedes. Nenhuma outra autoridade é citada com tanta freqüência, ou com igual reverência. Galileu fundamentalmente começou do ponto em que Arquimedes havia parado, prosseguindo na mesma direção definida por seu predecessor grego. Isso é verdadeiro não somente para Galileu, como também para outras grandes figuras da chamada "revolução científica", como Leibniz, Huygens, Fermat, Descartes e Newton. Todos foram crias de Arquimedes. Com Newton, a ciência da revolução científica alcançou a perfeição, de forma perfeitamente arquimediana. Baseado em primeiros princípios puros e distintos, aplicando geometria pura, Newton deduziu as regras que governam o universo. Toda a ciência posterior é uma conseqüência do desejo de generalizar métodos newtonianos — isto é, arquimedianos.

Os dois princípios que os autores da ciência moderna aprenderam a partir de Arquimedes foram:

- A matemática do infinito
- A aplicação de modelos matemáticos ao mundo físico

Graças ao Palimpsesto, agora sabemos muito mais sobre esses dois aspectos do feito de Arquimedes.

A matemática do infinito e a aplicação de modelos matemáticos ao mundo físico estão intimamente inter-relacionadas. Isso se dá porque a realidade física consiste em infinitesimais pulsos de força atuando instantaneamente. Como conseqüência, para achar o resultado de tais forças, precisamos somar infinitamente muitos "pulsos", cada um de maneira infinitesimalmente pequeno. Surpreendente: podemos pensar que a matemática do infinito seja algum tipo de vôo da imaginação sem nenhuma aplicação prática (afinal de contas, talvez pensemos que não haja infinito a ser alcançado no mundo normal). Acontece, porém, que a matemática do infinito é o instrumento mais prático da ciência, tão importante que com freqüência é simplesmente chamada de "cálculo". A aplicação da matemática ao mundo físico, via cálculo — usando uma fórmula —, é a ciência moderna. Newton, em particular, usou o cálculo, de forma implícita, para concluir como os planetas se comportavam — um belo resultado, inspiração para toda ciência posterior e, no fundo, a aplicação do conhecimento de Arquimedes.

E assim, como a contribuição de Arquimedes levou, mais do que a de qualquer outro, à formação do cálculo, e como ele foi o pioneiro na aplicação da matemática ao mundo físico, conclui-se, com efeito, que a ciência ocidental não passa de uma série de notas de rodapé que remetem a ele. E, por isso, também se conclui que Arquimedes foi o mais importante cientista que já existiu.

A influência de Arquimedes não é confinada ao conteúdo da ciência: seus escritos também têm uma qualidade especial. É freqüente seus leitores se surpreenderem deliciados com alguma combinação inesperada. Justaposições elegantes e inesperadas eram a matéria-prima de Arquimedes, e a principal razão de cientistas posteriores terem sido tão influenciados por ele foi que a leitura de seus escritos era prazerosa. Todos os matemáticos das gerações seguintes, direta ou indiretamente, tentaram imitar seu estilo, por isso nossa noção de qual deveria ser o objetivo de um tratado de matemática é calcada no exemplo de Arquimedes. Nos capítulos seguintes, tentarei explicar não somente o conteúdo dos trabalhos de Arquimedes — suas contribuições para o cálculo e para a física matemática — mas também seu estilo. Ambos igualmente merecem admiração.

Ao trabalhar no Palimpsesto, gradativamente eu vim a apreciar esses dois lados das realizações de Arquimedes — o conteúdo e o estilo. Uma grande descoberta de 2001 fez-nos ver, pela primeira vez, quão próximo Arquimedes estava dos modernos conceitos de infinito. Uma outra grande descoberta, feita em 2003, fez-nos repensar toda a nossa concepção do estilo de Arquimedes. Assim foi o trabalho no Palimpsesto o tempo todo: um minucioso estudo de cada página do manuscrito (ou, com mais freqüência, sua imagem melhorada na tela do laptop); o juntar de letras em palavras e destas em frases; normalmente nada de novo; ocasionalmente descobertas, às vezes de importante significado histórico; e então — por duas vezes — descobertas que abalaram as bases da história da matemática.

Nunca pensei que um dia me encontraria examinando cuidadosamente páginas de manuscrito. O trabalho de editar textos importantes da Antiguidade, com base na transcrição de manuscritos medievais, foi principalmente feito no século XIX. Naturalmente, sempre foi possível fazer pequenos aperfeiçoamentos ou editar autores menores, mas não há muita gente fazendo esse tipo de trabalho hoje. E isso não porque os autores mais interessantes já tenham sido editados. A atmosfera intelectual é muito diferente da que foi no século XIX. Hoje em dia as pessoas estão menos interessadas em detalhes áridos dos textos e mais nas sínteses baseadas nesses textos. Uma tese atual de doutorado nos Clássicos normalmente contém algum tipo de reflexão sobre textos consagrados, não acrescentando nada a eles. As pessoas estão em busca da "teoria": falando claramente, é improvável que se consiga um emprego se sua produção intelectual se resumir apenas à edição de textos. Não que isso seja necessariamente ruim. O conhecimento do século XIX foi muito impressionante e devemos muito a ele, mas sua leitura às vezes é bastante enfadonha (freqüentemente em latim, fora isso) e, ocasionalmente, até ingênua pela falta de reflexão crítica e teórica. Nossa compreensão sobre o mundo antigo tornou-se mais rica e profunda com a aplicação dos critérios da antropologia cultural, por exemplo, ou da poética e da lingüística gerais. Minha própria tese, elaborada em Cambridge sob a orientação de Sir Geoffrey Lloyd — o decano da ciência grega — foi muito fruto dessa tradição moderna. Fui muito inspirado pela maneira com que Geoffrey Lloyd aplicou a antropologia ao estudo do pensamento grego, assim como por seu método comparativo (em que ele coloca a ciência grega lado a lado com sua contraparte chinesa). Meu primeiro livro, *The Shaping of Deduction in Greek Mathematics: a Study in Cognitive History* (A formação da dedução na matemática grega: um estudo em história Cognitiva), envolveu especificamente a aplicação de insights da ciência cognitiva (ou de modo contrário: minha própria esperança de que cientistas cognitivos encontrariam algo a aprender daquilo que os historiadores tivessem a lhes dizer). Meu objetivo ao longo de todo o livro foi decifrar a experiência matemática: como ela se registra na mente? Para entender o sentido disso, estava eu convicto, deve-se ser capaz de ler a matemática na tradução exata, seguindo cuidadosamente as fórmulas do autor, porque elas nos transmitem como os próprios antigos pensavam sobre sua ciência. Ora, o mais importante de todos eles nunca fora traduzido para o inglês. De Arquimedes só existia uma pobre paráfrase de T. L. Heath escrita em 1897, que simplesmente ignorava sua linguagem matemática. Decidi, por isso, fazer uma nova tradução, com comentários que incorporassem minha própria visão teórica sobre a matemática grega.

Meu propósito era fazer mais do que apenas traduzir Arquimedes. Incluo-me entre alguns acadêmicos que, mais recentemente, começaram a prestar atenção ao aspecto visual da ciência. Mencionei que eruditos do século XIX podem parecer, de alguma maneira, ultrapassados, e exemplifico aqui um aspecto que tem a ver com o próprio trabalho de edição. Os acadêmicos que editavam textos matemáticos no século XIX estavam tão interessados nas *palavras* que ignoravam as *imagens*. Se o leitor abrir uma edição daquela época, verá que os diagramas encontrados não se baseiam no que realmente foi desenhado nos manuscritos originais. Eles representam, em vez disso, o desenho do próprio editor. Fiquei chocado ao constatar isso e comecei a considerar se eu deveria produzir, pela primeira vez, uma edição dos diagramas. Sabia que isso envolveria idas às grandes bibliotecas que hospedavam os vários manuscritos de Arquimedes. Pesquisei sobre onde se encontravam. Descobri que estavam em Paris, Florença, Veneza e Roma. Bem, por que não? Decidi que era uma boa idéia.

O projeto era muito ambicioso, e não muito viável. Há cerca de 100 mil palavras de Arquimedes para serem traduzidas. Cem mil palavras difíceis. Pior: como os amigos insistiam em me alertar, o que faria onde o texto fosse duvidoso? Como resolveria, dado que o manuscrito mais importante *não estava mais disponível*?

Porque, vejam, a questão era essa — o Palimpsesto de Arquimedes, a única fonte de *Corpos flutuantes, O método e Stomachion,* e uma peça de evidência crucial para muitos outros trabalhos — ninguém sabia onde estava. Ele havia sido estudado no começo do século XX — e então desapareceu. Nem eu esperava que reaparecesse — tal era minha resposta aos meus amigos: como é provável que o manuscrito permaneça sumido, vamos agir como se não existisse, do contrário não faremos nunca nada sobre Arquimedes.

Pat Easterling, professora régia de grego em Cambridge e especialista em manuscritos gregos, acompanhou de perto meu projeto, dando-me informações básicas em paleografia. Um dia recebi uma carta dela. A carta dizia que a Christie's estava pedindo permissão para fotografar uma certa folha guardada na biblioteca da Universidade de Cambridge, pois acreditava-se que tivesse sido tirada do Palimpsesto de Arquimedes, um manuscrito que estavam para vender.

Mencionei então o fato casualmente a meus colegas de ciência antiga, presumindo que soubessem disso há muito tempo. Ninguém sabia. A carta de Pat Easterling foi uma bomba: a notícia da venda iminente repentinamente estourou no meio acadêmico de Arquimedes. O resto é história. Will já mencionou sua reunião com Pat Easterling e seu e-mail para mim. E quanto a minha reação ao receber esse e-mail — isto é, enlouquecida, infantil, de um júbilo constrangedor... dessa parte prefiro não falar. Vamos falar de Arquimedes.

Quem foi Arquimedes?

A Segunda Guerra Púnica (218-202 a.C.) foi para a Antiguidade muito do que a Segunda Guerra Mundial foi para a modernidade. Uma catástrofe cataclísmica de proporções sem precedentes que mudou a configuração geopolítica do Mediterrâneo. Por um momento, parecia que Aníbal conquistaria Roma — apesar disso ela sobreviveu, triunfante, tão poderosa que ao final da guerra todo o Mediterrâneo estava à sua mercê. Os Estados gregos perderam sua independência, a civilização que Arquimedes representava foi humilhada. Um dos momentos mais decisivos da guerra ocorreu com a queda de Siracusa. Esta, a principal cidade grega no Mediterrâneo ocidental, havia tomado a errada decisão estratégica de se aliar aos cartagineses. Em 212, após um longo cerco, suas defesas — organizadas por Arquimedes e não derrotadas em batalha — sucumbiram à traição. Não sabemos como: Arquimedes morreu.

O relato anterior, de fato, sumariza o que sabemos sobre Arquimedes como figura histórica. É preciso ressaltar que é uma sorte termos conhecimento até disso; na realidade deveríamos ficar espantados de que se consiga datar eventos da Antiguidade. Afinal de contas, ninguém naquela época anotava: "Arquimedes morreu em 212 a.C."! O modo como datas antigas são obtidas é fundamentalmente assim: temos a sorte de possuir vários documentos históricos da Antiguidade organizados como anais, isto é, detalhando eventos ano a ano (o autor romano Lívio é um exemplo famoso). O sistema de datação era diferente do nosso, mas tais autores ocasionalmente nos fornecem dados de astronomia (especialmente de eclipses). Podemos então aplicar a física newtoniana para calcular a data desses eventos, e por meio de tais cálculos ganhamos suporte para a cronologia antiga, construindo as equivalências básicas entre datas antigas e modernas. Sem tais dados astronômicos, não seria possível estabelecer a cronologia com muita certeza. Mesmo a data da morte de Arquimedes foi a ciência devida a ele que nos permitiu saber.

A tomada de Siracusa foi um evento importante, gravado na memória da Antiguidade. Estava em todos os anais, e sabemos muito bem quando terminou. A própria figura de Arquimedes, como engenheiro-chefe siracusano, exercia grande fascínio sobre seus contemporâneos, e aparece repetidamente nos relatos antigos. (Isso, uma vez mais, lembra um pouco a Segunda Guerra Mundial: pense como a figura de Einstein ficou marcada no imaginário público como "o pai da bomba atômica".) Podemos, pois, dizer com segurança: sabemos quando Arquimedes morreu. Mas outras peças de evidência não são tão confiáveis. As datas referentes a Arquimedes são com freqüência registradas nas enciclopédias como 287-212 a.C. Sabemos de onde provém o 212. E quanto ao 287? Baseia-se em um autor grego posterior, que menciona ter Arquimedes morrido como "um homem idoso, aos 75 anos" — muito bem, só que o autor em questão, Johannes Tzetzes, viveu no século XII de nossa era(!). O que ele tem a dizer sobre Arquimedes origina-se de um poema mexeriqueiro e fantasioso. É ele, por exemplo, nossa principal fonte para a história de que Arquimedes inventou espelhos que incendiaram os navios inimigos. Com certeza, os contemporâneos de Arquimedes teriam registrado tal coisa se tivesse acontecido, e Tzetzes era de Bizâncio, cuja marinha era deveras famosa por seus feitos de incendiar navios. Resumindo, a história de Tzetzes não passa disso — uma história — e ele retrata Arquimedes como um homem velho apenas para efeito literário. É provável que Arquimedes fosse bem idoso (assim o diz o confiável Políbio), mas nada mais se sabe.

Eis o problema: Arquimedes era tão famoso que as lendas se apossavam dele. E então, como separar história de lenda? Esse problema é do historiador. Até o século XIX, era comum que as histórias do mundo antigo fossem aceitas como realidade; a partir de então, tem reinado um ceticismo. Talvez os historiadores de hoje sejam cautelosos demais, mas tendemos a desconsiderar quase tudo o que é dito sobre Arquimedes. Teria ele gritado "Eureca"? Duvido, mas deixe-me explicar o porquê. Tomemos como exemplo a mais famosa versão dessa história (também a última) contada por Vitrúvio — data e autor que já dão margem para dúvida. Vitrúvio escreveu uns duzentos anos depois da morte de Arquimedes e, de modo geral, não é um historiador muito confiável (o livro dele é um manual de arquitetura, que ele tempera com anedotas históricas).

A história é a seguinte: Arquimedes estava absorto em seus pensamentos, refletindo sobre o problema de uma coroa. Supunha-se que a coroa fosse feita de ouro — mas seria de ouro puro? Arquimedes repara então na água que transborda da banheira... e imediatamente sai gritando *"Eureca, eureca!"* — *Eureca* precisamente o quê? Segundo Vitrúvio, foi a observação de que o volume de água deslocado por um corpo nela imerso é igual ao volume do próprio corpo: assim, colocando-se a coroa na água e medindo-se o que se pode chamar de quantidade "transbordada" tem-se o volume da coroa. Se comparado a uma massa de ouro de peso igual, o transbordamento é o mesmo? Quanto mais pesada for, menor é o transbordamento. E assim fica-se sabendo se a coroa tem o peso específico do ouro ou não. O método é seguro, mas baseado em uma observação trivial de que — essencialmente — "coisas maiores fazem maiores transbordamentos". Tão trivial é essa observação que nem sequer está mencionada no próprio tratado de Arquimedes, *Corpos flutuantes* (cuja única versão em grego sobreviveu no Palimpsesto).

Em minha opinião, Vitrúvio, ou sua fonte anterior, sabia que Arquimedes descobrira alguma coisa sobre corpos imersos na água e tinha familiaridade com algumas observações banais, pré-científicas (tais como "coisas maiores fazem maiores transbordamentos"), e então inventou uma história para ligar as duas. Entretanto, estava claro que ele não sabia coisa alguma sobre a ciência de Arquimedes. Essa é, pois, a constante em todas as histórias sobre Arquimedes, de Vitrúvio a Tzetzes: parecem ser lendas urbanas. Sinto muito.

Algumas peças de real evidência podem ser juntadas, dando-nos os contornos de uma história fascinante. Como veremos várias vezes no decorrer deste livro, as peças de evidência às vezes são bem minúsculas, requerendo então muita interpretação. E isto é válido para a mais importante peça de evidência biográfica de Arquimedes. Ela se encontra em um aparte, feito no transcorrer de um dos mais surpreendentes trabalhos de Arquimedes, *O arenário*. Nesse tratado, Arquimedes anota várias estimativas propostas quanto à proporção do Sol em relação à Lua: Eudóxio, por exemplo, disse que o Sol é nove vezes maior, e então — lê-se assim no manuscrito — um tal de "Pheidas Acoupater" disse que o Sol era *doze* vezes maior. Acontece que não existe um nome ou lugar como "Acoupater". Literalmente lê-se no texto *pheidia tou akoupatros,* mas é preciso ter em mente que, até bem avançado na Idade Média, o grego era escrito sem espaço entre as palavras. Isso dá margem à seguinte conjectura: se separarmos as palavras de maneira diferente (o que sempre nos é permitido fazer ao interpretar textos gregos antigos) e alterarmos apenas uma letra, o ininteligível "acoupater" passa a fazer sentido. A razão de podermos fazer correções é que os escribas cometiam alguns erros ao copiar textos — nossos manuscritos estão repletos deles. Diversos editores do século XIX sugeriram, por isso, uma releitura, com a mudança do "K" pelo "m" e a inserção de um espaço: *pheidia tou amou patros,* que significa "Fídias, meu pai" (literalmente, "nosso pai" — o "nós" majestático era padrão na prosa da época de Arquimedes). É, sem dúvida, um fio tênue, mas muito sólido: o texto *tem* de ser corrigido, e a correção proposta é tão elegante e objetiva que parece que *tem* de ser verdadeira.

É nesse fio tênue que se apóia toda a biografia da família de Arquimedes, o que dá a dimensão da importância — e da dificuldade — do que seja o estudo detalhado de manuscritos. Todo o nosso conhecimento do mundo antigo é derivado do paciente e minucioso juntar de peças de quebra-cabeças como esse. Embora possa não parecer muito, o exposto acima nos diz que o pai de Arquimedes era astrônomo e que seu nome era Fídias.

Acho esse fato muito significativo. Estudei o nome "Fídias" na Antiguidade, e peço que o leitor tenha em mente dois fatos: (a) A arte, bem como a habilidade artesanal em geral, não era muito apreciada pelos aristocratas do mundo antigo (que de um modo geral menosprezavam quem sujasse as mãos); (b) Fídias é o nome do artista mais famoso da Antiguidade — o mestre-escultor do Partenon do século V a.C. Tendo em mente esses dois fatos, peço que considere a seguinte observação: *Em qualquer outro lugar, quando nos é possível dizer o que fazia uma pessoa chamada "Fídias", é comum descobrirmos que era algum tipo de artista.* É muito simples, o nome Fídias era dado ao filho — como uma orgulhosa profecia — somente em famílias de artistas. De outra maneira, por que dar um nome que era associado à desprezível habilidade artesanal? Observemos então também este fato: o avô de Arquimedes era um artista.

Não esgotamos ainda a investigação sobre nomes. Que tal o próprio nome Arquimedes? É de fato um nome singular — e singularmente adequado para Arquimedes. Ele tem dois componentes (como é freqüente nos nomes gregos): *arche,* ou "princípio, regra, número um", e *medos,* ou "mente, sabedoria, inteligência". Se lido do começo para o fim, significa "a primeira mente", uma descrição muito boa de Arquimedes. Mas foi provavelmente dado para se ler do fim para o começo (como ocorre com a maioria dos nomes gregos). Embora singular, ele tem paralelo em um outro nome, Diomedes, com "Dio" (uma variante de "Zeus") em vez de *arche.* O nome Diomedes significa "A Mente de Zeus"; o nome Arquimedes significa, portanto, "A Mente do Princípio" — que soa um pouco estranho mas faz todo o sentido. Os filósofos gregos da geração anterior a Arquimedes, começando por figuras como Platão, gradualmente evoluíram para um tipo de religião monoteística, científica, em que não idolatravam tanto os deuses antropomórficos da religião grega, e sim a beleza e a ordem do cosmo, seus "princípios". O nome Arquimedes sugere, desse modo, que Fídias — o astrônomo, pai de Arquimedes — aderiu a tal religião. Podemos, pois, explicar o bastante sobre os antecedentes de Arquimedes — tudo com base em pequenas peças de evidência e muita interpretação. O avô, um artista; o pai, um cientista — um astrônomo que se volta para a nova religião da beleza e ordem do cosmo; e então o filho em cujos trabalhos arte e ciência, beleza e ordem, todas trabalham juntas em perfeita harmonia.

Tais trabalhos são, naturalmente, a chave para se entender Arquimedes. As histórias podem ser lendas urbanas, mas os trabalhos existem para ser lidos, e o surpreendente é que, por mais que pareçam peças áridas de matemática, na realidade abundam em personalidade. Na ciência pura, a água continua transbordando do banho de Arquimedes. Arte e ciência, beleza e ordem: vamos ver como trabalharam juntas nas obras de Arquimedes.

A Ciência antes da Ciência

Quando dizemos que "Arquimedes era um cientista", talvez o imaginemos vestindo um jaleco branco, contemplando frascos contendo líquidos arroxeados — bem, não era isso o que ele fazia. Ele usava uma túnica e contemplava diagramas que desenhava na areia. Daí talvez sejamos tentados a imaginá-lo como um homem muito sério, inteiramente dedicado à causa da verdade impessoal. Também seria errado. Arquimedes não era um cientista moderno. A natureza de sua ciência era diferente: ciência anterior à nossa, profissionalizada, "Ciência" com letra maiúscula.

A melhor apresentação ao homem talvez seja o que ele relata na introdução de um de seus tratados, *Das linhas espirais*. Ela é feita em forma de carta a um colega, Dositeu, e Arquimedes a inicia fazendo referência a cartas anteriores. Você se lembrará, diz ele, que desenvolvi diversos quebra-cabeças matemáticos. Anunciei inúmeras descobertas e pedi a outros matemáticos que encontrassem suas próprias provas a tais descobertas. Bem (observa ele, em tom meio triunfante) — ninguém o fez! Por outro lado, continua Arquimedes, é hora de revelar um segredo: duas dessas

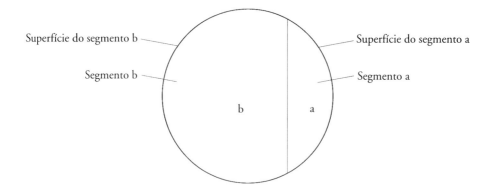

FIGURA 2.1 *A artimanha de Arquimedes: uma esfera dividida em dois segmentos*

descobertas eram, por assim dizer, "enganosas". Para dar um exemplo: Arquimedes tinha anunciado sua "descoberta" que, se uma esfera fosse cortada em dois segmentos, e a razão das superfícies fosse a:b, a razão dos volumes então seria $a^2:b^2$ (ver fig. 2.1).

Quero enfatizar que não há dúvida, à luz da evidência interna de seus próprios escritos, de que Arquimedes estava o tempo todo ciente de que esses dois postulados eram falsos. Ele não estava querendo livrar a cara, retroativamente: ele realmente enviou cartas "enganosas", na esperança de confundir seus colegas matemáticos. Segundo disse, ele o fez "para que os que proclamam descobrir tudo, sem produzir provas, sejam refutados em seu assentimento de provar o impossível".

Arquimedes, deve-se notar, não tinha um temperamento gentil — nem sério. "Jocoso" é uma palavra que nos vem à mente, "astuto" é outra. Não é à toa que os historiadores continuam discutindo o significado exato de suas descobertas: ele *queria* que seus leitores quebrassem a cabeça. Assim, incidentalmente, ele deve ter saboreado muito toda a história futura de seus escritos.

Toda a estrutura da atividade científica da época de Arquimedes diferia radicalmente de tudo o que nos é familiar. Não havia universidades, empregos, revistas científicas. É verdade que, cerca de um século antes da morte dele, um série de "escolas" foram fundadas em Atenas, mas eram também bastante diferentes das instituições científicas modernas. Assemelhavam-se mais aos clubes dos dias de hoje, em que pessoas de interesses parecidos podiam se reunir e discutir questões que lhes eram importantes (mais filosóficas do que científicas). Em Alexandria, os reis ptolemaicos inauguraram uma enorme biblioteca — e havia outras ainda — embora também essa não fizesse parte de uma instituição de pesquisa, mas fosse um mero marco de grande riqueza e prestígio. Simplesmente, por isso, não havia carreira em ciências. Nem grande glória: afinal de contas, muito pouca gente podia mesmo ler ciência. O verdadeiro caminho para a glória era — assim como sempre no mundo pré-moderno, via *poesia*. Quem quisesse ter renome, ganhar qualquer tipo de eternidade, teria de escrever poemas — os quais todo mundo lia (começando cedo na infância, com a *Ilíada* e a *Odisséia*, que todos sabiam mais ou menos de cor).

Como alguém se tornaria um matemático? Teria de ser exposto à matemática por acaso (digamos, pelo pai, caso ele fosse um astrônomo...). E então seria fisgado. Acontecimento raro. Certa vez fiz uma estimativa de que em todo o período da matemática antiga — aproximadamente de 500 a.C. a 500 d.C. — talvez existiram mil matemáticos ativos — em média, digamos, um nascido a cada ano. Devo deixar imediatamente claro que vultos anteriores — como Pitágoras e Tales — não foram de modo algum matemáticos; o nome "teorema de Pitágoras" é um mito extemporâneo. A matemática começa no século V a.C. — na época de Péricles e do Partenon — com autores de quem se sabe muito pouco, porém. Talvez o mais importante seja Hipócrates de Quios (não confundir com o médico de mesmo nome, natural de Cós). Tudo o que sabemos de tais autores advém de citações e comentários posteriores. Do século IV a.C. pouco se sabe: Arquitas era amigo de Platão e um grande matemático — mas somente uma pequena prova dele sobreviveu. Nem isso sobreviveu de Eudóxio, mais tarde naquele século; mas Arquimedes o menciona duas vezes, com admiração. Aparentemente Arquimedes considerava Eudóxio seu maior predecessor, mas todas as obras dele estão perdidas.

O mesmo não se deu com os trabalhos de Euclides, escritos, talvez, no começo do século III. Eles sobreviveram em quantidade. Arquimedes, porém, não os tinha em alto conceito, uma vez que tratavam principalmente de matemática básica. A matemática de Arquimedes era avançada; ele escrevia para pessoas que sabiam muito mais do que apenas o conteúdo dos *Elementos* de Euclides. E essas não eram muitas. Creio que Arquimedes deve ter tido um "público" de, no máximo, umas poucas dúzias de matemáticos, espalhados pelo Mediterrâneo, muitos deles isolados em suas pequenas cidades, aguardando impacientemente pela próxima entrega das cartas de Alexandria (o centro de intercâmbio) — Há algo de novo enviado por Arquimedes?

Quando as introduções de Arquimedes começam por uma carta enviada a alguém, deve-se entender isso de maneira muito literal. Tais cartas *eram* pessoais — enviadas a pessoas de Alexandria que tinham os contatos para posterior encaminhamento dos conteúdos. Tudo dependia dessa rede de indivíduos. Arquimedes lamenta sempre, em suas introduções, a morte de Conon, seu amigo mais velho (que foi um astrônomo importante). Ele era o único que conseguia me entender!... Na maioria das cartas de Arquimedes há um vago tom de exasperação: não havia ninguém para quem escrever, nenhum leitor suficientemente bom. (Com o tempo, haveria: Arquimedes seria finalmente lido por Omar Khayyam, Leonardo da Vinci, Galileu, Newton; esses foram seus verdadeiros leitores e o impacto de sua obra foi por eles projetado. Ele deveria saber que escrevia para a posteridade.)

Muitos de seus trabalhos foram endereçados a Dositeu, de quem, pelo contrário, muito pouco se sabe. De uma coisa sabemos — ainda assim, uma vez mais, apenas com base no nome. Ocorre que praticamente todos os que moravam em Alexandria naquela época cujo nome fosse Dositeu eram judeus. (O nome, de fato, é uma simples versão do grego Matiyahy, ou Mateus.) Uma curiosidade: a correspondência entre Arquimedes e Dositeu é a *única* que se conhece entre um grego e um judeu da Antiguidade, e talvez seja reveladora de que o lugar para um tal contato intercultural esteja na ciência. Em matemática, afinal de contas, religião e nacionalidade pouco importam: pelo menos isso não mudou.

Enquadrando Círculos

E que matemática era, essa enviada a Dositeu! Primeiro surgiu o tratado sobre a *Quadratura da parábola*. Depois, dois livros separados sobre

A esfera e o cilindro. Então foi a vez de um livro sobre *Linhas espirais* (em que é revelada a artimanha). E, finalmente, um livro sobre *Conóides e esferóides*. (É provável que houvesse mais: esses são os cinco que sobreviveram.) Esses cinco trabalhos formam uma certa unidade, constituindo juntos a pedra fundamental do cálculo, embora provavelmente não tivessem sido assim concebidos por Arquimedes. Para ele, todos não passavam de variações sobre a quadratura do círculo. Isto é: repetidamente, Arquimedes toma um objeto formado por linhas curvas e o equipara com um objeto muito mais simples, preferivelmente formado por linhas retas. Aparentemente essa tarefa — de enquadrar, ou medir, o círculo — era, para os matemáticos gregos, o Santo Graal de sua ciência.

A mera idéia de medição depende da noção de linha reta. Não é para menos que medimos com *réguas*. Medir é achar algum instrumento de medida e então aplicá-lo sucessivamente ao objeto medido. Suponhamos que queiramos medir uma linha reta. Por exemplo, queremos medir sua altura — o que significa medir uma linha reta que vai do chão ao topo de sua cabeça. O que fazemos então é tomar uma linha do comprimento de um centímetro e aplicá-la sucessivamente, bem mais do que cem vezes, embora provavelmente menos do que duzentas, para medir sua altura. Como isso seria muito cansativo, pré-marcamos fitas métricas que nos poupam o trabalho de aplicar o comprimento sucessivas vezes; em uma abordagem conceitual, contudo, é precisamente isso que ocorre.

Para se medir uma área em vez do comprimento, fazemos o mesmo, mas agora a linha reta não é mais a nossa unidade de medida, e, sim, o quadrado, que aplicamos sucessivamente: é por isso que plantas baixas são literalmente medidas em metros quadrados. Volumes, uma vez mais, são medidos em cubos. É claro que nem todos os objetos vêm pré-embalados em unidades quadradas ou cúbicas. Entretanto, os matemáticos gregos desde muito cedo propuseram três descobertas importantes (ver fig. 2.2):

- Toda área delimitada por linhas retas pode ser dividida em triângulos.
- Todo triângulo pode ser igualado à metade de um retângulo.
- Todo retângulo pode ser igualado a um quadrado.

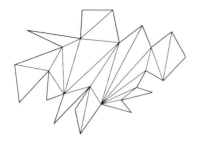
Primeiro, qualquer área – por mais complexa que sua forma seja – é facilmente divisível em triângulos, como na figura.

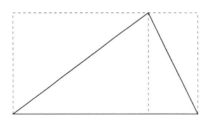
Segundo, todo triângulo – não importa de que tipo seja – é exatamente a metade do retângulo que o inscreve, como mostra as duas simetrias na figura ao lado.

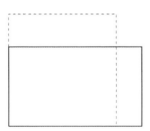
Terceiro, todo retângulo pode ser facilmente transformado em um quadrado igual, com redução e aumento *proporcionais*; ou seja, reduzindo o comprimento e aumentando a largura exatamente na mesma razão, de forma que comprimento e largura se tornem iguais.

FIGURA 2.2 *Como medir uma área delimitada por linhas retas*

A combinação desses três fatos significa ser possível medir qualquer área demarcada por linhas retas como uma soma de quadrados. O mesmo, analogamente, é válido para sólidos divididos em pirâmides que são então igualadas a cubos. É tudo muito direto. Tome qualquer objeto formado por linhas retas. Pode ser conceitualmente difícil — um cubo de Rubik ou um floco de neve — mas sua medição sempre segue o mesmo princípio e é verdadeiramente direta. Em vez disso, tome, por exemplo, um objeto aparentemente simples como uma bola de beisebol — a mais comum das esferas — e a medição repentinamente não funciona porque

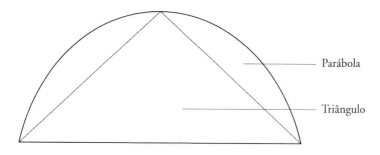

FIGURA 2.3 *A área da parábola é quatro terços do triângulo*

é impossível dividir a bola em qualquer número finito de pirâmides ou triângulos finitos. A bola de beisebol tem uma superfície infinitamente complexa, infinitamente regular. Arquimedes mediria tais objetos repetidas vezes, impulsionando dessa maneira as ferramentas mais básicas da matemática.

Na *Quadratura da parábola*, Arquimedes mediu o segmento de uma parábola: ele é quatro terços do triângulo que inscreve (ver fig. 2.3) — medida deveras impressionante, dado que a parábola é uma linha curva, então é meio como enquadrar um círculo. Ele também, no mesmo tratado, apresentou um certo experimento mental ousado: conceber um objeto geométrico como se fosse composto por fatias físicas penduradas em uma balança.

Os dois livros sobre *A esfera e o cilindro* abordam diretamente o volume da esfera, constatando que ela é exatamente dois terços do cilindro que a inscreve. Qual é sua superfície? É exatamente quatro vezes seu maior círculo (ver fig. 2.4). Esse objeto recalcitrante — a esfera — no final das contas obedece a algumas regras muito precisas. No segundo livro, são feitas conquistas notáveis: tais como, por exemplo, encontrar a razão entre segmentos esféricos (que era a essência da artimanha já mencionada).

Tanto em *Linhas espirais* como em *Conóides e esferóides*, Arquimedes não se contenta em medir objetos conhecidos. Em vez disso, ele inventa um novo objeto curvo — complexo, contra-intuitivo — e depois o mede. A linha espiral — inventada por Arquimedes — acaba por inscrever exa-

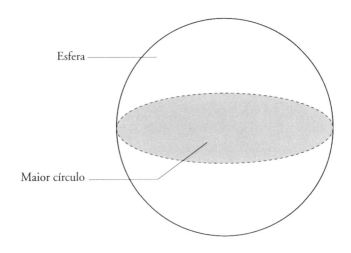

FIGURA 2.4 *A superfície da esfera é quatro vezes a área de seu maior círculo*

tamente um terço da área inscrita pelo círculo que a circunda (ver fig. 2.5). Quanto aos conóides (que são hipérboles ou parábolas rotacionadas de modo a circunscrever um espaço) ou esferóides (que são elipses rotacionadas de maneira semelhante) — todos têm medições mais complexas, as quais, entretanto, foram obtidas com precisão por Arquimedes (ver figs. 2.6, 2.7).

Uma característica importante em todos esses trabalhos é que Arquimedes começa prometendo fazer alguma medição incrível, e você fica na expectativa de que ele use de algum subterfúgio para conseguir, corte cantos (de que outra maneira pode-se *enquadrar o círculo*?). E então ele começa a surpreendê-lo. Ele acumula resultados sem nenhuma relevância óbvia — algumas proporções entre essa e aquela linha; algumas construções especiais sem conexão direta com o problema em questão. E aí — lá pelo meio do tratado — ele permite que você veja como todos os resultados se encaixam e, "Meu Deus!", você exclama, "ele vai mesmo provar isso com precisão e sem artimanhas!".

Cada um desses trabalhos tem um brilhantismo e originalidade completamente diferentes de tudo já visto. Em todos eles Arquimedes estava promovendo o avanço da matemática do infinito.

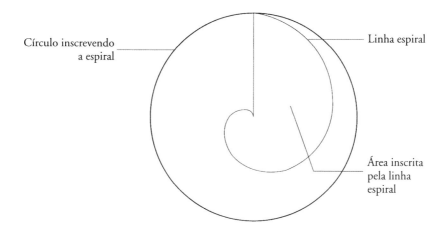

FIGURA 2.5 *A área do círculo é três vezes a área inscrita pela espiral*

FIGURA 2.6 *Um conóide é um sólido criado pela rotação de uma parábola ou de uma hipérbole sobre seu eixo*

Diálogos Imaginários

Em suas medições, Arquimedes adota um trajeto surpreendente e tortuoso — sua maneira favorita de abordar as coisas sempre. O plano geral é assim: aplicar uma combinação de "prova indireta" e "infinito em potencial".

Tanto a prova indireta quanto o infinito potencial são mais bem avaliados como diálogos imaginários. O diálogo da prova indireta é mais fácil de

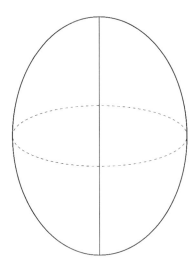

FIGURA 2.7 *Um esferóide é um sólido criado pela rotação de uma elipse sobre seu eixo*

entender — você provavelmente já utilizou alguma versão dele. Você tenta convencer alguém da verdade de sua posição. Digamos, por exemplo, que deseja convencer seu interlocutor de que, quando traça uma linha reta juntando dois pontos na circunferência de um círculo, todos os pontos dessa linha reta devem cair *dentro* do círculo. Tudo o que você disser sobre essa linha não consegue persuadi-lo. Então você recorre à prova indireta. Você assume posição oposta, fingindo concordar com seu interlocutor.

"Vamos considerar que o ponto E caia fora do círculo", diz você, cedendo (ver fig. 2.8). A partir de então você segue a lógica dessa situação até chegar à seguinte conclusão: a linha DZ é menor do que a DE, assim como maior do que ela. Mas uma linha não pode ao mesmo tempo ser menor e maior do que a mesma linha dada. "Viu", argumenta você com seu interlocutor imaginário, — "cedi à sua afirmação, mas o resultado é absurdo, portanto sua afirmação deve ser falsa. Acabei de provar *indiretamente*." Esse tipo de argumentação é uma das marcas da matemática grega.

O infinito potencial não foi inventado por Arquimedes, mas ele se apossou dele, em uma série de aplicações originais. Relembrando o problema fundamental com a medição de um objeto curvo: ele não poderia ser completamente dividido em triângulos; com qualquer número finito

A linha AB nunca deve estar fora do círculo.

Imaginando que estivesse, como a linha AEB.

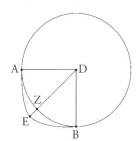

DE é maior do que DZ, porque o contém: **DE > DZ**. DZ é igual a DB (ambos são raios do círculo), enquanto DB, por sua vez, é maior do que DE. (Isso porque em um triângulo como o lado externo DB é maior do que a linha interna DE). Como conseqüência, DZ é maior do que DE: DZ > DE.

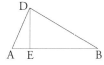

Ambos DZ > DE e DE > DZ ⟶ contradição!

FIGURA 2.8 *Prova indireta: por que uma linha nunca sai de seu círculo?*

de triângulos, alguma parte sempre é "deixada de fora". Concentremo-nos então no tamanho dessa parte que fica de fora. O que Arquimedes faz é desenvolver um certo mecanismo, capaz de extensão infinita, para encaixar os triângulos (ou coisa semelhante) dentro do objeto curvo. Novamente, tem-se uma melhor idéia, na forma de um diálogo imaginário entre Arquimedes e seu crítico.

Digamos que ele tenha preenchido o objeto curvo de um modo que uma certa área tenha ficado de fora, uma área maior do que um grão de areia.

Chega um crítico e observa que ainda há uma diferença do tamanho de um grão de areia.

"Tem certeza?", indaga Arquimedes. "Muito bem, então, vou aplicar meu mecanismo sucessivamente várias vezes mais." Ao final dessa operação, a área deixada de fora é menor do que um grão de areia.

"Espere aí", diz o crítico, não satisfeito. "A área que ficou de fora ainda é maior do que a espessura de um fio de cabelo."

Inabalável, Arquimedes continua a aplicar o mecanismo, tornando a área deixada de forma menor do que a espessura do fio de cabelo.

"Não, não!", provoca o crítico mais uma vez, "a área deixada fora ainda é maior do que um átomo."

O crítico pode pensar que teve a última palavra, mas Arquimedes simplesmente continua a aplicar seu mecanismo. "Viu", dirige-se agora ao crítico: "a área que ficou de fora é agora ainda menor do que o átomo", e assim continua, tornando-se a diferença sempre menor do que qualquer magnitude mencionada pelo crítico.

O diálogo poderia continuar *indefinidamente*. É a isso que os filósofos se referem como *infinito potencial*. Nunca chegamos ao próprio infinito nessa argumentação (não há menção, em nenhum momento, de uma área que seja *infinitesimalmente* pequena, meramente de áreas que são muito *indefinidamente* pequenas). Mas permitimo-nos continuar *indefinidamente*. E isso, juntamente com a prova indireta, permitiu a Arquimedes medir os objetos mais incríveis.

Enquadrando a Parábola

Três vezes em sua carreira, Arquimedes provou que o segmento parabólico — um certo objeto curvo — é exatamente quatro terços do triângulo que inscreve. Essa era sua medição favorita. Mais adiante veremos sua medição mais espetacular, que transcende a própria geometria. Mas, antes de seguir tais vôos da imaginação, devemos primeiro nos familiarizar com o próprio método geométrico de Arquimedes — todo ele baseado na combinação de prova indireta e infinito potencial. A argumentação é extremamente sutil, tanto que mesmo matemáticos profissionais têm dificuldade de solucionar. É como se fosse uma afirmação baseada em uma negação duplamente dupla. E é assim que funciona.

Como o que vamos provar é que a área da curva é quatro terços do triângulo, por onde devemos começar? Supondo, é claro, que a área da curva *não* é quatro terços do triângulo! É assim, afinal, que a prova indireta funciona. Vamos presumir que a área curva é maior do que quatro terços do triângulo, em uma certa quantidade:

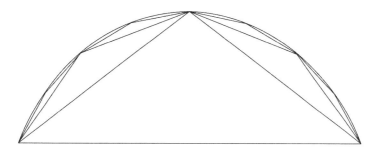

FIGURA 2.9-1 *A parábola circunscreve um leque de triângulos. Isso pode ser feito para se ter uma aproximação da parábola com a precisão desejada. Presumimos que a diferença entre o leque de triângulos e a parábola é menor do que um grão de areia*

1. A curva é maior do que quatro terços do triângulo, em uma certa quantidade. Digamos que o seja por um grão de areia.

Exatamente para tais ocasiões, Arquimedes tem uma carta especial na manga. Agora ele vai preencher a curva com triângulos para que a diferença entre os triângulos e a curva seja *menor* do que um grão de areia!

Temos, portanto, dois objetos lado a lado. Um é a curva. O outro é o produto do mecanismo de Arquimedes — um complexo leque de triângulos, cuja diferença da curva sabe-se que é *menor* do que um grão de areia:

2. A curva, tirando-se um grão de areia, é menor do que o leque de triângulos (ver fig. 2.9-1).

Nesse momento, Arquimedes deixa de lado os resultados até então obtidos. O seguinte raciocínio envolve, em vez disso, uma outra instância de criatividade geométrica. Lembre que o leque de triângulos é um objeto delimitado por linhas retas. Quatro terços do triângulo inscrito é também um objeto delimitado por linhas retas, isto é, ambos são objetos precisamente mensuráveis por meios comuns. Portanto, não é surpresa que, com a aplicação de criatividade geométrica, tenha sido proposta uma medição definitiva para comparar o leque de triângulos e quatro

Um terço do triângulo + o triângulo =

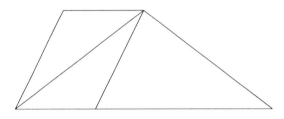

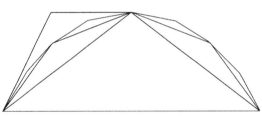

O leque de triângulos é menor do que quatro terços do triângulo inscrito.

FIGURA 2.9-2

terços do triângulo inscrito. O que Arquimedes produziria — ao aplicar sua engenhosidade geométrica — é o seguinte:

3. O leque de triângulos é menor do que quatro terços do triângulo inscrito (ver fig. 2.9-2).

Lembre-se agora do resultado, que era: "A curva é maior do que quatro terços do triângulo, por um grão de areia." Ou colocado de maneira diferente:

4. A curva, tirando-se um grão de areia, é igual a quatro terços do triângulo.

Coloque isso ao lado do resultado 2: "A curva, tirando-se um grão de areia, é menor do que o leque de triângulos."

O mesmo objeto é *igual* a quatro terços do triângulo, mas é *menor* do que o leque de triângulos; em outras palavras, o leque de triângulos é maior — é maior do que quatro terços do triângulo, o que podemos colocar como:

5. O leque de triângulos é maior do que quatro terços do triângulo inscrito.

O que não faz sentido se colocarmos lado a lado com o resultado 3: "O leque de triângulos é menor do que quatro terços do triângulo inscrito."

Os resultados 5 e 3 contradizem diretamente um ao outro. Não há como conciliá-los. O leque de triângulos não pode ser ambos menor e maior do que quatro terços do triângulo inscrito. Em outras palavras, sobra-nos apenas uma opção: concluir que nossa suposição original estava errada. A curva *não é diferente* de quatro terços do triângulo inscrito. A curva *é*, portanto, quatro terços do triângulo inscrito. O resultado é, desse modo, obtido. Chegamos lá por meio da prova indireta e do infinito potencial juntos.

Além do Infinito Potencial

Retrocedamos agora para colocar o exposto em um contexto histórico. No século XVII, os matemáticos encontraram um maneira de aplicar essa técnica de Arquimedes de um modo mais abrangente (a fim de que, em vez de criativamente achar essa ou aquela estratégia para esse ou aquele objeto, houvesse uma receita geral para se medir todas as curvas). Chegou-se assim ao cálculo, que, como já mencionado, é a base da ciência moderna. Os responsáveis mais diretos por isso foram Newton e Leibniz;

se você quer saber qual dos dois merece o maior crédito, não está sozinho: a batalha pela prioridade entre Newton e Leibniz é a mais famosa — assim como a mais feia — da história da ciência. (Muitos acadêmicos atuais acham que deve ser considerado um honroso empate.) De certa maneira, ambos seguiram Arquimedes. Mais do que isso, tanto Newton como Leibniz procuraram elevar o cálculo a uma grande altura — sobre uma base instável. A lógica fundamentando o lidar com infinitos potenciais não estava claramente resolvida por esses inventores do cálculo. Somente no começo do século XIX foi acertada, especialmente por Cauchy, matemático francês — que essencialmente retomou o método de Arquimedes de diálogo implícito ("Ache-me uma área X — eu lhe acharei uma diferença menor..."). Em cada passo desse trajeto, nosso cálculo, bem como a compreensão que temos de infinito potencial, é arquimediano. Mais ainda para infinito potencial. Quanto ao infinito *real* — em que se contempla um conjunto infinito real de objetos —, não foi absolutamente dominado por matemáticos como Newton e Leibniz, e foi posto em ordem (se pode-se chamar de ordem) somente no final do século XIX, começando por autores como Cantor.

E aí se dá a impressionante surpresa. Em 2001, descobriu-se pela primeira vez — contra todas as expectativas — que Arquimedes conhecia o infinito *real* e o usou em sua matemática. Essa descoberta foi feita graças ao Palimpsesto e é, sem dúvida, a mais importante de seu reaparecimento.

Provas e Física

A nova descoberta foi feita ao se ler uma passagem de *O método* de Arquimedes que nunca havia sido lida antes. Esse trabalho, o mais fascinante de todos os trabalhos de Arquimedes, sobreviveu unicamente no Palimpsesto. E é ainda mais fascinante porque nele, mais do que em qualquer outro, Arquimedes junta seus *dois* interesses: a matemática do infinito, que já vimos, e a combinação de matemática e física, de enunciados de pura geometria com afirmações sobre o mundo físico. Tudo resulta do equilíbrio. Arquimedes foi o primeiro a provar, matematicamente, a lei do equilíbrio: os objetos estão em equilíbrio quando seus pesos são exatamente recíprocos a suas distâncias do fulcro (ponto de apoio). Em *O método* ele faz avanços em uma técnica surpreendente: pega objetos geométricos e realiza o experimento mental de ajeitá-los sobre uma balança. Ele então usa seus pesos (isto é, comprimentos e áreas), assim como as distâncias do centro, para medir algumas propriedades puramente geométricas. A lei do equilíbrio se tornou uma ferramenta da geometria em vez de da física.

Esse trabalho não estava entre os que foram enviados a Dositeu. Na realidade, talvez porque Arquimedes o valorizasse muito: ele foi enviado ao intelectual mais influente da época, Eratóstenes. Esse sábio escreveu sobre tudo, de Homero a astronomia, de números primos a Platão. Como resultado, ganhou o apelido de "Beta", como se fosse o número dois em tudo... Arquimedes, que claramente se considerava o número um em seu campo, se aproximou de Eratóstenes aparentemente com grande respeito, mas parecia provocá-lo — como se dissesse "Veja se consegue me pegar!" *O método* é o mais fascinante trabalho de Arquimedes, em parte por ser o mais enigmático. Ele sugere ter descoberto um método de achar resultados matemáticos muito poderoso, mas que ainda não constitui uma prova. Nunca, porém, ele explicou que método realmente era ou como faltou prova real. Ele deixa essa espécie de enigma para ser resolvido a partir do texto pelo próprio leitor — primeiro por Eratóstenes e depois, desde sua descoberta no século XX, por historiadores de matemática antiga. Cada um tem uma teoria sobre *O método*. Voltaremos a esse enigma — talvez para entendê-lo melhor, com base em novas leituras do Palimpsesto.

Naturalmente, a reivindicação de Arquimedes como fundador da física matemática não se baseia só em *O método*. De seus estudos nesse campo, dois trabalhos importantes ainda subsistem: *Do equilíbrio dos planos* e *Corpos flutuantes*. Em *Do equilíbrio dos planos*, que examinaremos mais adiante, Arquimedes acha o centro de gravidade de um triângulo, um dos resultados-chave da ciência da estática. *Corpos flutuantes* cria terreno para uma outra ciência, a da hidrostática. Esse trabalho propiciou a bela, mas tola, história de Vitrúvio sobre o transbordamento de água no banho de Arquimedes. Talvez tenha havido o transbordamento, talvez ele tenha corrido nu; mas ele certamente não gritou Eureca por causa de uma observação trivial como "coisas maiores fazem maiores transbordamentos". Não: a dedução em *Corpos flutuantes* é muito mais sutil e sofisticada. Eis como funciona:

Em um corpo de líquido estável, cada coluna de igual volume deve também ter o mesmo peso — caso contrário o líquido fluiria da mais pesada para a mais leve (essa é a razão por que a superfície do mar é *regular*). O mesmo deve ser verdadeiro ainda que um corpo sólido seja imerso em uma coluna de líquido. Em outras palavras, se tivermos uma coluna de líquido com um corpo sólido imerso nela, o peso agregado do líquido e o corpo devem ser iguais ao da coluna de líquido de mesmo volume. Ocorre que o corpo sólido deve perder um pouco de peso — um cálculo complexo desenvolvido por Arquimedes mostra que ele deve perder um peso igual ao volume da água deslocada.

Isso explica por que nos sentimos mais leves na água; na realidade, isso nos diz precisamente o quanto mais leve *deveríamos* nos sentir. É realmente algo para se gritar *eureca*! Porque, veja, só pelo poder da pura imaginação, Arquimedes foi capaz de deduzir o que devia acontecer no mundo físico! Esse poder da mente sobre a matéria é o que fascina na ciência arquimediana — que Galileu e Newton tentaram imitar — e, inacreditavelmente, conseguiram. Foi assim que, finalmente, Newton descobriu, pelo poder da pura imaginação — bem como pelo cálculo — *como os planetas se movimentam*. E, com essa conquista arquimediana, Newton preparou terreno para toda a ciência posterior.

Quebra-Cabeças e Números

A ciência newtoniana era séria; a de Arquimedes, não. Arquimedes foi famoso por suas artimanhas, enigmas, rodeios. Não se tratava de facetas externas de sua escrita: eram características de sua personalidade científica. A ciência não é — a matemática não é — árida e impessoal. É nela que a imaginação pode vagar livremente. E foi isso que fez a imaginação de

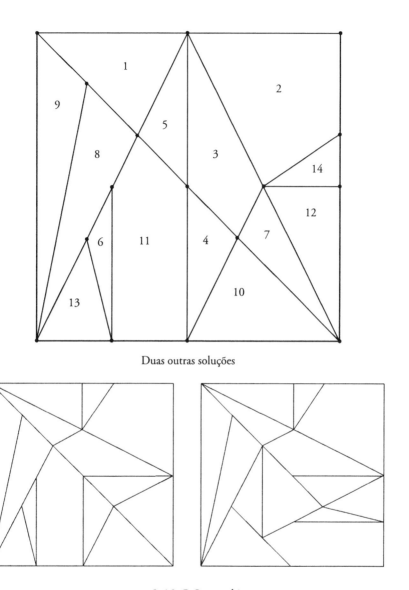

Duas outras soluções

FIGURA 2.10 *O Stomachion*

Arquimedes, resultando em um brinquedo infantil chamado *Stomachion*, ou Dor de Barriga (pela dificuldade de resolução): um quebra-cabeça de 14 peças, projetado para formar um quadrado. E Arquimedes se perguntou qual seria a matemática subjacente a esse quebra-cabeça.

Esse, de fato, foi também um quebra-cabeça para nós, acadêmicos modernos. Desde 1906 sabíamos que Arquimedes escrevera sobre o *Stomachion*. Mas o que realmente ele estava tentando fazer? Somente dispúnhamos de um único bifólio do Palimpsesto — um dos que estavam mais mal preservados. Heiberg entendia pouco de grego e nada de matemática. A tecnologia digital nos permitiu fazer novas leituras e, em 2003, finalmente consegui propor uma interpretação do *Stomachion* — a primeira em tempos modernos. Defendo que Arquimedes estava tentando calcular de quantas maneiras pode-se formar um quadrado a partir das 14 peças originais. Há mais de uma maneira, como mostra a figura 2.10. Na realidade, há 17.152 soluções distintas.

O ponto mais notável dessa interpretação não é esse enorme número de interpretações: se verdadeira (e muitos historiadores julgam provável que eu esteja certo), faria com que Arquimedes fosse o primeiro autor, de todos os tempos, da *Combinatória* — campo da matemática que calcula o número de soluções possíveis para um dado problema. Essa foi, então, a segunda descoberta importante feita graças ao Palimpsesto de Arquimedes.

A análise combinatória está no âmago da ciência de computação moderna, mas não tinha aplicação no tempo de Arquimedes e sua natureza é muito diferente do tipo de estudo geométrico visto com tanta freqüência na matemática grega. O *Stomachion* parece mesmo um puro vôo da imaginação. Procure um número que está lá. E pelo caminho é gerada uma série fantástica de cálculos complicados. Arquimedes, afinal de contas, era um mestre nesse tipo de jogo, nessa busca de números enormes e combinações surpreendentes. Há um tratado dele (existente), *O arenário*, em que ele calcula quantos grãos de areia são necessários para encher o universo (para tanto, lembre-se, ele precisaria estimar o tamanho do universo — e ele cita a estimativa do pai). E então, o que é mais famoso, ele oferece uma aproximação fantasticamente precisa da razão entre a circunferência de um círculo e seu diâmetro (conhecida hoje como número π). Ele conseguiu descobrir que tal razão é menor do que entre 14688 e 4673½, mas maior do que entre 6336 e 2017¼ — que depois também simplificou (perdendo um pouquinho na precisão

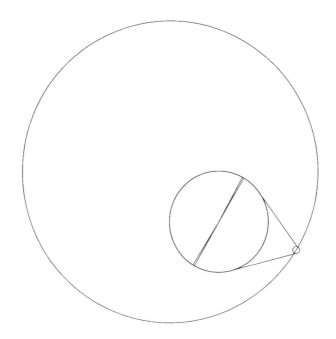

FIGURA 2.11 *Um polígono de 96 lados dentro de um círculo. O círculo interno mostra um detalhe ampliado do polígono 96 no círculo externo*

mas ganhando muito mais em clareza) para a razão ser menor do que 3 1/7 e maior do que 3 10/71. Esse cálculo fabuloso é baseado em um método não diferente daquele que trata de séries potencialmente infinitas, só que, no caso da circunferência do círculo, um cálculo preciso é impossível e por isso uma aproximação funciona melhor. De modo que Arquimedes calculou não a circunferência de um círculo mas a de um polígono com 96 lados — o que, para a vista, é quase o mesmo (ver fig. 2.11).

Talvez o cálculo lúdico mais incrível de Arquimedes tenha sido o do rebanho de Hélio. Seus leitores deviam conhecer o contexto pela lembrança da *Odisséia* de Homero. No livro doze, a tripulação de Odisseu chega à Ilha de Trinácia, lugar sagrado para Hélio. Contrariando a advertência de Odisseu, seus homens não resistem à tentação de matar o gado de Hélio, banqueteando-se fartamente — por sete dias! A partir de então, ao longo de toda a *Odisséia*, eles são terrivelmente punidos por essa transgressão. Por tradição essa ilha foi identificada com a Sicília, transformando a história em uma espécie de tributo poético ao poder da Sicília, uma advertência de que não interferissem com ela. Arquimedes faz disso mais um enigma, uma charada de cálculo formulada em um poema:

> Meça pra mim, amigo, a quantidade do gado de Hélio,
> Tendo perseverança — se partilhar da sabedoria:
> Quantos certa vez pastaram nas planícies da Sicília,
> A Ilha Trinácia em quatro rebanhos dividida,
> De cores variadas …
> [O texto prossegue por quase três páginas, com muitas
> restrições matemáticas como, por exemplo:]
> … Os bois brancos
> Eram dos pretos a metade mais um terço
> E mais o total de castanhos, amigo, saiba disso…

Resumindo, Arquimedes construiu um problema aritmético com oito incógnitas (havia quatro rebanhos — preto, branco, castanho e malhado —, cada um deles dividido entre bois e vacas), com sete equações (no exemplo acima: [bois brancos] = ½ [bois pretos] + ⅓ [bois castanhos]) e duas extras — condições complexas em que as soluções devem obviamente ser em números inteiros (não há meias vacas). Tentar solucionar esse problema, no final das contas, é uma transgressão tão fatal quanto foi a matança original. Matemáticos modernos provaram que a menor solução envolve um número escrito em 206.456 dígitos.

Isso era um jogo. Pois, veja você, a apresentação acima — em linhas métricas curtas — não foi um capricho meu. *Arquimedes escreveu esse problema em verso*. Um matemático-poeta! — o pensamento nos parece absurdo, mas era natural para ele, cuja ciência foi toda baseada em um sentido lúdico e de beleza, em significados ocultos. Nesse caso, sem dúvida, o significado oculto era político: Arquimedes estava sugerindo que não deveriam interferir na Sicília. Muitos o fizeram, na época dele, e ele fez o melhor a seu alcance para detê-los. E aqui, finalmente, voltamos aos fatos históricos da vida de Arquimedes.

Morte e Vida Após a Morte

Siracusa era a principal cidade da Sicília — o eixo entre o Mediterrâneo oriental e ocidental. Invasões anteriores haviam tentado tomá-la, sendo a de Atenas, no ano de 415 a.C., a mais famosa — quando houve uma tentativa de forçar o resultado da Guerra do Peloponeso atraindo os ricos da Sicília para seu lado. O esmagador fracasso dessa expedição marcou o fim do Império Ateniense.

Foi, portanto, com alguma realista esperança que os siracusanos aguardaram, em 214, a chegada dos romanos. Por uma geração então, Siracusa, nominalmente livre, havia sido submetida à esfera de influência romana. Sem dúvida, Arquimedes — como muitos de seus conterrâneos — estava ansioso para se livrar do controle indireto dos romanos. Vitórias recentes de Aníbal sobre os romanos fizeram com que julgassem ser isso finalmente possível. Siracusa se posicionou abertamente com os cartagineses. A menos que os romanos pudessem conter e conquistar a cidade, sua própria sorte estaria traçada. Pois, pela Sicília, Aníbal seria suprido enquanto seu efetivo ainda não tivesse se recuperado da recente catástrofe. Com seu poder tão esgotado, os romanos não poderiam agüentar o cerco por anos a fio. Assim, a sorte do Mediterrâneo repousava em uma questão: poderia Siracusa resistir por muito tempo?

O século anterior havia assistido a uma revolução militar. Das guerras de hoplitas caindo no campo de batalha, havia evoluído um novo tipo de guerra — a do cerco. Em uma versão do mundo antigo da corrida de armamentos, todas as cidades construíam muralhas enquanto, simultaneamente, os poderes militares montavam arsenais de catapultas — as máquinas de guerra com que faziam a revolução militar. Basicamente, a catapulta não passa de uma enorme mola que, quando liberada, projeta pedras para abater muralhas ou pessoas. Conseguia ser surpreendentemente eficiente, derrubando a tempo algumas defesas bem resistentes. Mas era preciso levar a catapulta próxima às muralhas — área que estaria na mira da catapulta por dentro — e assim a corrida de armas prosseguia.

Os romanos sabiam perfeitamente que os siracusanos os alvejariam com pedras. Ainda assim, foram pegos de surpresa. Transcrevo a seguir uma citação de Políbio, um historiador muito sério, que escreveu sobre os eventos descritos abaixo pouco depois de terem acontecido, sendo a nossa melhor fonte sobre a vida de Arquimedes. Assim foi a surpresa armada por Siracusa contra seus invasores:

> Mas Arquimedes, que havia preparado máquinas construídas para lançar a qualquer alcance, assim causou danos aos assaltantes a longa distância, à medida que suas embarcações se aproximavam [a primeira tentativa foi por mar], com suas catapultas mais potentes, para deixá-los em muita dificuldade e aflição; e tão logo essas máquinas atirassem longe demais e o alvo se tornasse mais próximo, ele continuava usando máquinas de alcance cada vez menor, abalando assim completamente a coragem deles até pôr um ponto final em seu avanço... [Os romanos desistiram do ataque, e assim resume Políbio:] Que coisa grande e maravilhosa mostrou ser a genialidade de um homem... Os romanos, fortes como eram tanto por mar como por terra, tinham toda esperança de capturar a cidade de imediato, tivesse um velho homem de Siracusa sido removido; mas uma vez que estava presente, não se aventuraram nem sequer a tentar atacar...

Qual foi o feito de Arquimedes? Afinal de contas, catapultas eram bem conhecidas antes dele. O que parece ter desequilibrado completamente os romanos foi a cuidadosa mira e o alcance das catapultas. Não havia "pontos cegos", uma consideração crucial; pois de outra maneira teria sido possível descobrir esses pontos e buscar neles segurança, anulando em grande parte o esquema da defesa.

Como descobrir pontos cegos e apontar as catapultas? Esse é um belo problema, sem qualquer chance de solução por meio de simples tentativa e erro. Pois alguém precisava ter conhecimento de alguns princípos de *construção de catapulta para encomendá-la* — isto é, saber que, posicionada em um dado ponto, cobriria um alcance exato.

No mais básico, isso envolve um profundo problema de geometria. A força propulsora de uma catapulta é aproximadamente equivalente a sua massa (que determina a força física que consegue exercer). Essa, por seu lado, é aproximadamente o equivalente a seu volume. Então, como medimos volumes? Do mesmo modo como medimos superfícies: multiplicando as dimensões (duas no caso de superfícies, três no de volumes). Como um sólido tem três dimensões, seu volume é equivalente à força cúbica de sua dimensão linear. Tomemos então como exemplo uma catapulta cujo comprimento é uma jarda e queiramos transformá-la em outra duas vezes mais potente. Seria errado fazê-la com duas jardas de comprimento: uma catapulta com duas jardas de comprimento não seria duas vezes mais potente, seria oito. Como então conseguir isso? É preciso achar a *raiz cúbica de dois* (que é aproximadamente 1,26) e então aumentar o comprimento (e todas as demais medidas lineares) naquela razão. Achar a raiz cúbica não é uma tarefa nada fácil; requer de fato técnicas matemáticas muito eficientes. Os matemáticos gregos já haviam tratado da questão, mas encontraram muito poucas soluções que permitissem qualquer aplicação prática. Não há nenhuma conhecida em nome de Arquimedes, mas não há dúvida de que ele havia descoberto e aplicado tal técnica no ano de 214.

Desconfio, porém, de mais do que isso. Puro vôo da imaginação de minha parte agora. Afinal de contas, desde que Arquimedes pudesse dizer *onde uma pedra arremessada iria pousar* — isto é, seguir em sua imaginação a curva traçada por ela —, não teria ele concentrado sua atenção na questão de *representar a trajetória como uma curva geométrica?* Não teria ele encontrado — sua amada parábola — e a usado para posicionar suas catapultas? Porque, afinal, os alunos de Arquimedes, Galileu e Newton, o fizeram, baseando suas idéias em técnicas matemáticas não tão diferentes das usadas pelo mestre. Galileu traçou os movimentos dos corpos, e Newton, os dos planetas, usando precisamente aquelas parábolas. Arquimedes, com certeza, deve ter tido problemas bem interessantes para ponderar construindo aquelas máquinas!

E assim conta a lenda: imagine Arquimedes no ano 212 a.C. refletindo sobre seus problemas. O cerco dos romanos estava quase derrotado; a genialidade de Arquimedes triunfando sobre o poderio romano. Reinava a complacência. Os siracusanos celebravam um festival, um desertor informa aos romanos que os sentinelas, bêbados, haviam deixado seus postos. Marcelo, o general romano, rapidamente despacha um grupo de soldados para ocupar posições junto às muralhas da cidade e, como sempre acontece nesse tipo de combate, havendo uma brecha, acaba o jogo. A cidade logo foi atacada pelos romanos. Tinham eles poucas razões para ser misericordiosos: Siracusa contava com a queda de Roma, e Roma agora saboreia a reversão dos acontecimentos. A pilhagem foi em escala sem precedentes, mesmo para os romanos — que roubaram tudo o que podia ser levado.

Consta que o saque incluiu um enorme planetário, uma maravilha da ciência, produzido pelo próprio Arquimedes. Consta também que Marcelo queria capturar e levar consigo o próprio Arquimedes, mas — como sempre acontece na história — com a pilhagem ocorreu uma onda de assassinatos bárbaros. A lenda é famosa, relatada por Plutarco:

> Ele estava sozinho, tentando resolver um problema com a ajuda de um diagrama, e tendo o pensamento e os olhos concentrados no objeto de estudo, não se deu conta da incursão dos romanos e nem da cidade sitiada. De repente, um soldado tomou-o de assalto e ordenou que o acompanhasse até Marcelo. Arquimedes se recusou a fazê-lo enquanto não terminasse de resolver e demonstrar o problema, enfurecendo o soldado que tirou a espada e o matou.

Chega de lenda. (O próprio Plutarco analisou diversas outras alternativas, e é provável que a verdade seja ainda uma outra.) Mas é uma lenda apropriada. A herança de Arquimedes quase foi extinta por várias mãos ignorantes que não entendiam o legado científico. Mesmo assim Arquimedes sobreviveu.

Podemos, pois, concluir com um fato histórico sério, em vez de lendário. Vamos acompanhar Cícero no ano de 75 a.C. Arquimedes estava morto havia 137 anos. A Sicília é uma província romana, parte de um Mediterrâneo completamente subjugado. Cícero é um questor, um alto oficial na ilha. É também um homem culto, com profundo respeito pela herança científica grega. Ele tem conhecimento do antigo túmulo de Arquimedes e consegue encontrá-lo novamente, apesar de perdido por todo aquele tempo. E a gravação no túmulo (de acordo com sua vontade) ainda está lá: uma esfera inscrita em um cilindro.

Arquimedes provou que a primeira era sempre dois terços do segundo — uma obra-prima de raciocínio que o levou tão próximo à quadratura do círculo quanto é humanamente possível. O diagrama no túmulo é imortal. Arquimedes encontrou as verdades primeiras, revolucionárias. Com o tempo, elas dariam surgimento à nossa ciência. Mas para tanto, em primeiro lugar, seus trabalhos precisavam sobreviver — cruzar os mares da história para que, em outras praias, a ciência moderna pudesse nascer.

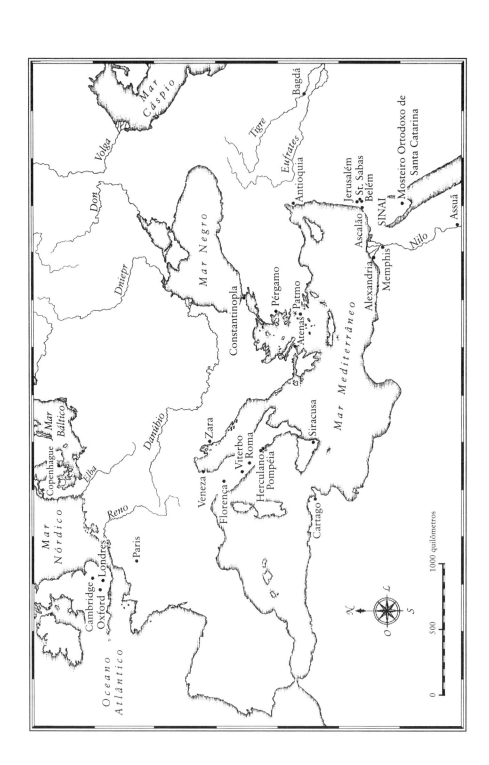

3
A Grande Corrida, Parte I
Antes do Palimpsesto

O sr. B me enviou uma outra carta, mas desta vez não continha um cheque. Continha a transcrição do caso judicial relativo ao Palimpsesto, que continuou após a venda. Nela, o advogado da Christie's argumentava que planos para uma exposição do manuscrito já estavam sendo explorados por meio de um grande museu de Baltimore. Às vezes, sou um pouco lento de entendimento, mas rapidamente me ocorreu que era eu o indivíduo que estaria montando a exposição do Palimpsesto de Arquimedes em futuro próximo. Como o livro em si não tivesse muito a exibir, decidi fazer um filme que explicasse toda a sua importância. Entrei em contato com John Dean, um diretor de cinema e agora querido amigo. Ele comprou bilhetes aéreos — felizmente para a Sicília, não Samos (sabia mais do que eu), e voamos pelo Mediterrâneo fazendo o filme, com John cantando e fazendo amigos em todo lugar. Tivemos que cobrir a história de 2.200 anos em duas semanas de filmagem.

O filme era sobre uma corrida, corrida que se estendeu por séculos e envolveu todo o mundo mediterrâneo. Uma corrida pela sobrevivência, uma epopéia. Arquimedes correu no lombo de um burro — para preocupação do erudito e preocupação do escriba. Posicionados contra Arquimedes estavam os puros-sangues da destruição: guerra, indiferença e a segunda lei da termodinâmica. Para que seus trabalhos sobrevivessem, Arquimedes tinha de se manter à frente de seus adversários durante toda a corrida; seus tratados tinham de ser reescritos mais vezes do que fossem destruídos. Todos os autores antigos estavam na mesma corrida e enfrentando situação semelhante. Mas, para a maioria deles, graças à imprensa de Johannes Gutenberg, a corrida efetivamente terminou pelo final do século VI. De 1454 em diante, esses autores apearam-se de seus jumentos e montaram em um Pégaso, o cavalo alado. Mesmo os mais puros-sangues da destruição tiveram dificuldade de ultrapassar a imprensa. Mas a invenção de Gutenberg estava ainda a 1.666 anos de distância quando Arquimedes morreu. Por uma série de circunstâncias realmente fantásticas, a corrida de Arquimedes não está terminada mesmo no século XXI, e a reta final está sendo conduzida no Novo Mundo.

Uma Carta é Escrita

Uma bola de futebol chutada pela Itália — é como se deve pensar no assunto. Mas não se trata de uma esfera; é um triângulo. E é assim que os antigos imaginavam a ilha da Sicília. John Dean e eu pousamos em Palermo, que fica no ângulo ocidental do triângulo, e dirigimos até seu centro na Piazza Armerina, depois descemos em direção ao ângulo sudeste, deixando o monte Etna à nossa esquerda. Chegamos à cidade natal de Arquimedes, Siracusa. John e eu nos hospedamos no hotel favorito de Winston Churchill, mas caminhamos pelas ruas que Arquimedes pisou, sentamo-nos no teatro em que assistiu a peças, visitamos o altar em que rezava e percorremos as muralhas da cidade que defendeu. Bem no alto da cidade, na planície de Epipolae, permanecem ainda as impressionantes ruínas da fortaleza de Euríalo. Em abril de 1999, era de uma beleza incrível, suas muralhas brancas emergindo de um mar de flores selvagens. A vista era magnífica, e podíamos ver o porto abaixo de nós, ao leste.

De Siracusa, antes da Segunda Guerra Púnica, Arquimedes escrevera uma carta a um amigo, que começava assim:

> Arquimedes para Eratóstenes: cumprimentos! Como sei que você é aplicado, um excelente professor de filosofia, e muito interessado em toda investigação matemática que possa lhe chegar às mãos, pensei que seria apropriado escrever e lhe expor um certo método especial(...) Presumo que haverá alguns na geração atual, assim como nas futuras, que, por meio do método aqui explicado, estarão capacitados a encontrar outros teoremas que ainda não nos coube compartilhar.

É fácil aceitar a história oficial como um relato completo do passado. Não é, e se pensarmos dessa maneira, não somente não entenderemos o que seja história, mas também deixaremos de nos maravilhar com aquilo que sabemos. Não há nada de corriqueiro no fato de termos conhecimento de que um grande homem do século III a.C. escreveu uma carta pessoal a um amigo: é absolutamente extraordinário. Espantosamente, sabemos também muito do conteúdo da carta, e até a aparência que tinha.

A carta foi escrita em folhas de papiro e enrolada em um tubo de madeira. Em outras palavras, era um rolo. O papiro é uma planta fibrosa que cresce em abundância no delta do Nilo; os rolos de papiro eram o material de uso no Mediterrâneo antigo. Tiras feitas a partir do interior do caule eram postas paralelas, sobrepondo-se ligeiramente. Depois uma outra camada de tiras era colocada perpendicularmente sobre a primeira. As duas camadas eram batidas com um objeto de madeira e grudavam uma na outra, resultando em uma excelente superfície de escrita. As folhas podiam ser coladas para fazer rolos de diferentes comprimentos. Os rolos eram feitos no Egito e distribuídos por todo o mundo antigo de Alexandria, o maior porto comercial da época. Para escrever no rolo, Arquimedes usou um cálamo e escreveu apenas de um lado da página — o lado em que as folhas do papiro eram dispostas horizontalmente. Ele escreveu em colunas estreitas de letras maiúsculas, posicionadas não no comprimento do rolo, mas em sua largura. Ele não deixou espaços entre as palavras, e praticamente não usou pontuação, como a entendemos. Seus diagramas, que ele considerava parte integrante do texto, foram colocados dentro das colunas de seu texto, seguindo o texto ao qual se referiam.

Uma vez terminada a carta, Arquimedes a levou ao porto e providenciou para que fosse embarcada a seu destino. Seu rolo seguiu em uma perigosa viagem por mar, exatamente para o lugar de onde viera — Alexandria. Se guardou uma cópia dessa carta — prática que era comum —, nenhum traço dela sobreviveu. Talvez tenha sido destruída, juntamente com o próprio Arquimedes, no cerco de 212 a.C. Assim, tão logo a embarcação deixou o porto, a sorte da carta não estava mais em suas mãos. Contudo, essa não era uma carta qualquer: era seu *O método*.

Na Biblioteca

A cidade de Aswan, no Egito, fica no Trópico de Câncer. Isso significa que, em 21 de junho, ao meio-dia, as paredes de suas edificações não projetam sombra alguma. O mesmo não acontece em Alexandria, em que, na mesma data e horário, uma pequena sombra é projetada. Embora as paredes de ambas as cidades sejam verticais e os raios solares quase paralelos, as paredes ficam sob ângulos diferentes para os raios. Acontece que as paredes verticais de Aswan estão a um ângulo de sete graus das de Alexandria. Para Eratóstenes era óbvio que a superfície da própria Terra, o solo sobre o qual se erguiam as paredes de ambas as cidades, era curva. Ao medir a distância entre Aswan e Alexandria, que resulta em 7 dos 360 graus em que a circunferência da Terra pode ser dividida, essa circunferência poderia ser estimada. As ponderações de Eratóstenes sobre o assunto, no século III a.C., resultaram no valor de 250 mil estádios, em que um estádio é igual a 125 passos, ou cerca de 191 metros. Isso é espantosamente próximo do valor aceito hoje (40.075 quilômetros) — um cálculo brilhante. Foi devido a esse tipo de façanha que Arquimedes encaminhou *O método* a Eratóstenes. Por ser versado em muitas áreas é que ele provavelmente foi nomeado diretor da Biblioteca de Alexandria em 235 a.C.

Alexandria era uma cidade jovem na época de Eratóstenes. Foi fundada, em 7 de abril de 331 a.C., por Alexandre, o Grande, e logo substituiu Mênfis como a capital do Egito. De 305 a.C., foi governada por Ptolomeu I Sóter, de ascendência greco-macedônica, e a dinastia fundada por ele iria governar o Egito até o suicídio de Cleópatra em 30 a.C. Sob os Ptolomeus, Alexandria se tornou o grande centro de cultura grega. Por volta de 280 a.C., um Templo às Musas — o primeiro museu do mundo — havia sido criado. Construído no complexo palaciano, era um conjunto de prédios, incluindo um amplo salão de jantar, uma alameda coberta e uma arcada com recantos e cadeiras, para uso da comunidade erudita. Era lá que Eratóstenes e outros eruditos passavam seus dias, caminhando pela alameda, especulando sobre assuntos como a circunferência da Terra e, eventualmente, recebendo cartas de seu amigo Arquimedes. A biblioteca era constituída da maior coleção de textos do mundo antigo. Expandira-se rapidamente nos cinqüenta anos anteriores, à medida que os eruditos começaram a registrar sistematicamente todo o conhecimento do mundo como existia então. Em meados do século III a.C., Calímaco de Cirene tentou fazer um catálogo do acervo da biblioteca, intitulado "Catálogos de autores eminentes em várias disciplinas". Foi uma realização monumental. Ocupou 120 rolos. Era dividido em categorias e, dentro de cada categoria, os autores eram examinados alfabeticamente, com base na primeira letra de seus nomes.

Como o vento estivesse a favor, não teria levado mais do que umas duas semanas para o navio que portava a carta de Arquimedes, de Siracusa, aportar em Alexandria. Após oferecer um sacrifício a Posseidon para garantir uma viagem segura, um portador deve ter levado o rolo ao devido destinatário — a mais segura de todas as mãos, o estudioso e responsável amante de rolos Eratóstenes. Este provavelmente colocou a carta de Arquimedes em uma seção da biblioteca dedicada a textos de ciência, e lá ela ficou ao lado de outros rolos contendo diferentes tratados do mesmo autor. É mais que provável que Eratóstenes tenha mandado fazer cópias da carta; julgando pela esperança de Arquimedes de que gerações posteriores pudessem lê-la, essa certamente deveria ser sua expectativa. Uma das cópias talvez tenha sido guardada nos recintos do Templo de Serapis, próximo dali. Os pergaminhos do Serapeo, como era chamado, foram copiados dos existentes no Museum, e ficaram disponíveis não apenas para os eruditos que levavam vidas reclusas, mas também para os membros do público. Eratóstenes chegou a viver até quase os 80 anos. Em seus últimos anos, estava cego e consta que voluntariamente se deixou morrer de inanição. Mas já havia feito tudo o que podia por Arquimedes, e foi o bastante — justo.

Somente sabemos que a carta de Eratóstenes chegou a Alexandria por sabermos que foi lida lá. Uma cópia dela foi recuperada no século I; sabemos inclusive o nome de quem a recuperou: Hero. Hero escreveu um tratado — *Métrica* — que menciona *O método*: "O mesmo Arquimedes mostra no mesmo livro [*O método*] que, se forem introduzidos em um cubo dois cilindros cujas bases são tangentes às faces do cubo, o segmento comum dos cilindros será de dois terços do cubo. Isso é útil para abóbadas construídas dessa maneira..."

Parece que Hero se interessara por Arquimedes para construir uma abóbada de arestas, em que espaços cilíndricos são esculpidos a partir de uma estrutura de alvenaria retilínea. Essa era uma especialidade de Hero, que também escreveu um tratado sobre abóbadas. Veremos repetidas vezes, ao abordar a questão da sobrevivência dos tratados de Arquimedes, que eles foram de interesse para os que quiseram aplicar seu conhecimento a problemas técnicos do mundo real.

Observe, porém, como é tênue a linha de evidência com que podemos traçar a história dos trabalhos de Arquimedes. A *Métrica* de Hero sobreviveu em apenas um manuscrito, e podemos situá-lo em Alexandria, no século I, somente porque o Sol, a Lua e a Terra têm movimentos extremamente regulares uns em relação aos outros: em um outro tratado — *Dioptra* — Hero faz um relato do eclipse da Lua que testemunhou, citando que ocorreu no décimo dia antes do equinócio vernal que começou em Alexandria na quinta noite de vigia. Otto Neugebauer, o grande vulto da astronomia matemática antiga, observou que tal dado corresponde a um eclipse do ano 62 de nossa era e a nenhum outro, por séculos, anterior ou posterior a essa data. E por séculos, antes ou depois dessa data, nada mais soubemos sobre o próprio *O método*.

A Mudança de Mídia

Nada é mais perigoso para o conteúdo de documentos antigos do que uma atualização pela tecnologia de informação, porque é necessário que seja feita a transferência de dados em massa, e tem de ser feita por um ser humano. A transição do rolo para o códex — o formato de livro atual — foi uma revolução na história do armazenamento de dados (ver fig. 3.1).

A introdução de códices foi gradual; começou no século I, mas somente por volta do século IV estaria mais ou menos completada. O que me surpreende é que tenha levado tanto tempo. A genialidade do códex é que armazena conhecimento não em duas dimensões, como o rolo, mas

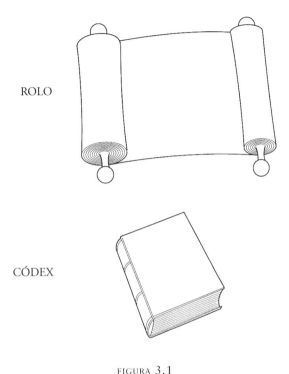

FIGURA 3.1

em três. O rolo tem altura e largura; o códex também tem profundidade. Por essa razão, ele não precisa ser tão largo: um códex com 200 fólios (400 páginas), 15 centímetros de largura, tem a mesma área potencial de armazenamento de dados de um rolo da mesma dimensão vertical, com 61 metros de extensão. E como cada folha do códex é tão fina, economiza-se tremendamente na largura por um insignificante aumento na profundidade. Além disso, para acessar as informações no rolo, é necessário que os olhos percorram toda a dimensão da largura, enquanto, no códex, ignora-se a largura, e percorre-se a dimensão da profundidade, que é tão-somente um pouco mais grossa. Há uma grande diferença entre "desenrolar" e "folhear". Quando se consulta um catálogo em ordem alfabética, chegar a Arquimedes não é problema; e quanto a Zeno? Com o códex, só é preciso virar as páginas do final e depois fechá-lo, mas, para verificar as poucas linhas sobre Zeno, quase todo o rolo teria de ser desenrolado, e depois reenrolado. É evidente que isso nunca ocorreu. Qualquer que fosse a extensão de um catálogo, literalmente não poderia ter ocorrido. Daí o catálogo de Calímaco consistir em 120 rolos. Se fossem transcritos em códices, teriam sido bem menos de 120.

Os textos antigos que não fizeram a transição do rolo para códex simplesmente desapareceram. Os antigos menosprezaram seus rolos pelas mesmas razões que desprezamos nossos discos de vinil de 78 rotações por minuto: tornaram-se obsoletos. Os discos de 78 rotações eram, há somente algumas décadas, o meio preferido de gravação de música; hoje são mais encontrados em lixeiras do que em toca-discos. De maneira semelhante, o que sobrou dos textos antigos pode agora ser encontrado em lixeiras do mundo antigo. Se a carta de Arquimedes a Eratóstenes tivesse permanecido em seu rolo, primeiramente teria sido negligenciada, depois abandonada e finalmente virado pó. Na verdade, foi o que aconteceu com a cópia (ou cópias) que permaneceram em rolos, embora nenhum fragmento de Arquimedes tenha sido encontrado em lixeiras.

E só porque Arquimedes era famoso, não significa que seus trabalhos fossem uma prioridade óbvia para atualização de TI. Na verdade, embora lendário, Arquimedes dificilmente era lido. O mais importante de seus resultados, como a aproximação do valor de π, tornou-se muito conhecido e usado, mas poucas pessoas realmente leram suas argumentações, simplesmente difíceis demais. E nesse sentido ele estava em particular desvantagem, se comparado a outros grandes pensadores da Antiguidade. Os Homeros, Platões e Euclides de seu mundo foram reconhecidos em sua época, não somente como grandes, mas também como fundamentais, e, portanto, foram usados com freqüência e, no devido momento, copiados em códices. Arquimedes era difícil demais para ser fundamental; muito poucas pessoas conseguiriam entendê-lo. Sua genialidade, de fato, trabalhou contra ele. Seus textos foram com muita freqüência deixados desenrolados, e sempre tiveram dificuldade de se tornar códices. Trezentos anos depois de Hero, um outro matemático chamado Pappus discutiu um tratado de Arquimedes sobre poliedros semi-regulares. Não resta traço algum desse tratado. Talvez nunca tenha feito parte de um códex. Perdeu a corrida contra a destruição lá mesmo.

Quem mais se esforçou para garantir a sobrevivência dos tratados de Arquimedes, ao longo desse período decisivo, foi Eutócio. Nascido em Áscalon, na Palestina, por volta do ano 480, ele não apenas leu os tratados: pesquisou-os e explicou-os. Eutócio viajou muito pelos grandes centros do saber de sua época, incluindo Alexandria, onde deve ter conhecido um professor de nome Amônio. Eutócio dedicou a Amônio seu primeiro trabalho sobre Arquimedes, um comentário sobre *A esfera e o cilindro I*, e claramente o tinha em alto conceito. No prefácio, diz que escreveria comentários sobre outros tratados de Arquimedes, se Amônio aprovasse esse primeiro, o que deve ter acontecido, pois Eutócio escreveu três outros comentários ainda — sobre *A esfera e o cilindro II*, sobre *Medida do círculo* e sobre *O equilíbrio dos planos*. Eutócio teve de lutar para encontrar os escritos de Arquimedes. Quer já estivessem em códices, ou ainda em rolos, não havia muitos deles. Em certo ponto de *A esfera e o cilindro II*, Arquimedes promete provar um ponto matemático, mas nunca o faz. Eutócio, entretanto, prosseguiu na busca. Escreve ele: "Em um determinado velho manuscrito (pois não desistimos da busca de muitos manuscritos), lemos teoremas escritos de forma muito pouco clara (por causa dos erros) e sob vários aspectos errados quanto aos diagramas. Mas tinham a ver com o assunto que estávamos procurando, e preservaram em parte o dialeto dórico que Arquimedes gostava de usar, escrito com o nome antigo das coisas." Eutócio incluiu então um relato desse texto em seu comentário.

Os tratados de Eutócio sobrevivem juntamente com os trabalhos de Arquimedes, sobre os quais tecem comentários. Esse é um ponto importante. Eutócio, como todos os demais, claramente viu as vantagens da nova tecnologia de informação e explorou-a. Do mesmo modo que um CD pode armazenar um número muito maior de cantatas de Bach do que um 78 rotações, um único códex pode conter muito mais tratados de Arquimedes do que um rolo. Eutócio, parece, preparou uma edição de vários dos tratados de Arquimedes, com seus comentários, juntando-os em uma encadernação de madeira. Do século VI em diante, ao pensar em um tratado de Arquimedes, devemos imaginá-lo em um cômodo códex de pergaminho, guardado de maneira segura dentro de um invólucro de madeira e confortavelmente aconchegado entre outras cartas de natureza semelhante.

Tempestade a Caminho

A carta de Arquimedes a Eratóstenes poderia estar bem encaminhada, mas de maneira alguma segura. Eram tempos de mudança, mas não a favor de Arquimedes. Uma a uma as grandes cidades do mundo antigo, que abrigavam as escolas do saber e seus livros, foram pilhadas por invasores. Roma foi saqueada pelos godos em 410, Antioquia pelos persas em 540, e Atenas pelos eslavos em 580. Deveria haver muitas cartas de Arquimedes no século III; não havia resquícios delas no final do VI. As coisas não estavam muito melhores na própria Alexandria. Por volta do ano 270, o imperador Aureliano, em sua guerra contra Zenóbia, danificou uma grande parte do complexo palaciano que continha o museu. Em 391, Teófilo, o arcebispo de Alexandria, saqueou Serapeo, o anexo à biblioteca do museu. Em 415, a ilustre matemática Hipácia foi assassinada por uma turba de cristãos fanáticos e ignorantes. As cartas de Arquimedes precisavam deixar Alexandria antes que tivessem destino semelhante.

Com o desaparecimento do mundo antigo, seus deuses também desapareceram. E à medida que o cristianismo se tornou a religião oficial do Império Romano, muitos textos clássicos, quando não eram considerados perigosos, eram descartados como irrelevantes. Não que os cristãos deliberadamente os destruíssem com freqüência; simplesmente paravam de copiá-los. Os escribas concentravam seus esforços nos textos cristãos. O currículo cristão necessariamente incluía alguns autores da Antiguidade — Homero pela retórica e Euclides pela geometria, mas Arquimedes não estava incluso no currículo da Salvação. Muito menos gente do que antes tinha condições de lê-lo, e menos gente ainda tê-lo-ia lido mesmo que as tivesse.

Nos séculos V e VI, para cada animal que pudesse transportar o Arquimedes, havia uma horda de bárbaros inescrupulosos. A corrida dos textos clássicos contra a Destruição tornava-se cada vez mais desesperadora. A única pergunta era: para onde poderiam fugir? A única resposta: Constantinopla.

Na Arca

John Dean e eu voamos para Constantinopla, atual Istambul, em busca de Arquimedes. A cidade foi fundada junto ao Bósforo por Constantino, o primeiro imperador cristão, na segunda-feira, 11 de maio de 330, especificamente como a capital do Império Romano do Oriente. Constantinopla era relativamente nova no mundo mediterrâneo do saber. Sucessivos imperadores injetaram os recursos que somente eles poderiam mobilizar para fazer da cidade merecedora do império que herdara. Sem dúvida, a ênfase se concentrava nos trabalhos cristãos: Constantino de fato ordenou que fossem escritas cinqüenta cópias completas da Bíblia nessa época. Mas havia também uma preocupação com os clássicos em Constantinopla. Em um discurso ao imperador Constâncio, na quarta-feira, 1º de janeiro de 357, o filósofo Temístio descreveu um plano para assegurar a preservação da literatura antiga. Propôs ele um *scriptorium* — um centro de escrita — para a produção de novas cópias dos clássicos, o que garantiria que a nova capital do império se tornasse um centro de cultura. O plano deve ter sido adotado, pois em 372 foi emitida uma ordem a Clearco, prefeito da cidade, para designar quatro escribas com domínio de grego, e três de latim, para que fizessem a transcrição dos livros e os reparos necessários. Em 425, o imperador Teodósio II inaugurou uma fundação imperial para estudos literários e filosóficos. Mais importante ainda, em 412 ele construiu sólidas muralhas ao redor da cidade.

John Dean e eu não tivemos que olhar ao longe para encontrar Arquimedes: sua geometria está indelevelmente estampada em Constantinopla. Entre 532 e 537, o imperador Justiniano coroou a "Nova Roma" com uma das maiores construções já vistas no mundo — a Basílica de Santa Sofia (Hagia Sophia). Ela é assim descrita por um contemporâneo, Procópio:

Uma construção em alvenaria ergue-se do solo, não em linha reta, mas com gradual reentrância em seus lados, cedendo no meio, para descrever uma forma semicircular, denominada de meio cilindro por especialistas, a qual se eleva a uma altura vertiginosa. A extremidade dessa estrutura termina numa quarta parte de esfera, e acima dela há uma outra em forma de meia-lua, suspensa pelas partes adjacentes do prédio(...) De cada lado das últimas, há colunas no chão, que também não se erguem em linha reta, mas recuam internamente em um semicírculo, como se dançassem dando lugar umas às outras, e acima dessas uma outra forma de meia-lua paira suspensa.

Hagia Sophia é um prédio impressionante em muitos aspectos, mas o ponto mais importante é que foi projetado com diagramas e números. Trabalho necessariamente de matemáticos. Um deles foi Antêmio de Tralles — quem escreveu os textos sobre *Espelhos incendiários* e *Notáveis dispositivos mecânicos*. O segundo arquiteto, Isidoro de Mileto, era um pouco mais jovem. Ele escreveu um comentário relativo ao próprio tratado de Hero de Alexandria sobre *Arqueação*. Antêmio e Isidoro foram mestres na disciplina de Arquimedes, e é provável que o projeto de Hagia Sophia talvez lembre a figura inscrita no túmulo dele.

O mundo da matemática era pequeno no século VI, e se tornava cada vez menor. Não é de surpreender que Antêmio e Isidoro estivessem bem familiarizados com Eutócio. Eutócio dedicou seus comentários sobre os trabalhos de Apolônio de Perga a Antêmio. E Isidoro conhecia os trabalhos de Eutócio sobre Arquimedes muitíssimo bem. O comentário de Eutócio sobre *A esfera e o cilindro I* foi preservado por ter sido copiado por um dos alunos de Isidoro. Ao terminar de copiá-lo, esse aluno escreveu: "O comentário de Eutócio de Áscalon sobre o primeiro livro de Arquimedes *A esfera e o cilindro,* edição sendo reunida pelo autor de mecânica milésio, Isidoro, nosso professor." Isidoro, então, estava preparando uma edição dos trabalhos de Arquimedes, com os comentários de Eutócio em Constantinopla.

Arquimedes conseguiu chegar a Constantinopla no momento certo. Trezentos anos após a época de Isidoro, seus escritos, como a maioria dos clássicos, desapareceram dos registros da história. O império centralizado na capital viu-se envolvido em agitações internas (por causa de imagens sagradas), ficando sujeito a ameaças externas (de bárbaros e árabes). Quando um texto era lido, era somente para ressaltar aspectos controvertidos da doutrina cristã. Constantinopla fez por Arquimedes, e por tantos outros autores antigos, a única coisa que podia: sobreviveu. Foi a única cidade do mundo antigo de alguma importância a sobreviver sem ser molestada na Idade Média. Ela serviu como a ponte da literatura antiga, e o Noé dos clássicos foi o imperador Teodósio. Cem anos antes de Isidoro construir sua grande igreja, Teodósio já havia construído as sólidas muralhas da cidade para resistir à tormenta da Idade das Trevas.

O Renascimento Bizantino

No sábado, 26 de julho de 811, Krum, o cã da Bulgária, matou Nicéforo, o imperador bizantino, na Batalha de Plisca, e fez de seu crânio uma taça de vinho. Não foi um bom começo para a Constantinopla do século IX. Aparentemente, as coisas não estavam melhores trinta anos e seis imperadores depois, quando Miguel III, o Bêbado, ascendeu ao trono. O clima intelectual, porém, estava de fato melhorando, e ficou mais favorável ainda após o assassinato de Miguel por Basílio I, em 867. Sob o reinado de Basílio I, Constantinopla rapidamente se tornou a capital do maior império do mundo mediterrâneo. A dinastia macedônica fundada por ele podia se vangloriar tanto de erudição quanto de entusiasmo. Enquanto Constantino VII escrevia um livro sobre a administração do império, Basílio II rendeu 14 mil búlgaros prisioneiros, em 1014, e cegou 99 de cada 100 deles. O único sortudo tinha de conduzir os demais de volta a sua terra. Constantinopla entrara em uma era dourada, se não iluminada.

O famoso "renascimento" bizantino dos séculos IX e X produziu magníficos monumentos e perfeitas obras de arte. John e eu tivemos ainda a oportunidade de visitar e filmar o Palácio Imperial e, de volta a Baltimore, fotografamos os fabulosos manuscritos iluminados bizantinos do próprio Henry Walters. A coisa mais importante sobre esse renascimento cultural é que, à medida que os eruditos começaram a ler os clássicos que estavam esquecidos em suas bibliotecas, começaram a fazer cópias deles. O mais vociferante de todos foi um ilustre servidor civil, que fora por duas vezes patriarca de Constantinopla, de nome Fócio. Sua *Bibliotheca* é uma compilação de todos os trabalhos que havia lido, com sumário do conteúdo, estilo e biografia do autor. Como disse Nigel Wilson, com a *Bibliotheca* de Fócio inventou a resenha de livros. A *Bibliotheca* é de valor inestimável por muitas razões, mas a principal é que nos dá uma boa idéia da extraordinária variedade de textos clássicos ainda existentes em Constantinopla, nos dias de Fócio. Confessadamente, os eruditos achavam que algumas das afirmações de Fócio eram um pouco exageradas. Ele reivindicava, por exemplo, ter lido os trabalhos de Hipérides, um antigo orador grego. Como nenhuma outra pessoa em Constantinopla jamais houvesse nem sequer mencionado textos completos do orador, e como nenhum dos textos tampouco sobrevive hoje em códex, julgavam pouco provável. No entanto, as estatísticas levantadas por Fócio impressionam. Por exemplo, dos 33 historiadores que ele discute, são hoje desconhecidas as obras de 20.

Os escribas do século IX, ao copiar textos clássicos, usavam um sistema de escrita completamente diferente do usado no tempo de Isidoro. Antes do século IX, os textos eram escritos em maiúsculas, tecnicamente em caixa alta. Depois do século IX, de um modo geral, passaram a ser escritos em minúsculas, cujas letras podiam ser unidas e ocupavam menos espaço (ver fig. 3.2).

As origens da escrita minúscula provavelmente estão nas cartas, documentos e registros do serviço civil baseado em Constantinopla. Com ela, era mais rápido de se escrever, a forma de suas letras era mais fácil, e muito mais palavras passaram a caber em um fólio. Lá pela metade do século IX, também era usada em textos religiosos e científicos. Muitos códices, escritos no século VI e antes disso, foram sistematicamente transcritos em minúsculas. Essa mudança na maneira em que os textos eram copiados foi um obstáculo tão importante a ser ultrapassado pelos textos de Arquimedes quanto a transição do rolo para o códex, e por razão semelhante. Tão poucos códices em maiúsculas dos séculos V e VI sobreviveram que os eruditos do século IX devem ter destruído seus manuscritos após terem feito cópias em minúsculas. Os códices em maiúsculas talvez tenham

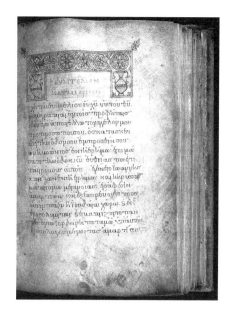

FIGURA 3.2 *Letras Maiúsculas (esquerda) e Minúsculas (direita)*

ficado cada vez mais difíceis de ler, e, uma vez transcritos, não viam mais necessidade neles. Os textos de quase todos os autores gregos antigos dependem, individualmente, de apenas alguns poucos manuscritos em minúsculas copiados em Constantinopla nos séculos IX e X. Arquimedes não é exceção. Realmente ele dependia de três.

E esse é um ponto fundamental. Tudo sobre o que Reviel discorreu, e continuará a discorrer, sobrevive por causa de apenas três objetos, sendo o códex sobre a minha mesa um deles.

O ABC de Arquimedes

Os três objetos são denominados Códex A, Códex B e Códex C. Eles tinham alguns textos em comum: todos os três continham *Do equilíbrio dos planos*; A e B, a *Quadratura da parábola*; A e C, *A esfera e o cilindro, Medida do círculo* e *Linhas espirais*; B e C, *Corpos flutuantes*. O Códex A foi o único a conter *Sobre conóides e esferóides* e *O arenário;* o Códex C é o único a conter *O método* e *Stomachion*.

Parece muito provável que todos os três códices tenham sido fruto de um renovado interesse nos textos de Arquimedes no começo do século IX. Ao terminar de copiar a *Quadratura da Parábola*, no Códex A, o escriba escreveu uma pequena nota bajulatória, mas não para Arquimedes: "Leo, o Geômetra, que você prospere — Que você viva muitos anos, querido amigo das Musas." Esse Leo era quase com certeza o Leo que dava aulas particulares em Constantinopla, nos anos 820. Conhecido como Leo, o Filósofo, ele era evidentemente um professor talentoso; um aluno, que havia lido Euclides sob a orientação dele, foi preso pelos árabes em 830. Seu relato sobre o conhecimento do professor bastou para que o califa convidasse Leo para ir a Bagdá. Felizmente ele não foi. Leo tinha claramente um conhecimento versátil e fazia uso prático dele. Ele construiu postos de alerta de incêndio entre Constantinopla e as fronteiras do império. Se houvesse uma emergência na fronteira ao norte de Tarso, a capital receberia um aviso em menos de uma hora. No final dos anos 850, a competência de Leo foi premiada, sendo nomeado diretor da escola do Palácio Imperial. Ele deve ter tido um papel proeminente na escolha de outros professores. Um deles foi Teodoro, um geômetra. Podemos supor com segurança que Arquimedes foi estudado e copiado na escola do Palácio Imperial, bem como que os textos do Códex A foram copiados nessa escola. A subida ao trono de Basílio I, em 867, garantiu que os tratados de Arquimedes pudessem ser estudados de forma segura, pelo menos naquele momento.

Vamos traçar as histórias dos três manuscritos que continham os tratados de Arquimedes em mais detalhe, mais adiante. No momento, é importante tomar conhecimento de que os Códices A e B não sobreviveram. Temos somente cópias e traduções deles. Assim, o Códex C não é somente a única fonte de *O método* e *Stomachion* e de *Corpos flutuantes* em grego, é também o mais antigo manuscrito dos tratados de Arquimedes em grego, sobrevivente por mais de quatrocentos anos. O Códex C está sobre a minha mesa, e chegou o momento de ver como foi feito.

O Códex C

O Códex C, como muitos manuscritos medievais, não foi escrito em papel, mas em pele animal. A pele de animal é um produto de seleção natural tão refinado que é difícil imaginar como poderia ser usada para outra finalidade. E tem duas grandes qualidades: é flexível e forte, permitindo que os animais agüentem todo tipo de golpes. Ela é perfeitamente adequada à vida na Terra, fora do fogo e de muita água, e, com algum tratamento, as mesmas propriedades fazem com que de fato seja uma excelente e durável superfície de escrita. Uma vez tratada, passa a se chamar pergaminho.

O pergaminho foi inventado em Pérgamo, na Ásia Menor — ou assim diz a lenda. O rei Eumenes II queria que sua biblioteca se igualasse à de Alexandria, por isso os Ptolomeus colocaram um embargo para a exportação de papiro do Egito, no começo do século II a.C. O pergaminho foi o substituto doméstico criado por Eumenes. Qualquer que tenha sido o motivo, foi com a introdução do códex que o pergaminho ocupou seu lugar. Embora o papiro certamente tenha resistência à tensão, se dobrado ele quebra mais facilmente do que o pergaminho. Como eram constituídos por folhas dobradas, os códices feitos com pergaminho sobreviviam mais do que os de papiro. Por ter mais durabilidade do que o papel, certos certificados e distinções ainda são inscritos em pergaminho.

Fazer o pergaminho não era algo que se pudesse chamar de divertido. Certamente Reviel não acharia — ele é vegetariano. Eis como se fazia. O animal era morto e seu sangue escorrido. Depois de esfolado, fazia-se uma incisão em seu ventre, cortavam-se suas extremidades e retirava-se sua pele. Ela era então imersa em uma tina com uma solução de cal, obtida pelo aquecimento da pedra calcária. A solução de cal destrói o tecido orgânico: quebra a epiderme e a gordura subcutânea, enfraquecendo os elos que ligam o pêlo à pele. Somente a camada interna da derme permanece intacta. Essa camada é feita principalmente de colágeno. O colágeno é uma proteína formada por três cadeias de aminoácidos estruturadas em torno de um eixo reto estirado. Elas se juntam, resultando em fibras que parecem nunca acabar. O colágeno é um componente fundamental do pergaminho, responsável por sua resistência. Depois de vários dias, a pele era retirada da tina, colocada sobre uma bancada e lixada. Após a remoção do grosso da gordura e dos pêlos, era esticada em uma armação de madeira. À medida que secava, se contraía e ficava firme. Depois disso, fazia-se uma nova raspagem mais refinada, cortava-se da armação e estava pronto o pergaminho.

Imagine uma série de jornais empilhados, ensanduichados entre placas de madeira e todo esse material costurado, e terá uma boa visualização de como era montado um manuscrito bizantino do século X. Os jornais, um tipo de caderno, geralmente consistiam em quatro folhas de pergaminho duplas aninhadas umas dentro das outras, chamadas bifólios (ver fig. 3.3), perfazendo oito folhas de um jornal (dezesseis páginas), lembrando que a denominação na época era fólios. Como de cada animal, carneiro ou cabra, se obtinha dois bifólios de pergaminho, devem ter sido necessários 24 animais para fazer o número de bifólios suficientes para o manuscrito de Arquimedes. Para fazer tais encadernações, era necessário cortar a pele na medida, esfregá-la com pedra-pomes para dar o polimento e deixá-la com uma transparência de clara de ovo. Foi um suporte desse tipo que abrigou os textos de Arquimedes e de outros.

Vamos agora à tinta. Essa, sim, era mais divertida de fazer. Começava-se por uma solução de ácido gálico, presente na galha do carvalho — que é uma excrescência da árvore provocada por insetos e ácaros. A solução era feita de carbono, hidrogênio e oxigênio, e tinha o poder de contrair tecidos orgânicos, como o colágeno, o que permitia a tinta gravar no pergaminho e se manter aderida a ele. A galha era esmagada e fervida em água. A essa solução acrescentava-se sulfato ferroso, chamado algumas vezes de vitríolo verde, que dava a maior parte da cor à tinta. É um composto de ferro e ácido sulfúrico, com freqüência encontrado juntamente com pirita. É necessário então acrescentar um agente espessante a essa solução. Pelo processo, conhecido como gumose, algumas árvores

FIGURA 3.3 *Caderno de 16 páginas*

pertencentes à família das leguminosas produzem goma quando sua casca é atacada. A goma-arábica é extraída da acácia, árvore que cresce na África. A goma tragacanto é produzida por vários arbustos do gênero Astragalus, encontrado na Ásia Menor. Na confecção de manuscritos em Constantinopla, era mais fácil conseguir a goma tragacanto. Ela ainda é usada para recobrir pílulas. Para a fabricação de quantidade que satisfaça a indústria farmacêutica, são feitas incisões na casca e cunhas de madeira são colocadas nas incisões. A preparação química da goma é complicada e variada, mas contém carbono, hidrogênio e metais, como cálcio, magnésio e potássio. Como a mistura que resulta escurece lentamente à medida que oxida no pergaminho, pode-se acrescentar carbono preto a ela. Assim torna-se possível ler à medida que se escreve. Era preciso sacudir bem a mistura para se obter a tinta que os escribas de manuscritos usavam para escrever seus textos.

E assim, cerca de cem anos depois da morte de Leo, um escriba se preparava para o trabalho. Podemos fazer uma idéia dele porque sobreviveram quadros dessa época retratando escribas em plena atividade. No momento em que o vemos, ele já completara os procedimentos habituais. Com a ajuda de uma régua, traçara linhas no pergaminho para ajudá-lo a manter o texto reto nas colunas, afinara seus cálamos em uma pedra e fizera um talhe no centro para que a tinta fluísse melhor; a tinta já havia sido preparada e colocada no tinteiro sobre a mesa, e a seu lado havia uma faca com que afinava o pincel ou raspava qualquer erro cometido. Ele havia preparado seus instrumentos de trabalho, os implementos místicos da voz humana. Sentado em sua cadeira, está pronto para escrever. Ele não tem uma escrivaninha, mas também não precisa. Sobre uma tábua no colo, apóia o pergaminho em que vai escrever. Em frente a ele, está o códex que vai copiar.

Antes, porém, de vermos o que ele escreveu, vamos refletir um pouco sobre o códex no cavalete em frente a ele. Seria parecido com o códex que o escriba do quadro estava prestes a fazer? Seria um códex do tempo de Isidoro, ou escrito em minúsculas? Seria um códex contendo os mesmos tratados, na mesma ordem, ou deveríamos na realidade pensar em vários códices, colocados seqüencialmente no cavalete? Por enquanto, não sabemos o suficiente sobre o manuscrito original (ou manuscritos) que nosso escriba usou. A julgar pelo texto, ele não copiou nenhum desses tratados do Códex A. É muito possível que ele tenha copiado um manuscrito do século VI, mas não há evidência conclusiva. Essa é talvez a pergunta sem resposta mais importante sobre nosso manuscrito.

Seja lá como for, o escriba cumpriu seu dever e escreveu seu texto. Cada fólio media cerca de 30 cm x 19,5 cm. O texto foi escrito em duas colunas, de 35 linhas cada. O códex foi feito com margens generosas, medindo assim as colunas, juntas, 24 cm de altura por 14,5 cm de largura. Naturalmente, a carta de Arquimedes para Eratóstenes — *O método* — foi apenas um dos textos copiados por ele. O manuscrito atualmente começa próximo ao fim de *O equilíbrio dos planos*, seguido por *Corpos flutuantes*, e somente então vem *O método*. Na seqüência de *O método* estão *Linhas espirais*, *A esfera e o cilindro*, *Medida do círculo* e, finalmente, um fólio de *Stomachion*. Nosso escriba era um especialista, escrevendo em uma minúscula característica do terceiro quarto do século X. Nigel Wilson diz que sua escrita é um tanto similar à de um manuscrito com data de 988, atualmente no Monastério de São João, o Teólogo, na ilha de Patmos. O escriba não entendia o que estava copiando mas, como Reviel explicará posteriormente, isso foi muito bom. Podemos supor que ele tenha trabalhado por não mais que uns poucos meses. Quanto à extensão do códex original, só nos resta adivinhar, pois estão faltando o começo, o final e vários pedaços do meio. É até perfeitamente possível que originalmente o manuscrito contivesse ainda mais tratados de Arquimedes.

O códex escrito por nosso escriba era de fato um produto típico do Renascimento Bizantino dos séculos IX e X. Como ocorre com muitos manuscritos bizantinos, não sabemos quem o encomendou, ou mesmo quem o leu. Na verdade, a julgar pela falta de comentários marginais, parece não ter sido muito usado. Nada disso importa, porém: ele é a única fonte de *O método*, *Stomachion* e *Corpos flutuantes* em grego. Caso nosso escriba não tivesse feito outra coisa na vida, sua vida já teria valido a pena.

Essa é uma história de sobrevivência, que aconteceu, contra todas as probabilidades, graças a um extravagante processo de criação que simplesmente conseguiu sobrepujar a destruição. Muitos rolos ficaram esfarelados, muitos códices foram queimados. Chegamos ao mais antigo texto sobrevivente de Arquimedes — as idéias do gênio preservadas em um arranjo muito bem ordenado de tecido animal e ferro. Mas feito no século X — mais próximo de nosso tempo do que do dele. Os códices de pergaminho do século X em nada se assemelham aos rolos do século III a.C. Ao serem copiadas, as cartas de Arquimedes foram transformadas, e os tratados sobreviventes em nada se parecem com as cartas escritas por ele. Arquimedes não os reconheceria, não poderia lê-los. Isso é importante, mas, para explicar por quê, precisamos novamente consultar o especialista.

4
Ciência Visual

Há muito o que se aprender dos manuscritos. Em primeiro lugar, podemos verificar o que está escrito neles. Podemos descobrir o que pensava Arquimedes, em Siracusa, no século III a.C. Podemos descobrir como seu pensamento veio a influenciar toda a ciência posterior.

E podemos fazer mais: podemos usar os manuscritos não somente para descobrir qual era o pensamento dos eruditos do passado, mas também como vieram a desenvolvê-lo. Como Arquimedes expressava seu pensamento através da matemática? E seus leitores? Tais questões são levantadas por um recente enfoque cognitivo nos estudos da ciência. Para dar respostas a elas, devemos retornar aos manuscritos, pois é neles que encontramos a única fonte de evidência para essa questão fundamental — como se registra a ciência na mente?

Na verdade, hoje em dia todos temos uma visão mental bastante clara da ciência. Só para ilustrar vamos fazer a seguinte experiência. Na figura 4.1 mostro duas imagens de páginas de livros. Preste atenção por um minuto: embora as ilustrações sejam muito pequenas para serem devidamente lidas, elas nos permitem fazer certos juízos imediatos. Mesmo desconhecendo o assunto, *sabemos* que a página da esquerda é científica. É, de fato, de um texto introdutório ao cálculo (matéria em que Arquimedes foi pioneiro e à qual retornaremos). A página do lado direito é do livro *Finnegans Wake*, de James Joyce (que, a propósito, é bem mais difícil de ler do que a da esquerda).

Quando os editores dizem que receiam publicar ciência popular que "pareça técnica", o que querem dizer é que desejam que suas páginas sejam semelhantes à da direita, não à da esquerda. O que temem os leitores de

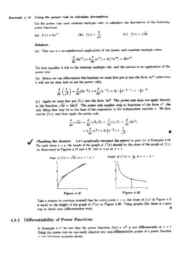

FIGURA 4.1

hoje? Temem *equações*. E com toda razão: tiveram de engolir as tais equações durante os vários e terríveis anos de sua infância e adolescência. O resultado é que tendemos, primeiro, a odiar equações, e, segundo, a considerar que sejam o formato natural da ciência em si. Ambas as suposições estão erradas. As equações são uma grande invenção — devem ser respeitadas, se não amadas — e não são naturais. São, ao invés, uma invenção histórica cujas origens residem em documentos como o Palimpsesto. Os gregos não usavam equações. Arquimedes não usava equações. Sua ciência não tinha nada de semelhante com o que mostra a figura da página esquerda.

Antes das Equações

As equações tornam a lógica visível. Suponhamos que você diga: "O primeiro juntamente com o segundo é igual ao terceiro; portanto, o primeiro é igual ao terceiro menos o segundo."

Reflita por um momento e veja como isso é verdadeiro. Mas essa é a questão: é preciso prestar atenção para que o fio da argumentação não se perca. Escreva então:

A + B = C, portanto

A = C – B

e sem qualquer esforço *vemos* como a argumentação funciona. Agora, com a atenção focada, podemos continuar com maior facilidade.

Sabemos que a mesma informação se comporta de maneira diferente de acordo com a interface. Os diferentes meios são importantes não somente para a sobrevivência da ciência, mas também por sua própria natureza. Na verdade, dificilmente entenderemos a ciência grega se não compreendermos primeiro sua interface fundamental. Essa, contudo, não era a equação. Era o diagrama.

A Matemática Grega era uma Ciência Visual

O ponto de partida, como sempre, tinha de ser Siracusa. Começa, particularmente, pela história de Cícero, já contada acima, sobre o túmulo de Arquimedes. Recordamos que, depois de muito esforço, Cícero encontrou uma placa de pedra abandonada que continha a mensagem escolhida por Arquimedes como seu símbolo: um diagrama mostrando uma esfera e um cilindro. Esse foi o símbolo eleito pela própria ciência. Uma vez mais fazemos a inevitável comparação com Einstein. Qual era o símbolo de Einstein, o emblema que imediatamente nos vem à mente? Não, não me refiro à língua de fora; refiro-me a

$E = mc^2$

Você já viu esse emblema incontáveis vezes. Tornou-se uma espécie de símbolo não somente de Einstein, mas da ciência em geral. E é, naturalmente, uma equação. Assim, em poucas palavras, o ponto de partida é: a ciência moderna é uma ciência de equações; a ciência antiga era uma ciência de diagramas.

Nas ciências exatas antigas — matemática, astronomia e mecânica — bem como em muitos outros campos, como a teoria musical, os diagramas sempre tiveram um papel preponderante. O texto é feito de "proposições" individuais, cada uma levantando um ponto, provando que tal-e-tal é o caso. David Fowler, falecido historiador de matemática grega antiga, costumava dizer que cada proposição é "desenhar uma figura e contar uma história sobre ela". Tudo tem a ver com as figuras, é feito por causa delas.

Os diagramas, sem dúvida, também são usados na ciência moderna, mas com uma grande diferença, servem como um tipo de ilustração; a finalidade é fazer com que o aprendizado da ciência seja um pouco menos traumático para o aluno, não fazendo parte da lógica da própria argumentação. Na ciência moderna, considera-se fundamental a certeza de que nenhuma informação dependa do diagrama, caso contrário haveria o risco de se chegar a um argumento falso, como demonstrado na figura 4.2.

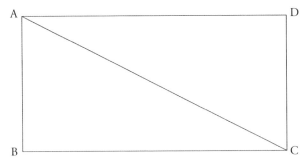

FIGURA 4.2 *O triângulo retângulo ABC*

A área de um triângulo é o produto de seus dois lados menores, dividido por dois.

Demonstração: desenhamos um triângulo ABC. Os dois lados menores são AB, BC. No lado maior AC, desenhamos um outro triângulo idêntico a ABC, que chamamos ACD. O resultado é um retângulo ABCD. A área desse retângulo é obviamente o produto dos dois lados, AB, BC. O triângulo ABC é obviamente exatamente a metade do retângulo ABCD (afinal de contas, os dois triângulos ABC e ACD são idênticos). Assim que a área de um triângulo é o produto de seus dois lados menores divididos por dois, QED.

FIGURA 4.3

O que há de errado nessa demonstração? Bem, ela faz uma suposição apenas com base no diagrama, embora não haja no texto base para tal. No diagrama desenhamos um triângulo que possui um ângulo reto. Nesse tipo de triângulo, procede o que a demonstração afirma. Mas, em outros tipos de triângulo, não (ver fig. 4.3, em que o produto dos dois lados maiores é claramente mais do que o dobro da área do triângulo!). Resumindo, pensamos que estivéssemos falando de triângulos em geral, mas inadvertidamente passamos a falar de triângulos que têm um ângulo reto, tudo porque confiamos no diagrama. É por isso que os filósofos e logicistas modernos são inflexíveis: não confie em diagrama!

A questão lógica e filosófica é profunda: a língua é geral, mas um diagrama é uma coisa particular. Veja, não se pode desenhar um diagrama sem que tenha algumas propriedades particulares. Supondo-se que eu quisesse desenhar um triângulo em que seu ângulo não fosse reto, agudo ou obtuso, que fosse simplesmente um ângulo "geral" — como eu faria? Não poderia fazê-lo. Tenho na página um triângulo definido desenhado, e por ser definido também tem um ângulo definido. A língua, por seu lado, é mais indulgente. Posso dizer "dado um triângulo" e como não disse *qual* triângulo — disse apenas "*um* triângulo" — posso supor que seja um triângulo retângulo, obtusângulo ou acutângulo. E assim os filósofos e logicistas modernos insistem: para certificar-se de que a lógica da demonstração funciona da forma mais plena e geral, devemos confiar só na língua e nunca no diagrama.

Confiar em diagrama é precisamente o que os matemáticos gregos faziam e, inacreditavelmente, sem quaisquer erros de lógica. Esse é um dos grandes quebra-cabeças da matemática grega: ela é completamente diagramática — e também absolutamente precisa. Os matemáticos gregos nunca cometiam erros, como o tão trivial mencionado acima, nem mesmo de maneira sutil e indireta. A matemática grega é tão precisa quanto

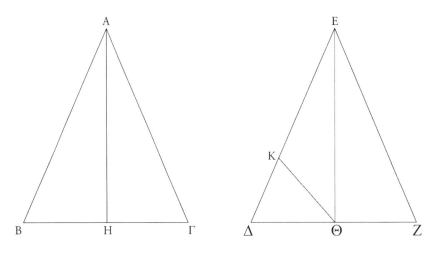

FIGURA 4.4 *Dois cones isósceles*

a moderna. Como é possível? Daqui a algumas páginas, tentarei dar uma resposta.

Vamos primeiramente ver como os matemáticos gregos de fato confiavam no diagrama. O seguinte é do primeiro livro, *A esfera e o cilindro* — a obra eternizada no túmulo de Arquimedes. Como já mencionado, Arquimedes tinha uma maneira dissimulada de escrever — inteligente e brincalhona, sempre escondendo do leitor o principal ponto de ataque até o último momento. Não surpreende, pois, que esferas e cilindros não sejam mencionados até próximo ao final do livro. Em vez deles, Arquimedes fica se referindo a *cones*. Aqui, por exemplo, está a proposição 17 (ver fig. 4.4):

Dados dois cones isósceles ABΓ, ΔEZ, e dado que a base do cone ABΓ seja igual à superfície do cone ΔEZ, e que a altura AH seja igual à perpendicular KΘ desenhada a partir do centro da base Θ, de um lado do cone (como ΔE); digo que os cones são iguais.

A proposição faz uma afirmação com base no diagrama. Esse é o único lugar em que pontos e linhas da proposição fazem sentido. E é feito por meio de rótulos alfabéticos, da maneira exata como fazemos hoje; de fato, nisso seguimos uma invenção grega. (Os chineses tinham um método diferente: cada linha seria rotulada como se tivesse uma cor diferente. Mas, por outro lado, o alfabeto deles é muito diferente.)

Ora, uma das coisas mais difíceis para um especialista é perceber coisas que são óbvias. As coisas que estão "debaixo de nosso nariz" com freqüência são as mais difíceis de percebermos — mas, quando o fazemos, talvez sejam as mais gratificantes. Tive um momento desses ao refletir sobre passagens simples como essas da matemática grega. Fiz tal observação no primeiro capítulo de minha tese de doutorado e, com toda a franqueza, é algo sobre meu trabalho que a maioria de meus pares sabe. É provável que, depois de morto, ainda seja lembrado como "o cara que fez aquela observação sobre diagramas gregos" — o que me incomoda bastante, considerando que foi uma das primeiras coisas que fiz como acadêmico. (Gosto de pensar que nem tudo piorou desde então!) Ainda assim é uma observação importante — porque definitivamente mostra que os matemáticos gregos não trabalhavam da maneira como filósofos e logicistas modernos gostariam que tivessem trabalhado. Eles muito certamente confiavam no diagrama.

Pois veja, em uma expressão como "os cones ΑΒΓ, ΔΕΖ", podemos facilmente supor que cada um dos pontos ΑΒΓ, ΔΕΖ represente os vértices de um triângulo cortando o cone (ver fig. 4.4). Mas como podemos saber qual a distribuição individual das letras? Em cada cone, duas letras devem ficar na base e uma no topo — mas qual é qual? Isso é o que torna esssa observação tão difícil: porque a informação visual é tão poderosa que, no momento em que temos um diagrama pela frente, imediatamente "processamos" a informação e estabelecemos que ΒΓ, ΔΖ são bases, Α, Ε são topos; e ainda deixamos de perceber que *o texto não disse tal coisa*. Na verdade, essa é a regra geral em toda a matemática grega: a identidade dos objetos não é estabelecida por palavras, mas por diagramas. Os diagramas não estão ali como uma espécie de ilustração para tornar a experiência da leitura mais agradável, mas para nos fornecer as informações mais básicas. Eles nos dizem quem é quem na proposição: que letra fica ao lado de qual objeto. Os diagramas antigos não são ilustrativos, são informativos; constituem parte da lógica da proposição. E por isso, a ciência grega era uma ciência visual.

Como é possível então que os matemáticos gregos não cometessem erros banais baseados na informação do diagrama? Como mantinham uma lógica perfeita? A razão tem a ver com uma interface muito especial usada na matemática grega: a sutil e inteligente maneira com que os diagramas eram usados.

As Areias de Siracusa

Com que se pareciam os diagramas de Arquimedes? Como podemos ver agora, seguindo as explicações de Will sobre a história dos manuscritos, essa é uma questão para a qual temos somente prova muito indireta. A prova mais antiga que temos, de fato, está no próprio Palimpsesto. A primeira reação poderia ser de desespero: se nossa prova é tão distante do original, que chance temos de conseguir chegar até ele? Como, de maneira realista, podemos esperar saber que cara tinham os diagramas antigos? É, sem dúvida, uma pergunta difícil. A princípio, nada nos garante que possamos responder. É possível que os escribas medievais simplesmente tenham inventado seus próprios diagramas, em vez de religiosamente copiá-los de fontes antigas. Afinal, é isso que claramente fazem os editores da atualidade: inventam seus próprios diagramas. Quando comecei o meu estudo sobre os diagramas medievais de Arquimedes, não poderia dizer se os escribas medievais fizeram o mesmo ou não. Meu maior temor era chegar a Paris, Roma, Veneza e Florença e, a cada vez que abrisse um livro antigo, nele encontrar um diagrama completamente diferente. Se isso tivesse ocorrido, minha conclusão seria que os diagramas antigos simplesmente não poderiam ser reconstruídos.

Pelo contrário, página após página, diagrama após diagrama, todos efetivamente mostravam a mesma figura. Surgiam erros, um aqui, outro lá. Havia correções em alguns manuscritos, não em outros (sugerindo que alguns escribas poderiam ter detectado um erro no original). Mas era evidente que os diagramas eram relacionados. Haviam sido copiados, não inventados. Em suma, o *método filológico* poderia ser aplicado. Pegamos manuscritos separados e os comparamos. Se dois manuscritos distintos possuem o mesmo texto — ou diagrama — significa que deve ter havido uma fonte comum para ambos, o que então nos permite retroceder e inferir uma forma anterior. E embora nunca possamos ter certeza de que essa forma anterior nos permitirá retroceder até Arquimedes, ainda assim é muito importante que tentemos fazer com que nossa evidência recue o máximo possível.

Esse é um ponto a ser enfatizado. Às vezes os leitores ficam decepcionados ao saber que nem todos os trabalhos de Arquimedes estão representados no Palimpsesto. Alguns trabalhos estão representados nele e também nos vários descendentes do Códex A. Mas isso não deprecia o Palimpsesto. Pelo contrário: pelo método filológico, é da maior importância ter *mais de uma* fonte. Se considerado sozinho, o Palimpsesto pode nos contar sobre o ano 975. Sempre que comparado a outras fontes medievais independentes, pode subitamente nos dizer muito mais. Quando julgamos que tanto o Palimpsesto quanto um outro manuscrito medieval narram a mesma história — quando quer que ocorra — podemos retroceder nas datas, provavelmente a uma fonte do tempo de Eutócio ou anterior, acompanhando qual das duas tradições divergiu. E isso já nos faz sentir muito mais próximos do mundo do próprio Arquimedes.

Esse é um trabalho de natureza complexa. Afinal, o Códex A em si já não existe, portanto temos que aplicar o método filológico duas vezes mais. Meu projeto original de estudo dos manuscritos de Arquimedes envolvia os descendentes só do Códex A (lembre que o Palimpsesto não estava disponível quando comecei esse estudo). Examinei então aqueles manuscritos.

Há cerca de 250 figuras nos trabalhos de Arquimedes, mas vamos ver um exemplo: na figura 4.5, podemos ver diversas variantes do diagrama para *A esfera e o cilindro I*, proposição 38. Com base nessas variantes, eu pude reconstruir o diagrama perdido do Códex A (fig. 4.6). Dá para ver que a semelhança entre os vários descendentes é tal que a minha reconstrução é bastante próxima. É somente uma questão de detalhe: dois dos códices têm a linha AB desenhada, os demais a eliminaram. Como a linha AB não é requerida pelo texto, suponho que *estivesse* na figura original. Simplesmente não foi copiada por escribas mais atentos. Dois dos escribas não prestaram atenção no que faziam e simplesmente copiaram o que tinham na frente dos olhos: por essa razão, eles são as testemunhas mais

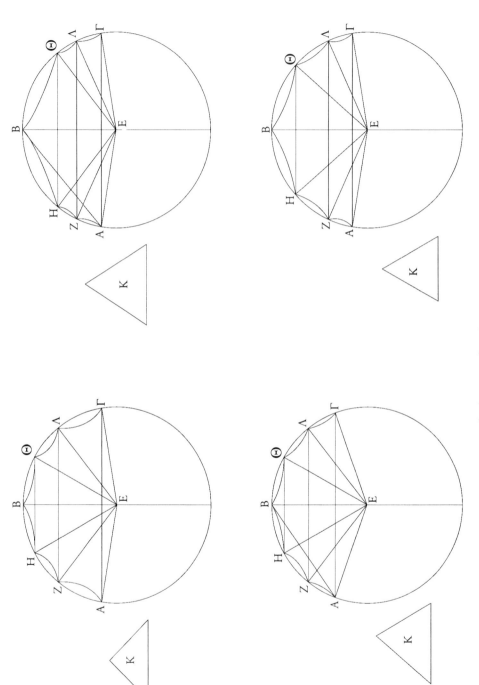

FIGURA 4.5 *Variantes do diagrama de* Esfera e cilindro I, *proposição 38*

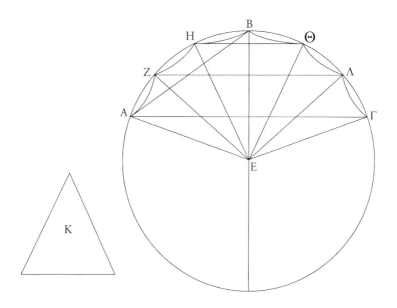

FIGURA 4.6 *Diagrama perdido do Códex A*

confiáveis. Esse é um paradoxo muito bem conhecido do método filológico, denominado *lectio difficilior* ("a leitura mais difícil"): é provável que um mau exemplar de texto fosse o original.

Ora, só isso envolve uma quantidade razoável de tempo de viagem: os descendentes do Códex A são dos séculos XV e XVI, enquanto o próprio Códex A (como o Palimpsesto) provavelmente provém do século X: o método filológico já fez com que ganhássemos uns 500-600 anos: viajei da Renascença à Idade Média. Mas desejava continuar minha viagem no tempo. Precisava de uma máquina do tempo que me levasse da Idade Média à Antiguidade.

Foi essa possibilidade que me ofereceu o e-mail de Will Noel ao me convidar para ver o Palimpsesto. Por essa razão fiquei tão empolgado. Simplesmente tinha que ver os diagramas. Mais um ponto de decisão crucial. Se as figuras fossem muito idênticas às do Códex A — eu poderia reconstruir diagramas antigos; se fossem diferentes, minha busca "do Arquimedes original" seria abortada por volta do ano 975; os escribas bi-

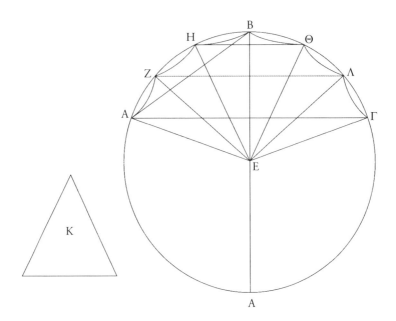

FIGURA 4.7 *O diagrama do Palimpsesto*

zantinos — isso poderia ser constatado — meramente haviam inventado diagramas e não os haviam copiado dos originais.

E eis o que vi em Baltimore durante minha primeira visita — traços fracos, mas familiares: a mesma figura. Na verdade, com a reprodução digital da imagem posso reconstituí-la com confiança. Pego a figura reconstruída do Códex A e a coloco lado a lado com a figura do Palimpsesto (ver fig. 4.7). Pode-se ver que são quase idênticas. Essa descoberta está entre as mais importantes feitas por meio do Palimpsesto: é a pedra fundamental para a reconstrução das figuras de Arquimedes.

Vamos continuar, voltando ao método filológico. O Palimpsesto não inclui a linha AB e acrescenta uma letra A embaixo do círculo. Agora é fácil de ver como um escriba, na pressa, pode esquecer de copiar uma única letra. Portanto, eu assinalo com giz a letra A como erro do escriba e presumo que constasse no arquétipo comum. Quanto à linha AB, isso é menos claro: está ali por erro e, como há somente um manuscrito contendo esse erro — Códex A —, pode bem ser um erro apenas do escriba do Códex A. Naturalmente, poderia também ser um erro anterior, depois corrigido pelo escriba do Palimpsesto, mas não pelo do Códex A. Mas então agora sei o suficiente do escriba do Palimpsesto para afirmar que, de um modo geral, ele não corrigiu erros geométricos: ele claramente não entendia nada de matemática, a julgar por alguns erros absurdos que cometeu. Em outras palavras, acredito que a linha AB não estava lá em frente aos olhos dele, isto é, não fez parte do arquétipo comum aos dois códices, A e Palimpsesto. E assim, tendo completado meu trabalho de detetive filológico, sustento que o Palimpsesto preserva o diagrama antigo de Arquimedes em *A esfera e o cilindro I*, 38, na figura 4.7, e podemos retornar a Siracusa. Prossigo para considerar o profundo significado conceitual disso.

A Lógica dos Diagramas Gregos

Agora examine mais uma vez o diagrama. Acabo de dizer que o acho idêntico ao que foi desenhado por Arquimedes nas areias de Siracusa. E acho que representa o fato mais importante sobre diagramas gregos — que é a chave de seu grande sucesso como ferramentas cognitivas e lógicas, explicando a razão dos diagramas antigos terem contribuído, sim, para a demonstração, contra tudo que foi dito por filósofos e logicistas modernos.

Preciso primeiro contar ao leitor algo sobre as linhas AZHBΘΔΓ. No diagrama em si essas linhas aparecem como uma seqüência de arcos, muito semelhantes aos cantos arredondados do tambor das colunas antigas. Mas o que representam geometricamente? Representam um polígono — isto é, uma seqüência de linhas retas. Aliás, na figura 4.8 pode-se ver como o editor moderno optou por representar a mesma figura. Em vez dos arcos, aparecem linhas retas. Ele preferiu ser explícito. Se é um polígono, que se pareça com um polígono. Não como Arquimedes, cuja posição parece ter sido que se pode muito bem desenhar uma série de arcos circulares para mostrar um polígono — quem se importa com o que se pareça?

Este não é um caso isolado: podemos comparar os diagramas que conseguimos reconstruir como, por exemplo, para a proposição 30 (ver fig. 4.9) — há ao todo 14 exemplos do mesmo tipo de figura nesse tra-

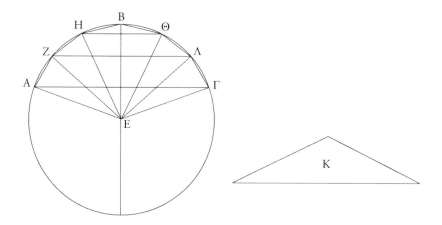

FIGURA 4.8 *Uma representação da mesma figura feita por editor moderno*

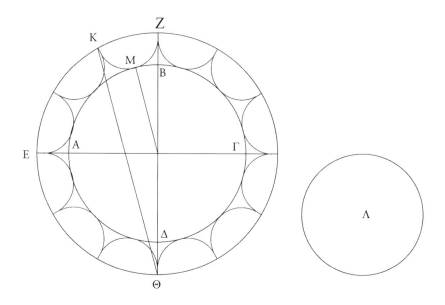

FIGURA 4.9 *Diagrama da proposição 30*

tado. Os arcos circulares formam um princípio dos desenhos. E isso tem um profundo significado.

Antes de mais nada, creio que ninguém ousaria introduzir uma convenção tão radical que afrontasse a autoridade do manuscrito. Supondo que você, leitor, fosse um escriba, pago para copiar diagramas de um original. O original tinha polígonos. Bem, você os copiaria como polígonos: não inventaria arcos circulares em vez deles. E essa razão — a de que ninguém ousaria contrariar a fonte — pode ser repetida muitas vezes, em cada estágio da transmissão. A única maneira de explicar tal convenção é supor que seja devida ao próprio autor. E assim ela nos leva às praias de Siracusa — cara a cara com Arquimedes. Permitam-me confessar: esse pensamento me enche de emoção. Pois há qualquer coisa de particularmente "tangível" a respeito dos diagramas. As palavras são conceituais, os desenhos, físicos — têm corpo. Foi assim que Arquimedes traçou sua figura, movimentando uma vareta na mão. Se de fato eu estiver certo, e tive sucesso na reconstrução dos diagramas dele, reconstruí então um tipo de extensão de seu corpo: esses são os traços que ele pessoalmente deixou.

Sigamos adiante, ao ponto conceitual. O que significa a convenção de representar polígonos por arcos circulares. É parte de um amplo fenômeno que posso identificar nos diagramas de Arquimedes (e mesmo em outros diagramas de manuscritos medievais). Em outras palavras: os diagramas *não são pictóricos*. Você desenha um polígono — mas não faz seu desenho se parecer com ele. Em vez de ser um *retrato*, o diagrama antigo era uma *representação esquemática*.

Eis aqui um outro exemplo, uma vez mais usando figuras tanto do Palimpsesto como da edição moderna. Desta vez examinamos uma figura para a qual a única prova contemporânea é a do Palimpsesto — a primeira figura de *O método*, em certos aspectos a peça de evidência visual mais importante nele contida. Obviamente, por só termos uma fonte, não dá para aplicarmos o método filológico. Não é possível compararmos essa figura à de outros manuscritos medievais e dessa maneira inferir uma fonte original. Entretanto, pesquisando outras fontes, já ganhamos segurança quanto ao Palimpsesto: vimos que, sempre que pôde ser comparado a outras fontes, seus diagramas pareceram ser autênticos. E por isso podemos apostar que aqui também o diagrama se aproxima bastante do espírito original de Arquimedes.

Finalmente, agora, compare os dois desenhos na figura 4.10. A ilustração moderna está "correta". As linhas TH, ZA etc. deveriam mesmo

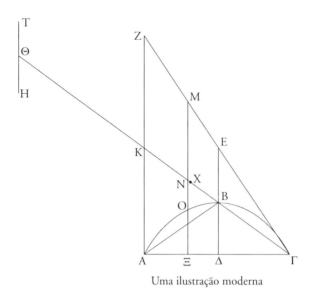
Uma ilustração moderna

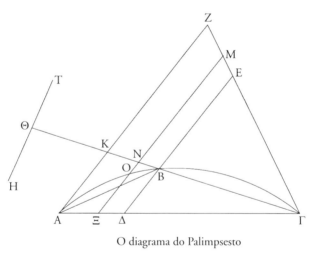
O diagrama do Palimpsesto

FIGURA 4.10 O método I *de Arquimedes*

ser exatamente paralelas. A linha ZA deveria mesmo ser bissecionada exatamente no ponto K; ΘΓ, também, deveria ser exatamente bissecionada no mesmo ponto K. A curva ABΓ deveria mesmo ser um segmento parabólico sutilmente curvo. Resumindo, é um diagrama pictórico: um diagrama que é verdadeiro em relação ao objeto. A figura do Palimpses-

FIGURA 4.11

to, por outro lado, é esquemática: a linha ZA não está bissecionada exatamente no ponto K, nem a linha ΘΓ; a curva ABΓ foi desenhada à mão livre como um tipo de arco circular. Esses são desenhos esquemáticos: eles meramente sugerem o objeto sem qualquer precisão no desenho.

Por que os matemáticos antigos produziam desenhos não-pictóricos? Por que consideravam satisfatórios os esquemáticos? Bem, não pense nem por um momento que fosse por incompetência dos desenhistas antigos em qualquer sentido. Eles conseguiam desenhar muito bem ilustrações espetaculares. As grandes descobertas dos mestres da Renascença — perspectiva e ilusão — já haviam sido feitas na Antiguidade. Temos conhecimento disso principalmente de maneira indireta: afinal, quando os romanos saquearam cidades como Siracusa, tomaram gosto pela arte grega e fizeram o possível para imitá-la. Em cidades destruídas como Pompéia, as pinturas de parede revelam muito sobre o desenvolvimento da arte antiga — e mostram uma visível compreensão dos princípios geométricos da técnica do desenho. Veja, por exemplo, a noção de profundidade e perspectiva da figura 4.11. Os pontos evanescentes estão presentes; a ilusão é convincente. Nessa parede de Pompéia — e havia centenas de paredes assim só em Pompéia — pode-se admirar a compreensão que os gregos tinham dos princípios ópticos da pintura. Não há dúvida que tal compreensão existia na Antiguidade. Existem vários tratados sobre óptica, um dos quais (de Euclides) contém até um teorema especificamente sobre escorço: que uma roda, vista de lado, parece uma elipse e não um círculo! Em outras palavras, as rodas na pintura da parede de Pompéia remetem a conhecimento que o próprio Euclides já compartilhava.

Apesar disso, paradoxalmente, nada dessa esplêndida técnica de desenho é evidente nos diagramas matemáticos gregos. Os matemáticos da época optaram por evitar o pictórico de propósito, preferindo, em vez disso, as figuras "livres", esquemáticas, que não representassem o objeto. Por que isso?

A razão é que aqueles diagramas estranhos, contra-intuitivos, foram a solução encontrada por eles para o problema filosófico de usá-los dentro da demonstração. Esse é um ponto profundo, sutil. Merece nossa maior atenção e admiração.

Lembre que o problema filosófico com diagramas era serem eles específicos. Não se podia fazer uma observação geral sobre triângulos (como são medidos os triângulos em geral?): era preciso desenhar um triângulo específico. Se acontecesse de se desenhar um triângulo retângulo, por exemplo, se poderia cair no erro de acreditar que a área de um triângulo, em geral, é o produto dos lados menores, dividido por dois. Confiava-se nas propriedades específicas do diagrama específico.

Mas seria mesmo o caso de que um diagrama específico sugeria uma propriedade específica? Esse é um ponto sutil. Eu poderia desenhar um triângulo verde, um círculo azul e um quadrado vermelho. Se quisesse, porém, fazer uma argumentação geométrica sobre eles, não me referiria à sua cor. Na tradição ocidental, não pensamos que as cores tenham significado geométrico. A cor é meramente acidental; não faz absolutamente parte da geometria do desenho. Está lá simplesmente porque é impossível desenhar um triângulo sem colori-lo. Normalmente usamos o preto, o que não faz, porém, da nossa "a geometria de figuras pretas". A cor é simplesmente irrelevante.

Imagine agora uma tradição em que isso é também verdadeiro para propriedades como o tamanho do ângulo. Assim, por exemplo, um polígono pode ser representado por uma série de arcos circulares e ninguém acha nada de errado. Porque, imagine, tais propriedades como ângulos precisos são simplesmente irrelevantes: não é isso o que uma figura geométrica representa. Ângulos precisos são meio como a cor. Assim, quando desenhamos um triângulo verde com ângulo reto, *acontece* de ter o ângulo reto — da mesma maneira que *acontece* de ser verde — mas tanto a cor quanto o ângulo preciso são irrelevantes e desconsiderados pelo leitor sofisticado. Somente uma criança ingênua veria um triângulo "verde". E somente um leitor moderno ingênuo — sem treino em diagramas antigos — veria um triângulo retângulo.

Explicando em termos mais gerais: os diagramas antigos são esquemáticos, e nesse sentido representam as características mais amplas, *topológicas*, de um objeto geométrico. Tais características são de fato gerais e confiáveis — são tão bem representadas por um diagrama como pela língua; e assim, os diagramas antigos podem fazer parte da lógica de uma argumentação, o que é perfeitamente válido.

Aprendemos, portanto, algo fundamental e surpreendente sobre o processo mental de Arquimedes, sobre suas interfaces. Ele confiava essencialmente no visual; usava-o via diagramas esquemáticos que podem ser usados com perfeito rigor lógico, sem o perigo de erro, baseado na evidência visual. Quando Arquimedes contemplava seus diagramas ao longo da costa de Siracusa, ele via figuras muito similares às que podemos reproduzir hoje, com base no Palimpsesto. E sei que aquilo que lá ele via era uma parte crucial de seu processo mental: uma das mais básicas ferramentas que possibilitaram à ciência grega ser tão bem-sucedida.

A Beleza da Matemática

Não foi sem razão, então, que Arquimedes teve um diagrama colocado em seu túmulo. Era inerente a seu raciocínio envolver diagramas. E os diagramas eram usados de maneira inteligente e sutil — muito diferente da usada em ilustrações modernas —, servindo como parte da lógica da argumentação.

Creio que, de fato, posso até adivinhar a forma do túmulo de Arquimedes. Acho que era bem simples. Os diagramas geométricos gregos evitavam efeitos complexos de perspectiva e a ilusão tridimensional. Como então representar uma esfera e um cilindro? Simplesmente com um cír-

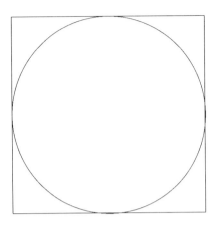

FIGURA 4.12

culo inscrito em um quadrado. Acredito que isso deva ter sido tudo o que havia lá (talvez com uma inscrição embaixo de que o cilindro era três meios da esfera). Uma figura simples e austera. Os antigos freqüentemente gravavam, nos túmulos, epigramas — pequenos poemas sugestivos de adeus e tristeza. O diagrama em questão serviu como tal, um epigrama visual sucinto e eficaz. Talvez algo parecido com a figura 4.12.

Belo epigrama visual que era, teria sido eloqüente em significado. Sugeriria muitos outros objetos, muitas outras descobertas. A mesma figura de um quadrado englobando um círculo antes de tudo traria à mente o feito de Arquimedes da medida do círculo — sua notável aproximação de Π. O quadrado e o círculo poderiam igualmente ter sugerido retângulos e parábolas, em uma referência às muitas importantes descobertas relativas a parábolas e outras seções cônicas em *A quadratura da parábola*, em *Sobre conóides e esferóides*, em *Corpos flutuantes* e, naturalmente, no próprio *O método*. Na verdade, o círculo dentro de um quadrado seria uma representação bastante direta do tema comum à maioria dos trabalhos de Arquimedes — sua obsessão: medir objetos curvos. Sem dúvida, é uma mera conjectura. Mas acho essa reconstrução do túmulo interessante. Combina a simplicidade da forma com a complexidade do significado, um epigrama visual e uma obra apropriada à decantada genialidade de Arquimedes. É nesse sentido que a ciência de Arquimedes era bela.

FIGURA 4.13

Naturalmente, essa não é a única forma de beleza que se pode imaginar. Os diagramas matemáticos gregos eram austeros. Outros quadros antigos — mais uma vez podemos nos lembrar de Pompéia (ver fig. 4.11) — eram completamente o oposto. A beleza das pinturas pompeianas era luxuosa — como certamente era a das muitas mansões de Siracusa, no ano 212 a.C. Nem a matemática necessariamente é sempre austera. No século XVII, por exemplo, Arquimedes assumiu uma forma muito diferente. A edição de Arquimedes usada por Newton, por exemplo, foi produzida em Paris em 1615, e representava o gosto requintado dos monarcas franceses (a quem foi dedicada). As figuras da esfera e do cilindro foram magnificamente executadas com a ajuda da perspectiva tridimensional. As imagens de Rivault são encantadoras, mas pouco têm a ver com a importância matemática dos trabalhos de Arquimedes. Na realidade, ao sugerir que os diagramas são ilustrações precisas, Rivault destrói a conquista específica dos diagramas antigos — sua precisão austera e abstrata como desenhos topológicos, esquemáticos.

A beleza existente em tais desenhos austeros pode ser bastante convincente, puramente em um plano visual. O estudo *Das linhas espirais* de Arquimedes é marcadamente visual nesse sentido. Quase todas as suas figuras são notáveis, e tem-se a impressão de que ele estuda a espiral em parte por causa da fascinação estética, visual. A figura do Palimpsesto de proposição 21 (ver fig. 4.13) é uma das mais bonitas. (Está, é claro, parcialmente obscurecida pela escrita do livro de orações.) É profundamente austera, profundamente não-pictórica. Examine cuidadosamente e perceberá que a espiral não está desenhada como uma verdadeira espiral, com curvas suaves, mas como uma seqüência de arcos de círculos diferentes. As pequenas linhas retas são especialmente reveladoras — formam, de fato, o exato correspondente dos polígonos curvos que vimos em *A esfera e o cilindro*. Vê-se nela, mais uma vez, o caráter não-pictórico dos diagramas gregos. Cada uma dessas pequenas linhas retas representa um pequeno arco. (Em *A esfera e o cilindro*, os arcos são desenhados para representar linhas retas; em *Linhas espirais*, linhas retas são desenhadas para representar arcos.)

Esse, naturalmente, é o Arquimedes do ano 975. Muito fiel ao Arquimedes da Antiguidade, creio, não somente em seus diagramas, mas em todo o impacto visual. As colunas estreitas, por exemplo, são significativas: elas remetem à escrita em rolos de papiro (escritos em uma seqüência de colunas muito estreitas). Como mencionado, não temos um paralelo exato da própria Antiguidade para comparar, mas há, sem dúvida, vários trabalhos científicos que sobreviveram na forma de papiro. Não são tão importantes quanto os de Arquimedes ou Euclides, mas ainda assim nos dizem muito sobre a aparência da ciência antiga. O mais recente deles todos é um texto astronômico menor, conhecido como *Ars Eudoxi,* que se encontra em Paris, no Museu do Louvre, onde é conhecido simplesmente como "Pap. Gr. 1", isto é, papiro grego número um. É realmente uma peça de papiro muito antiga, do final do século III a.C., sendo, portanto, possível que tenha sido escrita durante a vida de Arquimedes. Suas colunas estreitas, suas figuras esquemáticas rudimentares e sua escrita harmoniosa, embora não ornamentada, são sugestivas do que temos aprendido sobre a tradição de manuscritos do próprio Arquimedes. Creio que era essa a cara da ciência antiga.

Não teria sido na forma de livro, é claro. Como mencionou Will Noel, essa seria uma importante diferença do Palimpsesto: escritos antigos tinham a forma de rolo, não de livro. Em vez de folhear o texto de Arquimedes, você o desenrolaria. Will salientou a inconveniência para se extrair informações, digamos, de um dicionário. Penso, porém, que o rolo é bastante cômodo para a contínua leitura de geometria. Will tem razão no sentido de que, mais ou menos à época em que estava sendo feita a transição do rolo para o códex, também estava sendo feita a transição de uma cultura em que a leitura contínua importava mais para outra em que a extração de informações era fundamental. Isso veio a ser o mundo do livro de referência máxima — a Bíblia.

O rolo é mais conveniente para a geometria, como sugere a seguinte consideração. Você alguma vez leu um tratado de geometria que se estende por algumas páginas? Deve recordar então a experiência de ficar indo e voltando páginas, do texto para o diagrama e vice-versa, esquecendo o diagrama enquanto lia o texto e esquecendo o texto enquanto examinava o diagrama. O rolo tem, a esse respeito, uma interface muito melhor. (Digo: os livros de geometria deveriam ser impressos em rolos!) Basta desenrolar o livro para ter em frente aos olhos, perfeitamente, o texto inteiro com as figuras. Assim era o rolo matemático antigo: uma peça bem acabada de concepção simples. Pense nele como o equivalente a uma elegante máquina de café italiana: linhas simples que se juntam para fazer um produto perfeito.

A simplicidade estaria não somente nos desenhos, mas também na própria escrita. Essa é uma consideração importante na história da escrita — não somente da matemática, mas de qualquer outra. Com o passar do tempo, a escrita variou. A escrita antiga era mais simples do que a nossa: em vez dos muitos tipos de letras que usamos e, especialmente, em vez da divisão que temos entre maiúsculas e minúsculas, os antigos conheciam apenas um tipo de letra e só usavam as maiúsculas. É ASSIM QUE PARECE A ESCRITA ANTIGA. E é essa a aparência que têm tanto o *Ars Eudoxi*, como os escritos originais de Arquimedes. Simples e elegantes, à sua moda.

À medida que a escrita varia, a interface muda. Na Idade Média — isto é, no Palimpsesto — a escrita usada para copiar Arquimedes provavelmente já era diferente. E isso também é importante para a história das

FIGURA 4.14 A esfera e o cilindro II: *uma frase da proposição 2*

interfaces matemáticas. Já disse que, hoje, o emblema da matemática é a equação, a disposição dos símbolos. E isso é produto de um longo processo histórico cujas raízes se originam na Idade Média. Para tanto, uma vez mais, vamos retornar ao Palimpsesto de Arquimedes.

As Origens Medievais dos Símbolos Matemáticos

O Palimpsesto é uma importante peça de evidência não somente para o ano 225 a.C., como também para o ano 975. O escriba que copiou os trabalhos de Arquimedes talvez não tenha colaborado muito para o avanço dos conceitos da matemática. Ele não era Arquimedes. Na realidade, estou certo de que esse escriba nada sabia de matemática. Mas de todo modo fez sua contribuição para a história das *interfaces* da matemática. Suas escolhas na maneira de escrever as palavras, dispondo-as na página e juntando os trabalhos, contribuíram para a maneira com que Arquimedes seria lido pelos matemáticos posteriores. A verdade ao longo da história, desde Arquimedes em Siracusa até os nossos dias, é que escribas, tipógrafos e editores fazem uma contribuição silenciosa à história da ciência, às vezes tão importante quanto à dos próprios cientistas.

E assim os escribas, silenciosamente, inventaram o símbolo matemático. Nesse sentido eles prepararam o terreno para a equação moderna, a mais poderosa ferramenta da ciência moderna. Enquanto copiava fielmente os diagramas de Arquimedes, o escriba do ano 975 já preparava o terreno para as equações da ciência de hoje.

Vamos examinar uma passagem do Palimpsesto. A figura 4.14 faz parte da segunda proposição do segundo livro, *A esfera e o cilindro*. Justamente como vemos pelos diagramas gregos, a escrita, no grego original produzido por Arquimedes, não tinha rebuscamento algum. ARQUIMEDES ESCREVIA ASSIM, ou, mais precisamente, ARQUIMEDESESCREVIAASSIM (a separação entre palavras também é uma invenção medieval). O texto de Arquimedes, em particular, não tinha abreviações: as palavras eram inteiramente soletradas.

O trabalho de um escriba, porém, era muito tedioso: copiar palavra por palavra, letra por letra. Faria tão mais sentido abreviar. Se uma palavra é repetida com muita freqüência, por que não inventar um símbolo para representá-la em vez de copiá-la repetidamente? Sem dúvida, há desvantagens estéticas quanto a isso. Com muitas abreviações, o texto talvez não parecesse mais grego e sim estenografia. Em um trabalho de poesia, digamos, produzido por um alto preço, não se usariam muitas abreviações. Mas por um trabalho técnico, como o de matemática, provavelmente não se pagaria muito. O Palimpsesto de Arquimedes é um exemplo de uma peça fina, bem-acabada, produzida pela habilidade artesanal do escriba, mas não é um manuscrito de luxo. Ninguém impediria o escriba de usar abreviações.

E assim retornamos ao texto de *A esfera e o cilindro*. Eis uma tradução dele:

(1) Portanto como a [linha] KΘ para a [linha] ΘE, a [linha]
ΘE para [a linha] EΓ, e portanto como o [quadrado] sobre
KΔ para o [retângulo contido] por KΘΔ, o [quadrado]
sobre AΓ para o [retângulo contido] por AEΓ

O leitor notará em primeiro lugar que minha tradução ocupa mais espaço do que o texto grego no manuscrito. Há duas razões para isso, uma devida a Arquimedes, outra aos escribas medievais. A primeira são aqueles colchetes. Arquimedes não inseriu neles palavras como "linha", "quadrado", "retângulo", deixando ao leitor inferi-los a partir do contexto. Dessa maneira, ele conseguia escrever um texto muito limpo. A linguagem usada por Arquimedes é polida e minimalista, igual a seus diagramas, esqueléticos e ilustrados. Ele podia usar muito poucas palavras — porque os leitores já sabiam do que ele estava falando (do mesmo modo como os leitores podiam "ler" seus diagramas minimalistas corretamente, porque eles entendiam sua natureza como diagramas *matemáticos*). Como Arquimedes usasse somente letras maiúsculas e nenhuma separação entre as palavras, a aparência de seu texto era assim:

(2)PORTANTOCOMOAKΘPARAAΘEAΘEPARAEΓEPORTANTO
COMOOSOBREKΔPARAOPORKΘΔOSOBREAΓPARAOPORAEΓ

Como interface é, de fato, um tanto desafiadora.

Os escribas medievais, nesse momento, deram alguns passos fundamentais na invenção de interfaces de composição manual mais eficazes. A divisão de caixa alta e caixa baixa foi de grande valor. Permite-nos separar as letras referentes ao diagrama (que permanecem em caixa alta) do resto (que agora está em caixa baixa). A separação entre palavras foi outra invenção importante. Graças a elas, o texto passou a nos ser mais familiar:

(3) Portanto como a KΘ para a ΘE, a ΘE para EΓ, e portanto como o sobre KΔ para o por KΘΔ, o sobre AΓ para o por AEΓ

Os escribas medievais de então introduziram ainda uma outra invenção importante — sua própria contribuição para tornar o texto tão compacto: as abreviações. Não o fizeram por qualquer razão matemática profunda, sofisticada, mas porque eram *preguiçosos*. E assim, em vez de copiar a palavra *pros* ("para", em português) repetidas vezes, eles simplesmente inseriram um símbolo que se parece um pouco ao atual sigma maiúsculo, Σ. Há outras abreviações ou símbolos: para "como" (meio parecido com *w*), para "e" (meio parecido com *K*) e "portanto" (meio parecido com ε), todas grafadas na figura 4.14. Então assim seria finalmente a aparência do texto:

(4) ε *w* a KΘ Σ a ΘΕ, a ΘΕ Σ ΕΓ, *K* ε *w* o sobre KΔ Σ o por KΘΔ, o sobre ΑΓ Σ o por ΑΕΓ

Esse também pode parecer um tanto confuso, e você talvez até prefira a forma completa do exemplo (1) à abreviada do exemplo (4), que mais se assemelha a hieróglifos. Tudo é uma questão de hábito: é simplesmente preciso aprender essa notação em particular — da mesma maneira como aprendemos as notações modernas. Por exemplo, um matemático moderno poderia bem escrever o mesmo texto, como segue:

(5) → KΘ:ΘΕ::ΘΕ:ΕΓ
    → KΔ²:KΘ*ΘΔ::ΑΓ²:ΑΕ*ΕΓ

que também pareceria hieróglifos. O próprio Arquimedes não faria a menor idéia do conteúdo do exemplo (5). É preciso aprender a notação — e então os hieróglifos passam a fazer sentido perfeito como uma tradução simbólica do conteúdo.

Pois esse é o ponto crucial. Todos os exemplos — de (1) a (5) — contêm *exatamente* o mesmo significado, mudando meramente a embalagem. A diferença está na interface. E que diferença faz uma interface! Na realidade, a invenção de notações abreviadas é um dos passos-chave para o crescimento da ciência moderna.

A história dessa invenção ainda precisa ser mapeada. Só muito recentemente os estudiosos começaram a enxergar os manuscritos medievais como documentos interessantes por si mesmos e não apenas como receptáculos de informações sobre a Antiguidade. Como foi que os escribas vieram a inventar um sistema como o do exemplo (5)? Ainda não temos uma resposta completa; estamos no processo de colher evidências. Como um dos primeiros manuscritos existentes de Arquimedes, o Palimpsesto será uma das peças-chave de evidência para essa pesquisa.

As linhas gerais desta história — a história da interface científica — são, entretanto, claras. Foi feita a transição da ciência de diagramas para a ciência de equações. Na realidade, isso pode ser entendido como duas maneiras diferentes de se utilizar as habilidades visuais humanas dentro desse campo altamente conceitual do pensamento matemático. A partir de uma forma de ciência visual — a grega, baseada no diagrama — fizemos a transição para a outra — a moderna, baseada em símbolos e equações.

O Palimpsesto de Arquimedes fica a meio caminho entre a melhor evidência que, indiretamente, temos da antiga ciência dos diagramas e a peça de evidência mais importante da nova (então nascente) ciência de símbolos e equações.

A Experiência Matemática

Tudo a que me referi — a natureza do diagrama matemático, a beleza da página matemática, a invenção da simbologia matemática — tudo leva a um único ponto: matemática é uma questão de experiência. É claro que a matemática é uma disciplina altamente conceitual e abstrata. Mas mesmo um conteúdo abstrato tem de ser dominado por um ser humano, de algum modo. Deve fazer sentido aos olhos. Como humanos, somos capazes de entender conceitos abstratos, mas só podemos fazê-lo por meio de nossa experiência. Por mais abstratos que sejam, devem ter uma embalagem sensorial, nos sons da língua e nos artefatos da visão. Para os humanos, entender é, antes de tudo, ver e ouvir.

Tal é o consenso emergente, em décadas recentes, entre filósofos, logicistas, historiadores e cientistas cognitivos: cognição e lógica, o abstrato e o concreto, são, em última análise, inseparáveis. O que, em certo sentido, é algo que os paleógrafos — estudiosos de escritas antigas — sempre souberam.

No estudo de manuscritos antigos, são comuns perguntas do tipo: Como o texto é escrito? Quais são as ferramentas visuais inventadas pelo escriba? Como a página foi criada para funcionar? Ao pesquisar um manuscrito, o especialista estuda tanto o conteúdo quanto a forma. As idéias expressas no texto podem ser abstratas, mas sua disposição física não é. O nosso manuscrito é de fato um objeto físico — que Will Noel chama de: o cérebro de Arquimedes numa caixa. O propósito de tudo é: pelo estudo da história cognitiva de diagramas e símbolos, das páginas e manuscritos, que possamos compreender o próprio cérebro de Arquimedes, como funcionava então, em Siracusa.

Só que, quando conheci Will Noel na primavera de 1999, mal se poderia vislumbrar qualquer sinal dessa evidência. O manuscrito feito em 975 havia sido quase apagado pelo milênio que nos separa do apogeu bizantino. É hora de nos juntarmos a John Dean e Will Noel em sua jornada pelo Mediterrâneo para entender como isso pode ter acontecido — como esse manuscrito mudou sem ser reconhecido; e mesmo assim, não canso de repetir, contra todas as probabilidades, conseguiu sobreviver.

5
A Grande Corrida, Parte II
A História do Palimpsesto

O Desastre Chega

Voltando a Constantinopla, John Dean e eu subimos ao alto da Torre Gálata, de onde, para além do Corno de Ouro, o glorioso panorama da cidade se descortinou diante de nossos olhos. A Basílica de Santa Sofia e a Mesquita Azul dominavam a vista. A mesquita lembrava a queda de Constantinopla para os turcos otomanos em 1453, com freqüência citada como uma grande tragédia. O saque de Constantinopla realmente desastroso, porém, havia acontecido 250 anos antes, perpetrado por cristãos da Europa Ocidental.

Em 1204, a Quarta Cruzada, sancionada pelo papa Inocêncio III, precisava seguir da Europa ao Egito, e de lá para a Terra Santa. A questão era como chegar ao Egito. O doge de Veneza estava preparado para ceder uma tropa de 4 mil cavaleiros, 9 mil escudeiros e 20 mil soldados a pé, mas ao preço de 86 mil marcos. Os cruzados concordaram, mas faltava-lhes 34 mil marcos quando já estavam prontos para zarpar. Concordaram, por isso, em recapturar a cidade dálmata de Zara para os venezianos, e sua parte no saque completaria a diferença. Os cruzados destruíram Zara, mas o fruto do saque não foi o suficiente para pagar a dívida. Os cruzados não podiam deixar de honrar seu trato com o doge. Era imperativo saldar a dívida. Como fazer? Encontraram a resposta na política. Isaque II, imperador de Constantinopla, havia sido deposto por Aleixo II, em 1195, fora cegado e atirado a um calabouço. A filha de Isaque era casada com Felipe da Suábia, e o filho, Aleixo Ângelo, também fazia parte da corte de Felipe. Aleixo Ângelo concordou em pagar aos cruzados e ao doge de Veneza 200 mil marcos, se o ajudassem a recuperar o trono de Constantinopla. Isso satisfaria ao papa porque Aleixo Ângelo concordara em que a cidade se tornaria católica; satisfaria também ao doge porque ele obteria o dinheiro e privilégios comerciais, e o poderoso Felipe da Suábia teria uma marionete no trono de Constantinopla. Nem a política moderna é tão indecorosa assim.

A realidade das conquistas medievais foi. Os cruzados tiveram sucesso na deposição de Aleixo II, sem mesmo ter de tomar a cidade, e Aleixo Ângelo foi nomeado co-imperador com seu pai, Isaque II. Mas mesmo com sua marionete no poder, a dívida continuava e Constantinopla não tinha condições de pagar o valor prometido por Aleixo. Embora aguardassem o dinheiro, alguns cruzados começaram a atacar a mesquita. Em seguida ao caos que se estabeleceu, irrompeu um incêndio que se espalhou rapidamente e logo grande parte da cidade estava em chamas. O incêndio se prolongou por oito dias, matando centenas de pessoas e destruindo uma faixa de cinco quilômetros de largura, que se estendeu diretamente ao centro da cidade antiga. E não havia ainda sinal do dinheiro. Não admira que Aleixo tenha perdido o apoio dos habitantes sitiados; ele foi estrangulado e Isaque II, seu pai, morreu de desgosto. Recomeçaram então as hostilidades. Na segunda-feira, 12 de abril de 1204, os cruzados romperam as muralhas antigas de Teodósio. Nessa mesma noite, ocorreu um outro incêndio de enormes proporções que destruiu outras partes da cidade antiga. No dia seguinte, Constantinopla se rendeu. Foi somente então que o verdadeiro horror, o horror registrado em primeira mão por Nicetas Choniates, teve início. Como conseqüência, o dinheiro entrou nos cofres do doge, a cidade ficou a cargo dos cruzados, a fé católica foi imposta sobre a ortodoxa, e os clássicos foram queimados.

Esse episódio foi uma verdadeira catástrofe para os textos do mundo antigo. A arca dos clássicos foi queimada, e foi assim que desapareceram inteiramente 20 dos 33 historiadores discutidos por Fócio. Quem sabe quantas não foram as cópias dos tratados de Arquimedes? O futuro desses tratados não estaria em Constantinopla. As cópias que sobreviveram no século XIII seriam encontradas em outro lugar. Os Códices A, B e C tornaram-se verdadeiros destroços nas águas do mundo mediterrâneo.

Vamos ver onde foram parar — primeiro os Códices A e B, e depois o C, que está sobre a minha mesa.

Arquimedes na Itália

Em 1881, um estudioso de nome Valentin Rose deparou-se com um manuscrito na grande Biblioteca do Vaticano. Havia sido escrito por Guilherme de Moerbeke, um religioso franciscano e grande tradutor de textos gregos, incluindo diversos trabalhos de Aristóteles. Era uma tradução dos trabalhos de Arquimedes, do grego para o latim. Guilherme terminou de escrever seu livro na terça-feira, 10 de dezembro de 1269. Como se tornou capelão e confessor do papa Clemente IV em Viterbo, na Itália, por algum tempo nos anos 1260 e ainda estava lá em 1271, deve ter sido em Viterbo que traduziu os tratados de Arquimedes.

Mas quais foram os manuscritos que Guilherme traduziu e como chegaram a ele? Foram dois e ambos estavam listados em um catálogo de manuscritos pertencente ao papa em 1311. São os manuscritos que conhecemos por Códex A e B. O Códex A era número 612. Mesmo em 1269 não deveria estar em bom estado, porque não tinha capa. No catálogo, o códex estava registrado como Angevin, o que provavelmente significa que foi dado ao papa por Carlos I de Anjou, após a Batalha de Benevento, em 1266. O Códex B era número 608. Como o Códex A não continha *Corpos flutuantes*, Guilherme o traduziu desse segundo manuscrito.

Assim os Códices A e B desembocaram na Itália. Mas o Códex B não teve vida longa; não foi mais visto desde 1311. O Códex A, por outro lado, tornou-se um dos códices mais procurados da Renascença Italiana. Em 1450, esteve nas mãos do papa Nicolau V, que encarregou Jacopo de Cremona de traduzi-lo novamente. Em 1492, Lourenço de Médici — o Magnífico — delegou a Poliziano a missão de buscar os textos que não tinha em sua biblioteca. Poliziano encontrou o Códex A na biblioteca de Giorgio Valla, em Veneza, e mandou fazer uma cópia. Essa cópia está atualmente em Florença, na Biblioteca Laurenciana, uma obra-prima arquitetônica de Michelângelo. Valla considerava o Códex A tão precioso e raro que não permitia que saísse de sua biblioteca, tendo inclusive recusado um pedido de empréstimo de Ercole d'Este, duque de Ferrara. Alberto Pio de Capri comprou a biblioteca de Giorgio Valla. Ao morrer, em 1531, a posse do manuscrito passou para seu sobrinho Ridolfo Pio, que morreu em 1564. Ninguém mais viu o Códex A desde então.

Muito embora tenham desaparecido, os Códices A e B cumpriram sua missão: apresentaram Arquimedes ao mundo moderno. A receptividade de Arquimedes foi meticulosamente documentada no magistral trabalho de erudição de Marshall Clagett, *Archimedes in the Middle Ages* (Arquimedes na Idade Média). Quer tenha sido diretamente do Códex A, ou pelas traduções em latim de Guilherme de Moerbeke e Jacopo de Cremona, os tratados de Arquimedes chegaram às mãos dos homens mais talentosos da Renascença. A Renascença, é claro, estava mais do que disposta a receber os trabalhos desse grande homem.

O Arquimedes da lenda já tinha se tornado um sinônimo de inventor e matemático brilhante. Filippo Brunelleschi, por exemplo, foi aclamado como um "Segundo Arquimedes" pela construção da magnífica cúpula da Catedral de Florença, no início do século XV. Mas o Arquimedes que os homens da Renascença encontraram nos tratados correspondia plenamente à lendária figura. Leon Battista Alberti, o grande autor, arquiteto e pintor florentino, tinha conhecimento de *Corpos flutuantes* e se referiu a ele em sua explanação sobre o caso da "*Eureca*". Mais impressionante ainda, como mostrou James Banker em 2005, Piero della Francesca, cujas pinturas revelam incríveis sutilezas de geometria, na realidade transcreveu todo o texto da tradução de Jacopo de Cremona. E Regiomontanus, o matemático alemão cujo trabalho foi tão importante para Copérnico também copiou a tradução de Jacopo depois que o papa a deu ao cardeal Bessarion. De um jeito ou de outro, os grandes cérebros artísticos e matemáticos da Renascença tiveram acesso aos tratados de Arquimedes. E isso se tornou bem mais fácil para eles após 1544, ano em que foi impressa, na Basiléia, a primeira edição dos trabalhos de Arquimedes. Acabara para muitos dos tratados a corrida contra a destruição, e saíram-se vencedores. Galileu e Newton leram esses tratados, e nasceu a ciência moderna.

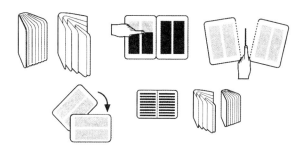

FIGURA 5.1 *Como fazer um palimpsesto*

O Livro que Leonardo Nunca Conheceu

Talvez você esteja se perguntando por que deixei fora de minha lista uma das maiores mentes da Renascença: Leonardo da Vinci. Vimos que, a partir de Hero, Arquimedes despertou o interesse dos principais matemáticos e arquitetos da época — pessoas que conseguiam não somente dominar uma matemática elevada, como também desejavam aplicar esse conhecimento. Não é surpresa, pois, que Leonardo também estivesse ansioso para obter cópias dos trabalhos de Arquimedes. Escreveu ele em seu caderno de anotações: "Um Arquimedes completo está em mãos do irmão do monsenhor de Santa Giusta em Roma. Ele disse que o tinha dado ao irmão que estava na Sardenha. Ele havia primeiro estado na biblioteca do duque de Urbino, mas, na época do duque Valentino, foi levado embora." Não se sabe como, Leonardo deve ter conseguido alguns manuscritos de Arquimedes. Suas anotações revelam conhecimento de *Medida do círculo*, de *Linhas espirais*, de *A esfera e o cilindro*, de *Corpos flutuantes* e de *Equilíbrio dos planos*. O último particularmente fascinou Leonardo por abordar a questão dos centros de gravidade, e foi por ele usado para demonstrar como encontrar o centro de gravidade em um triângulo. (No próximo capítulo, com Reviel, você fará o mesmo.) Por ser Leonardo, ele não parou no que descobrira a partir de Arquimedes. Usou os trabalhos dele como uma plataforma para seus próprios cálculos. Pois veja, em *Equilíbrio dos planos*, Arquimedes somente discutiu como encontrar o centro de gravidade em figuras planas. Leonardo foi mais adiante e tentou encontrar os centros de gravidade em sólidos também, sempre empregando as técnicas de Arquimedes. E acabou desenvolvendo um teorema para encontrar o centro de gravidade de um tetraedro. Foi uma realização notável desse gigante da Renascença e um exemplo típico da maneira como os estudiosos da época produziam com base no trabalho de Arquimedes.

Mas houve um tratado que Leonardo não conheceu. Conseqüentemente, não ficou sabendo que, 1.700 anos antes, Arquimedes já tinha ido além dele. Em *O método*, Arquimedes já havia descoberto os centros de gravidade de sólidos muito mais complicados do que o tetraedro — sólidos com superfícies curvas. Em carta a Eratóstenes, havia calculado o centro de gravidade de um parabolóide, de um segmento esférico, do segmento de um elipsóide e até do segmento de um hiperbolóide. Não é que Leonardo não tenha pesquisado bem o assunto. Ele não poderia conhecer tal texto. Não fazia parte nem do Códex A, nem do Códex B, os únicos dois manuscritos gregos de Arquimedes conhecidos na Renascença. O assunto fazia parte do Códex C. Ou melhor, fora parte dele.

O Estrago

Um escriba se prepara para o trabalho. Já passou pelos mesmos procedimentos inúmeras vezes antes. Lá estão seus cálamos, sua régua e sua faca. Senta-se na cadeira. A seu lado há uma pequena mesa e sobre ela um tinteiro cheio de tinta preta. Ele pega a primeira folha de pergaminho de uma pilha próxima. Com uma ponta afiada, risca linhas nele sobre as quais logo escreverá (para fazê-lo, ele se vale de uma régua, que alinhou aos pequenos furos feitos nas pontas dos fólios). O pergaminho está agora em seu colo sobre uma prancha de madeira. Em frente a ele, em um cavalete, está o códex que irá copiar. Ele está pronto para começar. Você está tendo um *déjà vu*? Excelente. Reveja a cena. Só que desta vez não estamos particularmente interessados no códex. O pergaminho que ele está prestes a usar é o objeto de nossa curiosidade. Ele enfrentará novamente um processo pelo qual já passou antes.

Logicamente você adivinhou. O pergaminho desse escriba era o Códex C, o manuscrito de Arquimedes que continha de *O equilíbrio dos planos* a *Stomachion*, com *O método* incluso, mas agora separados e com o texto de seus fólios apagados. O escriba tinha mais orações para escrever do que espaço existente no pergaminho de Arquimedes. Simplesmente, então, reutilizou pergaminho de outros códices também — de pelo menos mais quatro.

A operação requerida para fazer o Palimpsesto de Arquimedes, e todos os textos não identificados do livro de orações, foi árdua. Os manuscritos foram retirados de seus suportes, suas encadernações cortadas e descartadas, e a costura entre seus cadernos desfeita. Essa parte foi rápida e fácil de realizar. Uma vez desmontado o códex, os bifólios foram esfregados com um tipo de ácido natural. Não há textos gregos que relatem como era feito, mas Teófilo, ao escrever *Sobre diversas artes*, no século XII, indica que, com suco de laranja e uma esponja, era muito fácil apagar completamente as letras. Sem dúvida, algum tipo de mistura ácida foi usada, mas a operação no Palimpsesto foi muito mais grave do que a prescrita por Teófilo. Abigail encontrou furos nas pontas dos bifólios, aparentemente feitos por pregos para mantê-los sob tensão, o que seria consistente com o fato de os bifólios úmidos serem fixados em uma tábua por terem encolhido ao secar. Abigail notou ainda que havia marcas de raspagem sobre o texto de Arquimedes: depois de secos, os bifólios eram esfregados de novo com uma pedra-pomes. Aí está: pronto. Depois de eficazmente crucificadas, as peles eram retiradas das armações de madeira e empilhadas em um canto.

A primeira coisa que o escriba fez ao pegar o bifólio de Arquimedes foi cortá-lo na dobra, dividindo-o assim em dois fólios. Por sorte ele não os aparou mais, o que significa que nenhum resquício dos traços de Arquimedes, nos fólios sobreviventes, foi cortado. Ele então pegou os dois fólios, fez uma rotação de 90 graus e dobrou-os ao meio, formando dois bifólios, um dentro do outro. Os fólios no livro de orações, assim, passaram a ter exatamente a metade do tamanho original dos de Arquimedes.

Os bifólios divididos ficaram, porém, completamente desordenados, por isso diferentes bifólios do texto de Arquimedes são agora encontrados totalmente separados uns dos outros no livro de orações. Eles também foram intercalados entre pergaminhos reaproveitados de outros manuscritos usados pelos escribas. O manuscrito de Arquimedes formou todo o esqueleto do Palimpsesto; o pergaminho de outros manuscrito seu envoltório.

Para o escriba, fazia todo o sentido cortar os bifólios ao meio e girá-los, prática padrão nos palimpsestos. A grande vantagem desse procedimento era que não precisavam ficar brigando com o que restasse do texto anterior porque estariam escrevendo perpendicularmente a ele, o que é bem mais fácil do que sobrescrever suas linhas. Naturalmente, o escriba poderia simplesmente ter girado os bifólios originais, sem cortá-los ao meio, mas resultaria em um códex extremamente comprido, fino e de difícil manuseio. O procedimento seguido pelo nosso escriba foi cuidadosamente planejado para produzir novos códices de maneira eficaz e econômica. Por essa razão, o tamanho dos códices palimpsésticos é quase sempre a metade dos que lhes deram origem. Uma vez que um fólio do manuscrito de Arquimedes passou a ser um bifólio do livro de orações, com freqüência se tornava o primeiro e último fólio de um caderno no novo manuscrito. Como resultado, o meio de cada um dos antigos fólios de Arquimedes passava exatamente pela lombada do livro de orações.

O escriba não fazia idéia do que sua escrita cobriria, e nem parou para pensar. O primeiro pedaço de pergaminho no novo códex continha *Corpos flutuantes*. Foi coberto por uma bênção para os pães da Páscoa. Uma outra parte, um pouco mais adiante, foi sobrescrita com uma oração de arrependimento. O início de *O método* recebeu uma oração de casamento. Mais ao final de *O método* ele escreveu uma oração rezada na inauguração de igrejas, e — veja só — sobre a proposição 14, escreveu uma oração aos mortos.

Em uma pequena parte do livro de orações, nosso escriba trabalhou em conjunto com um colega. Deve ter ficado satisfeito com a ajuda, pois o trabalho era longo. Como os que haviam investigado o Palimpsesto de Arquimedes não tivessem demonstrado muito interesse nesses códices, foi bastante apropriada a oração, sobrescrita em um dos fólios, pelos irracionalmente excluídos.

Ainda que com boa intenção, os escribas do livro de orações realmente remendaram o Arquimedes. Pense um pouco. Se algum maluco, por qualquer estranha razão, quiser um dia ler um dos textos palimpsésticos, seria bem divertido observá-lo tentar. Por exemplo, se estivesse interessado na proposição 14 de *O método*, teria dificuldade em achar. Essa proposição começa na coluna 1 do fólio 110, lado direito do Palimpsesto. Para ler, seria preciso virar o códex em 90 graus e decifrar o texto apagado sob a oração aos mortos. Logo após não daria para continuar, pois a coluna desapareceria na junção da margem interna. Seria necessário achar onde ela reapareceria — no caso, cinco fólios antes, no fólio 105v. Não seria possível ler pelo menos duas linhas do texto escondido na junção das margens. Com persistência, a segunda coluna do texto também teria de ser lida. E aí as coisas se complicariam mais ainda. Seria preciso fazer uma rotação de 180 graus no códex e ler a coluna 1 do fólio 110v e voltar a girá-lo em 180 graus para ler a parte inferior dessa coluna no fólio 105v. Para concluir esse fólio, essa operação teria de ser repetida. Tendo lido o que fosse possível desse fólio, seria preciso então encontrar o próximo que contivesse texto de Arquimedes e que poderia estar em qualquer ponto do códex. Na realidade, estava no fólio 158, mais de cinqüenta fólios à frente. Depois, todo esse processo teria de ser recomeçado. Uma verdadeira experiência interativa de usuário. Mas que ninguém faria, não é? Quero dizer, seria uma tentativa inútil.

Então qual era o nome do cristão ignorante responsável por isso? E quais são, se é que existe alguma, as circunstâncias atenuantes que a defesa poderia invocar antes que o acusássemos pela destruição dos textos de Arquimedes? Não tendo a menor idéia de como responder a essas questões, condeno veementemente um ignorante medieval anônimo, e sigo em frente. O livro também seguiu e, ao conseguir rastreá-lo, o localizamos trezentos anos depois e em um outro continente.

Enterrado no Deserto

John Dean e eu deixamos Constantinopla e viajamos para a Terra Santa. Chegamos em Tel Aviv, alugamos um carro e seguimos para Jerusalém. Fomos ao Muro das Lamentações — os alicerces do Templo de Salomão.

Vimos a Mesquita de Omar — lugar em que o profeta Maomé ascendeu aos céus e encontrou Alá. Visitamos a Igreja do Santo Sepulcro — em que Cristo foi sepultado. No dia seguinte, deixamos Jerusalém, passando pelo posto de controle, em direção à Cisjordânia, a um outro mundo. Dirigimos até Belém e nos perdemos. Não conseguíamos encontrar o caminho de volta e não sabíamos falar árabe. O sorriso de John sinalizava amizade e minha agitação, nervosismo. Essa combinação acabou convencendo um paciente palestino a nos reconduzir à estrada correta.

Viramos à esquerda, em direção ao leste e ao deserto. No final da estrada, saímos do carro. Anoitecia e o sol já estava baixo, mas o dia continuava extremamente seco e quente. À nossa esquerda, passou um menino no lombo de um burro, guiando, com uma vara, gansos de volta ao vilarejo. Afora os sinos nos pescoços dos animais, o silêncio era total. Podíamos ver a quilômetros de distância além do deserto da Judéia. O céu estava azul sobre o Jordão; a terra, castigada pelo sol, era de uma coloração ocre. Abaixo, cerca de uns dois quilômetros de um caminho de cascalho, vi duas torres. Já as tinha visto antes, em preto-e-branco, em uma gravura acima da mesa de meu amigo Patrick Zutshi, em Cambridge. A vista era exatamente a mesma, e eu logo reconheci serem as torres do mosteiro de São Sabas.

A gravura que eu conhecia era de David Roberts, da Academia Real. Ele havia chegado ao mosteiro na quinta-feira, 4 de abril de 1839, juntamente com o reverendo George Croly. Inicialmente eles haviam se aproximado do mosteiro por um outro lado, o leste. Croly fez o seguinte registro:

A imediata aproximação do convento é impressionante (...) Era noite quando, depois de ter descido no leito de uma ravina, lugar em que o rio Kidron passa a caminho do mar Morto, e chegando ao sopé da montanha de São Sabas, vimos o convento acima de nós, à luz inconstante da lua. Sua estrutura era imponente, colossal, erguendo-se pelas encostas da montanha em diversos patamares e terraços, uns sobre os outros, até o pico coroado por nuvens. Um monge idoso de barbas brancas, apoiando-se em seu cajado, conduzia uma longa procissão de devotos montanha acima. Abaixo, parecendo brotar de uma rocha, havia uma grande palmeira que dizem ter sido plantada pelas mãos do santo no século IV. História ou lenda se incumbiram de fantasiar um pouco. Em uma capela, atrás de uma cerca de ferro em uma das grutas, havia uma pilha de crânios. Segundo a tradição do convento, eram de eremitas que, aos milhares, haviam sido massacrados por turcos otomanos. Subimos a escadaria e depois outra escada, rastejamos por uma portinhola pela qual só passava uma pessoa de cada vez e fomos dar em uma antecâmara, cercada por mais de cem peregrinos gregos (...) Era a Semana da Paixão. Os monges recebiam os estrangeiros com cortesia e permitiam não somente que os artistas fizessem o esboço da capela, como também não impunham que deixassem o lápis de lado, caso ainda não tivessem terminado o desenho, mesmo que o serviço religioso já tivesse começado.

John e eu passamos pela porta principal, que ficava sob uma arcada arredondada pintada de azul-escuro. Fomos recebidos de maneira afetuosa pelo único monge, de uma comunidade de treze, que admitia falar inglês. Seu nome era Lázaro e ele chegara ao mosteiro vindo de São Francisco. Ele nos mostrou todo o complexo, a cela do próprio São Sabas e a capela de São Nicolau, que alojava os crânios dos membros mortos da comunidade. Lugar ainda dos mais extraordinários, lindos e espiritualizados, apesar de cercado de constantes levantes políticos. Era tudo como Croly havia descrito, e o tempo evaporou. O irmão Lázaro encontrara a paz em São Sabas. Ele sentia falta da banda de rock Grateful Dead, mas sempre se recordava dela ao ouvir tocar o insistente *semantron*, uma peça de metal em forma de meia-lua com que um colega monge o chamava, como naquele momento, para as orações. Antes de nos deixar, ele apontou para a mais alta de duas torres que coroava o conjunto de igrejas e celas, a torre da Santo Justiniano, e disse que continha uma biblioteca. John e eu chegáramos a nosso destino. Em 1834 havia mais de mil manuscritos na biblioteca de São Sabas. Um deles, um dos menos chamativos, era o Palimpsesto de Arquimedes.

Somente tomamos conhecimento de que o Palimpsesto de Arquimedes estava em São Sabas porque, ao descrever o manuscrito em 1899, um grande erudito de nome Papadopoulos-Kerameus mencionou que havia sido acrescentada ao livro uma coleção de folhas de papel do século XVI e que em uma dessas folhas, fólio 184, havia uma inscrição indicando que o livro pertencia ao mosteiro. O manuscrito não tem mais 184 fólios, e essa inscrição também não mais existe. Somente graças a Papadopoulos-Kerameus é que sabemos como o Palimpsesto de Arquimedes sobreviveu por séculos.

Os irmãos no mosteiro tinham no Palimpsesto orações de cunho praticamente diário: havia oração para quando alguma coisa impura caísse no vasilhame de vinho, óleo ou mel; havia a de São Gregório para exorcizar os maus espíritos e a oração de João Crisóstomo para a sagrada comunhão, para citar apenas algumas. O Palimpsesto mostra sinais de todos os usos a que se prestou. O códex está chamuscado nas pontas, como se tivesse sido queimado pelo calor do deserto ou mesmo sofrido um incêndio, e muitos dos fólios estão cobertos por gotas de parafina, que provavelmente caíram no manuscrito quando suas orações eram recitadas à luz de velas. Há muitas correções e acréscimos ao texto, e em alguns lugares o texto do próprio livro de orações foi sobrescrito para torná-lo mais legível. Além disso, quer por danos, ou porque suas orações perderam a importância, aproximadamente sessenta fólios ficaram faltando enquanto estavam em São Sabas. Isso significa cerca de um terço de todo o códex.

O mosteiro de São Sabas representou uma pausa temporária para mim e John, e um santuário mais permanente para o irmão Lázaro. Mas foi uma verdadeira tumba para Arquimedes. Os monges tinham muitas razões para usar as orações do Palimpsesto, mas absolutamente nenhuma para ler o que estava debaixo delas. A matemática abstrata não era prioridade em São Sabas. Arquimedes foi efetivamente enterrado no mosteiro por pelo menos trezentos anos. Ao contrário dos textos dos Códices A e B, aqueles exclusivos do Códex C permaneceram desconhecidos para a Renascença e para a Revolução Científica. De algum modo, como homônimo bíblico do irmão Lázaro, o Arquimedes de *O método* e *Stomachion* teria de se levantar dos mortos.

Rastros da Movimentação

Uma das últimas paradas de minha viagem com John Dean foi o Lincoln College, em Oxford, para visitar um grande acadêmico e um gentleman, Nigel Wilson. Já falei de Nigel, porque não dá para falar em transmissão de textos antigos para os tempos modernos sem citá-lo. Mas foi somente ao ser apresentado a ele em Oxford que pude conhecê-lo de fato. A primeira coisa que me impressionou foi ele se mostrar honrado de nos conhecer. Essa atitude deve-se em parte a sua impecável civilidade e, principalmente, a minha responsabilidade no Palimpsesto, trabalho que mais tarde descreveria como "um dos mais fascinantes projetos acadêmicos imagináveis". O Palimpsesto era realmente importante para Nigel, o que justifica sua incrível paciência ao nos deixar filmá-lo incontáveis vezes na biblioteca da faculdade, repetindo algumas declarações das mais triviais que ele imaginaria proferir. Só para dar uma pequena amostra delas: "Constantinopla foi o único lugar do mundo antigo com uma ininterrupta tradição de copiar e estudar textos da Antiguidade." Outra: "Visitei Cambridge, vi a folha e disse: 'É isso aí: é Arquimedes.'"

Na verdade, em 1971, e acatando uma sugestão de seu amigo G. J. Toomer, da Universidade de Brown, Nigel foi de Oxford para Cambridge para ver um fragmento de um palimpsesto catalogado por Pat Easterling como contendo um texto matemático. Nigel teve facilidade em o ler e, por um termo técnico, reconheceu que se tratava de Arquimedes. Era de fato de *A esfera e o cilindro* e se encaixou entre os fólios 2 e 3 do Palimpsesto.

O fragmento estava na Biblioteca da Universidade de Cambridge e seu número era Add. 1879.23. A biblioteca da universidade registra suas aquisições por ordem de entrada; esse era um dos 44 fragmentos vendidos à biblioteca, na quarta-feira, 23 de fevereiro de 1876, pelos executores testamentários do espólio do erudito alemão Constantin Tischendorf.

Constantin Tischendorf havia feito, vinte anos antes, a maior descoberta de manuscrito de todos os tempos. Não se tratava do Palimpsesto de Arquimedes, mas de uma das primeiras cópias completas do Novo Testamento a sobreviver, juntamente com porções substanciais do Velho Testamento em grego, agora conhecido como Códex Sinaítico. Escrito entre 330 e 350 A.D., talvez seja uma das cinqüenta cópias originais das Escrituras encomendadas pelo imperador romano Constantino depois de sua conversão ao cristianismo. A escrita em maiúscula é do tipo que Isidoro de Mileto usava em seus textos. Tischendorf o encontrou no antigo e isolado mosteiro de Santa Catarina, no deserto do Sinai. Ele negociou com os monges para que emprestassem o códex e levou o manuscrito para o czar Alexandre, da Rússia. Em troca, recebeu o título "Von" antes de seu sobrenome, transformando com isso o filho de um médico alemão em nobre russo, e pagou aos monges a importância de 9 mil rublos. Bom negócio.

Tischendorf era, entre outras coisas, um grande estudioso bíblico. Não teve dificuldade em reconhecer a importância do Códex Sinaítico. Mas por que possuía um fólio do Palimpsesto, e como tal fólio teria chegado a suas mãos? Na realidade, é praticamente ele quem nos conta. Em 1846, ele publicou um livro intitulado *Travels in the East* (Viagens ao Oriente), no qual relata uma visita ao Metochion, um braço do Santo Sepulcro de Jerusalém, em Constantinopla, onde não encontrou nada de maior interesse, exceto um palimpsesto que continha matemática. Sabemos que o Palimpsesto estava precisamente nessa localidade em 1899 porque Papadopoulos-Kerameus o havia catalogado lá então. Está claro que já se encontrava no Metochion nos anos 1840 e que Tischendorf saíra de sua visita com um fólio retirado dele.

Naturalmente não sabemos como o manuscrito voltou de São Sabas para Constantinopla, e, quando John Dean e eu estávamos em Constantinopla, realmente tentamos visitar o Metochion, mas não havia ninguém para perguntar. Era Páscoa e todos os monges haviam ido para sua matriz em Jerusalém, o patriarcal mosteiro do Santo Sepulcro. Os manuscritos de São Sabas foram incorporados à biblioteca do patriarcado no início do século XIX. Não é difícil de imaginar, portanto, as circunstâncias em que um prático livro de orações acabou de volta à cidade em que havia sido feito setecentos anos antes.

Ressuscitado dos Mortos

A primeira página do *New York Times* da terça-feira, 16 de julho de 1907, estampa uma sensacional descoberta: o professor Heiberg, de Copenhague, descobrira um novo manuscrito de Arquimedes em Constantinopla. Havia chamado a atenção de um certo professor Schone a descrição de um códex, feita por Papadopoulos-Kerameus em um catálogo de 1899. Papadopoulos-Kerameus não tinha título de posse e foi pago por página pelo trabalho. Talvez por isso, ao catalogar o manuscrito número 355, ele não tenha somente descrito o conteúdo do livro de orações em detalhe, mas também transcreveu uma parte de um texto apagado que havia sido sobrescrito. Heiberg identificou esse texto como sendo trabalho de Arquimedes. Ele primeiro tentou, através de canais diplomáticos, que o manuscrito fosse enviado a Copenhague, mas não deu certo. Por isso, nas férias de verão de 1906, viajou a Constantinopla e teve um encontro com o bibliotecário do Metochion, um certo sr. Tsoukaladakis, que consentiu que ele estudasse o manuscrito. Lá ele descobriu a incrível verdade: havia feito um achado inédito que continha idéias fabulosas ainda não lidas de um genial matemático.

Heiberg publicou a carta de Arquimedes a Eratóstenes, *O método*, em um jornal acadêmico, *Hermes*. Entre 1910 e 1915, ele reeditou completamente os trabalhos de Arquimedes para acrescentar suas leituras do Palimpsesto. Essa edição é essencialmente baseada em três códices: Códex A (agora perdido), que tinha o número 612 na biblioteca do papa em 1311, Códex B (agora perdido), cujo número era 608, e Códex C (agora encontrado), que é o Palimpsesto de Arquimedes.

Essas publicações revelam o trabalho de um extraordinário estudioso, mas também de um homem limitado por uma série de fatores. Primeiro, as restrições físicas de um livro de orações amarrado: como veremos, os escribas montaram o manuscrito de tal modo que duas ou três linhas no meio de cada fólio do manuscrito original de Arquimedes ficaram escondidas na junção das margens internas. Nesses lugares, Heiberg simplesmente teve de adivinhar o que estava escrito. Segundo, ele teve que trabalhar com os recursos de seu tempo; ele nem sequer usou a luz ultravioleta, agora procedimento normal para se ler textos quase ilegíveis. Terceiro, ele estava limitado pela estrutura intelectual em que atuava. Heiberg era um filólogo. O filólogo é um amante da língua, não de desenhos. Ele não prestou qualquer atenção aos diagramas do códex. Para a publicação no *Hermes*, ele pediu a um colega matemático chamado Zeuthen para reconstruir os diagramas do texto de Arquimedes. Mas como Reviel se empenhou em me explicar, os matemáticos antigos não pensavam em texto; pensavam em diagramas. O Palimpsesto era a única fonte para os diagramas que Arquimedes desenhara na areia no século III a.C., e nunca haviam sido estudados. Finalmente, o real interesse de Heiberg era somente em Arquimedes. Ele não mencionou que havia outros trabalhos no Palimpsesto, e leu apenas algumas palavras de um deles, mas ficou totalmente indiferente às páginas "palimpsestadas", com exceção das que originalmente pertenceram ao Códex C. Apesar do trabalho do grande Johan Ludwig Heiberg, ainda havia muito a ser aprendido com o Palimpsesto de Arquimedes.

O Palimpsesto, assim, ainda iria requerer muito trabalho, e os especialistas do século XX sabiam disso. Mas não tinham como estudá-lo. O Palimpsesto de Arquimedes havia desaparecido.

Perdido em Paris

Por volta de 1938, todos os manuscritos do Metochion haviam sido transferidos para a Biblioteca Nacional da Grécia, em Atenas, fato que se deu debaixo do nariz das autoridades turcas, que haviam proibido, especificamente, tais exportações. Para os livros foi, sem dúvida, muito mais seguro do que permanecer no Metochion porque a vida nele havia se tornado bem difícil.

No final da Primeira Guerra Mundial, uma presença militar da Inglaterra e da França, em Constantinopla, dava apoio ao sultão de um império turco debilitado — o Velho Homem da Europa. Mustafa Kemal — mais tarde Ataturk — deixou a capital e instigou os nacionalistas turcos a fundar o Estado moderno da Turquia. Em 1923, os aliados e o sultão haviam sido banidos de Constantinopla. No processo, Ataturk também derrotou os gregos, que imprudentemente haviam invadido a Turquia em 1921. Em um exemplo precoce de limpeza étnica, centenas de milhares de gregos que moravam na Turquia foram transferidos à força para a

Grécia. Depois, em 1925, Ataturk aboliu as ordens religiosas e mandou enforcar o patriarca grego de Constantinopla.

Nessa atmosfera é que os livros do Metochion foram levados, de forma sub-reptícia, para Atenas. Não há registros de como isso se deu; mas necessariamente foi na surdina. E esse véu de silêncio que cercou os manuscritos do Metochion, nas décadas de 1920 e 1930, deve ter sido tentador demais para alguns. O Palimpsesto foi apenas um de uma série de manuscritos espetaculares que nunca chegaram a Atenas.

Tais manuscritos encontram-se agora em diversas instituições, incluindo a Universidade de Chicago, o Museu de Arte de Cleveland, a Bibliothèque Nationale, na França, a Universidade Duke e, pasmem, o Museu de Arte Walters. Henry Walters também comprou um — um belo livro *gospel*, hoje Manuscrito W.529. Como o Palimpsesto não tivesse quase nada da beleza desses livros, foi dado um jeito nisso. De maneira bastante notória, o livro é muito diferente do que Heiberg viu. Aquelas quatro páginas, com as pinturas que eu achara encantadoras na primeira vez que o examinei, não estavam lá quando Heiberg o estudou. O catálogo diz:

> Quatro folhas, todas agora destacadas, estão iluminadas com retratos de página inteira, presumivelmente com intenção de representar os evangelistas. Algumas cores parecem estranhamente modernas (…) Nem Heiberg nem Papadopoulos-Kerameus se referem a elas em suas descrições, por isso devem ser relativamente recentes, em uma suposta tentativa equivocada do Metochion para embelezar e aumentar o valor do manuscrito aos olhos de um comprador em potencial. As pinturas foram feitas sobre ambas as escritas, a sobrescrita e a apagada. Todas as quatro folhas haviam sido relacionadas por Heiberg como contendo texto de Arquimedes (…)

Em outras palavras, essas pinturas foram forjadas. Ouro, chumbo, cobre, bário, zinco e toda uma gama de outros elementos foram aplicados sobre o pergaminho que guardava o único texto da carta de Arquimedes para Eratóstenes! Como se já não bastasse o que o escriba do livro de orações fizera para encobri-lo, a pintura de seus gananciosos sucessores só fez piorar o estrago.

O catálogo do leilão meramente informava que o livro saíra do Metochion e acabara em uma coleção particular na França. Contudo, o caso judicial envolvendo o direito de posse do manuscrito impetrado pelo patriarcado grego requeria mais explicações a respeito, e resultou nos documentos que o sr. B me enviou após deixar o Palimpsesto aos meus cuidados. O mais revelador deles é uma declaração juramentada de Robert Guersan, filho de Anne Guersan, que era a dona do manuscrito antes da venda. Ele acreditava que seu avô Marie Louis Sirieix, pai de Anne Guersan, havia comprado o Palimpsesto na década de 1920 e o mantivera em sua casa em Paris.

Sirieix havia servido na Grécia na Primeira Guerra Mundial e viajara pela Grécia e Turquia no começo daquela década. Presumivelmente foi quando pôs as mãos no manuscrito. Depois disso, ele morou em Paris, servindo com distinção na Resistência Francesa durante a Segunda Guerra Mundial, e mudou para o sul da França em 1947. Foi nessa ocasião que deixou o Palimpsesto sob os cuidados da filha, que ficou com seu apartamento. Ele faleceu em 1956.

Na década de 1960, Anne Guersan começou a examinar o livro que herdara. Procurou aconselhar-se com o professor Bollack, um vizinho em Paris, e com o professor Wasserstein, em Leicester. Por volta de 1970, o mais tardar, quando deixou algumas folhas tiradas do códex com o padre Joseph Paramelle no Institut du Recherché et d'Histoire des Textes (Instituto de Pesquisa e de História dos Textos), do Centro Nacional da Pesquisa Científica, em Paris, ela sabia o que possuía. Em 1971, ela o levou ao Établissement Mallet (Estabelecimento Mallet) "para remover manchas de fungos de algumas de suas páginas e preservar seu estado". A partir de então se empenhou em vendê-lo. Na década de 1970, foi produzida uma pequena brochura e discretamente oferecida à venda particular a vários indivíduos e instituições. Ninguém quis. Anne Guersan finalmente procurou Felix de Marez Oyens, do Departamento de Manuscritos da Christie's.

O Palimpsesto chegou à minha mesa em 19 de janeiro de 1999, antes que as questões legais levantadas à época de sua venda estivessem resolvidas. Enquanto John Dean e eu estávamos em nossa empreitada pelo

Mediterrâneo, a Christie's e o patriarcado ainda estavam debatendo em juízo. Divertimo-nos mais do que eles. Eles não divergiam quanto aos fatos. Mediante interpretação da lei, a juíza Kimba Wood decidiu a favor da Christie's. Segundo a lei francesa, que ela julgou aplicável no caso, uma vez que Anne Guersan possuíra o códex de maneira pública, pacífica, contínua e inequívoca por trinta anos, ela tinha o direito de vendê-lo. O ônus da prova cabia ao advogado do patriarcado, que deveria demonstrar que a posse não se dava em tais circunstâncias, mas o advogado não apresentou nenhuma. A juíza Wood também observou que, tivesse sido considerada a aplicação da lei de Nova York, ainda assim ela decidiria a favor da Christie's, mas sob um outro princípio — da perda de prazo por negligência. Geralmente, esse princípio se aplica quando fica claro que o advogado, sem justificativa, demorou para iniciar uma ação e o acusado foi injustamente prejudicado pela demora. A consideração da juíza deve ter sido que entrar com a ação somente na noite anterior ao leilão foi uma negligência absurda. O caso foi finalmente encerrado na quarta-feira, 18 de agosto, ocasião em que a exposição já estava aberta no Walters.

Eu havia aprendido muito em cinco meses. Claro que havia muitos buracos em minha história. Mas eu sabia o suficiente para considerá-la trágica. Eu não sabia o nome do cretino que havia apagado o texto de Arquimedes, nem quando, onde e por que o fizera. Ainda assim, tinha o suficiente para uma mostra, e poderia dar a ela um final feliz, prometendo que os textos apagados seriam revelados apesar de tudo o que havia acontecido ao manuscrito. "Eureca: O Palimpsesto de Arquimedes" foi aberta no domingo, 20 de junho de 1999, e viajou para o Field Museum em Chicago alguns meses depois. O Palimpsesto ficou aberto em um fólio em que os visitantes pudessem ter uma vaga visualização do diagrama que acompanhava a proposição 1 da carta de Arquimedes a Eratóstenes.

A exposição começou com o filme de John Dean que conta uma estranha história: as idéias surgem na cabeça de um homem que vive em um triângulo no meio do Mediterrâneo, no século III a.C. Essas idéias estão preservadas até hoje exclusivamente em um manuscrito escrito em Constantinopla duzentos anos mais tarde. Elas sobreviveram à ascensão e queda de impérios, ao saqueamento de cidades e às diversas mudanças na técnica da escrita. E muito embora essas idéias tenham sido raspadas e sobrescritas, elas ainda estão lá. Foi uma jornada assombrosa. A carta começa: "Arquimedes para Eratóstenes, Saudações", exatamente no topo do fólio 46r, coluna 2 do Códex C, e tão-somente lá. É um deleite ver a decoração que marca o início da carta e o nome Arquimedes bem claramente, antes de a coluna ser suprimida pelo texto do livro de orações.

FIGURA 5.2 *O começo de* O método

6
O método de Arquimedes, 1999
ou A Construção da Ciência

Eu lá estava eu, em junho de 1999. Que sensação foi ver o Palimpsesto aberto no primeiro diagrama de *O método*! Quanto sonhei em ver esse diagrama. O fato de estar parcialmente oculto, desaparecendo na junção das margens internas, conferia-lhe ainda mais mistério. Observei a expressão boquiaberta dos visitantes ao se aproximarem dessa página de aparência modesta, conscientes de que estavam olhando para a única prova existente da mais importante realização de Arquimedes.

O método sobrevive apenas no Palimpsesto — não há nenhum traço dele em qualquer outro manuscrito grego, em versão arábica ou em tradução latina. Em todo o mundo só o Palimpsesto é testemunha desse feito — ímpar não somente entre os trabalhos arquimedianos, mas também entre tudo o que foi produzido por outros matemáticos antes do século XVI. Voltando a junho de 1999, já sabíamos — graças à transcrição de Heiberg — que nele Arquimedes aproximou-se muito do cálculo moderno. Também sabíamos que Arquimedes chegou muito perto de revelar seu método, juntando física e matemática. São essas as duas chaves para a ciência de Arquimedes: o cálculo, isto é, a matemática do infinito, e a aplicação da matemática na física. Matemática, infinito, física: esse tripé está todo presente em *O método*. Veremos como, acompanhando duas grandes provas matemáticas.

A primeira prova, um exemplo da aplicação da matemática ao mundo físico, é a descoberta de Arquimedes do centro de gravidade de um triângulo. O resultado é obtido fora de *O método*, mas é crucial para entender como ele funciona. A segunda prova é um exemplo da tripla combinação: matemática, física e infinito. Trata-se da primeira proposição de *O método*, em que Arquimedes encontra a área de um segmento parabólico, o que nos leva ao máximo de sua realização, juntando ao longo do caminho as ferramentas necessárias para a construção da ciência moderna.

O Centro da Gravidade

A primeira ferramenta demandada pela ciência moderna é um minúsculo ponto de significância extrema. É o centro de gravidade. Não há ciência sem ele.

Coloquemo-nos no lugar de um físico — digamos no de Newton. Desejamos estudar os movimentos de corpos celestiais sob a influência da gravidade. Há um problema fundamental: estrelas e luas são corpos enormes; possuem *estrutura*. Consideremos isso no seguinte exemplo: o lado escuro da Lua está mais distante da Terra do que seu lado claro, por isso a gravidade da Terra age com menos força sobre o lado escuro (devido a distância). Se quisermos ser precisos, podemos dizer que há uma pequena diferença de gravidade atuando sobre cada ponto da Lua. Existem infinitos pontos na Terra, cada um exercendo gravidade, de maneira ligeiramente diferente, sobre os infinitos pontos da Lua. Quantas seriam as combinações de gravidade? Infinitas vezes o infinito. O problema tem a complexidade de multiplicar infinito por infinito!

Ainda assim Newton foi capaz de calcular as gravidades. Ele lidou com os movimentos de corpos celestiais na suposição de que cada um deles atuasse como um *único ponto*. Na física newtoniana, em muitos casos, a Terra é um único ponto, a Lua é um único ponto. Existe somente um ponto — a Terra — exercendo gravidade sobre somente um ponto — a Lua. Tais pontos são *os centros de gravidade*. Ou seja, buscamos o ponto que é a "média" do peso ou gravidade da Terra e o ponto que é a "média" do peso ou gravidade da Lua, e então tratamos a Terra e a Lua como se estivessem concentradas nesses únicos pontos. Pode ser provado matematicamente que, na maioria dos cálculos, uma vez que encontremos o centro de gravidade, podemos fazer cálculos com um único ponto

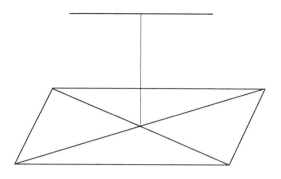

FIGURA 6.1 *Um paralelogramo pendurado*

em vez de com o objeto inteiro. Não pode haver física sem o centro de gravidade. E essa invenção, uma vez mais, é de Arquimedes.

A idéia do "centro de gravidade" é mais bem entendida com um objeto bidimensional, plano. Tomemos como exemplo um círculo. Desejamos equilibrá-lo, pendurando-o no teto para que permaneça estável. Onde amarramos o fio? Esse é o mais fácil dos casos: é óbvio que o amarramos no *centro do círculo*. Em qualquer outro ponto, fora do centro geométrico, o círculo desabaria. Para mantê-lo estático, deve ser pendurado precisamente de seu centro geométrico. Neste caso mais fácil, então, o centro geométrico e o centro de gravidade coincidem.

Um quadrado também se mantém estável se pendurado por um fio amarrado exatamente em seu centro. O mesmo é verdadeiro para todos os paralelogramos, como uma pequena reflexão mostrará. Tome-se o ponto em que duas diagonais se encontram e teremos o centro de gravidade de um paralelogramo (ver fig. 6.1). A questão, porém, torna-se verdadeiramente difícil se considerarmos objetos mais complexos. A chave para todos eles é o triângulo. O triângulo já não tem um centro óbvio, como o têm o círculo, o quadrado e mesmo um paralelogramo. Mas, se encontrarmos o centro de gravidade de um triângulo, conseguirem encontrar os centros de gravidade de todos os outros objetos retilíneos. Como já foi visto, todos os objetos retilíneos podem ser medidos se forem divididos em triângulos. Para encontrar o centro de gravidade de qualquer objeto retilíneo, portanto, precisamos primeiro decifrar o problema de achar o centro de gravidade de um triângulo. O resto será uma decorrência.

A chave, então, para a ciência dos centros de gravidade é a seguinte: cortamos um triângulo de papel e o penduramos do teto. Como fazê-lo de forma que permaneça parado? Como tratar essa questão? Como avançar na ciência dos centros de gravidade?

A essa altura talvez você queira realizar um experimento, cortando diversos triângulos e pendurando-os de vários pontos no teto para tentar descobrir em qual fica o centro de gravidade. Tal abordagem faz sentido; afinal de contas, não dá para dizer como as coisas funcionam sem verificá-las por conta própria. Não é sua mente que determina como o mundo físico deve se comportar, daí não dá para desvendar o comportamento de objetos pendurados do teto pela simples imaginação. A ciência trata de prova concreta, não de mera especulação.

Mas não é bem assim: a maior parte do tempo a ciência *não passa* de mera especulação. Arquimedes inventa o conceito de centro de gravidade, e então o descobre sem jamais ter realizado um experimento, tudo é elaborado *em sua cabeça.*

Vamos analisar o processo de achar o centro de gravidade de um triângulo. Vale a pena fazê-lo em detalhe: veremos assim a mente de Arquimedes em ação. Tomemos a proposição 13, já avançada, de seu livro *Do equilíbrio dos planos.*

PRIMEIRA PROVA: COMO EQUILIBRAR UM
TRIÂNGULO, OU A MENTE SOBRE A MATÉRIA

Como o leitor deve se lembrar, a linguagem que Arquimedes usa em sua ciência é econômica. Por essa razão também é muito difícil de se ler, tanto no original grego como em tradução. Por isso, tentarei explicar com minhas próprias palavras, ainda que procurando acompanhar de maneira fiel a própria linha do pensamento de Arquimedes, como ele equilibrou um triângulo; o que envolveu, como de costume, algumas reviravoltas.

Na figura 6.2-1, consideremos o triângulo ABC, que vamos no final equilibrar. Localizaremos o centro de gravidade — o ponto em que

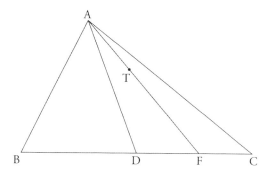

FIGURA 6.2-1

ataremos um fio para fazê-lo permanecer estável. A linha BC é dividida em duas na D (isto é, BD = DC). Assim, a linha AD é o que se chama a mediana no triângulo. Arquimedes vai provar que O CENTRO DE GRAVIDADE DE UM TRIÂNGULO DEVE CAIR EM ALGUM PONTO SOBRE A LINHA MEDIANA. Isto ainda não significa achar o ponto exato, apenas a linha onde ele se encontra. Tenha paciência com Arquimedes: a geometria requer paciência.

Primeiramente, utilizando lógica: vamos supor o oposto do que desejamos provar. Vamos, portanto, imaginar que o centro de gravidade *não* caia na linha AD. Em outras palavras, vamos assumir que o centro de gravidade caia em uma outra linha, como a AF. Assumimos, então, que o centro de gravidade seja o ponto T que cai sobre a linha AF. Tal suposição nos levará a um absurdo e, portanto, saberemos que estávamos errados, isto é, que o centro cai mesmo na linha mediana. Como já visto anteriormente, essa é uma técnica de lógica adorada por Arquimedes, conhecida como "prova indireta".

Assim, inicialmente, assumimos que o centro de gravidade não cai sobre a linha AD, mas sobre algum outro ponto, T.

Apresentamos agora (ver fig. 6.2-2) um outro complexo elemento de engenhosidade geométrica. Acrescentamos os pontos E e Z. E divide a linha AB em duas (de modo que AE = EB); Z divide a linha AC em duas (de modo que AZ = ZC). Ligamos os três pontos D, E, Z. Temos assim, dentro do grande triângulo original ABC, quatro pequenos triângulos.

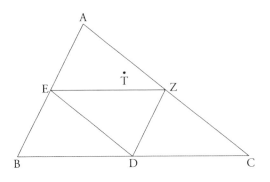

FIGURA 6.2-2

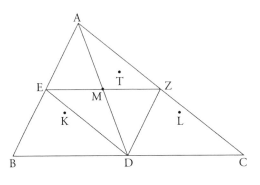

FIGURA 6.2-3

Se você fosse um matemático grego, não teria dificuldade de provar este fato interessante: TODOS OS QUATRO PEQUENOS TRIÂNGULOS SÃO SEMELHANTES AO GRANDE E SÃO IGUAIS ENTRE SI. Ora, triângulos semelhantes são idênticos uns aos outros em tudo exceto no tamanho. Lembre que assumimos que T é o centro de gravidade no triângulo grande. Os centros de gravidade dos triângulos menores, portanto, devem estar situados de maneira semelhante. Vamos traçar esses centros de gravidade em dois dos triângulos menores. Passemos então à figura 6.2-3.

Os centros de gravidade nos triângulos menores serão os pontos L e K — sendo L o centro de gravidade no triângulo inferior direito e K o do triângulo inferior esquerdo. E quanto aos outros dois pequenos triângulos remanescentes? Eles, de fato, considerados juntos, constituem um paralelogramo; assim, simples considerações de simetria mostram que

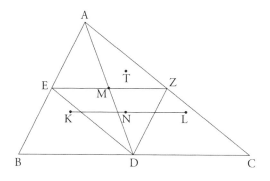

FIGURA 6.2-4

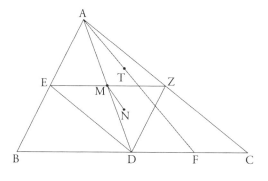

FIGURA 6.2-5

seu centro de gravidade combinado deve se situar no ponto em que os dois diâmetros do paralelogramo se encontram — o ponto M.

Vamos unir agora a linha KL (ver fig. 6.2-4). Se considerarmos os dois triângulos pequenos — o inferior direito e o inferior esquerdo — como um único objeto geométrico, fica claro onde seu centro de gravidade combinado deve se situar, ou seja, na linha que liga seus respectivos centros de gravidade, isto é, exatamente no meio da linha KL. Vamos chamar esse ponto de N.

Estamos prontos para concluir nossa prova agora (ver fig. 6.2-5). Ligamos as linhas AT, MN. M passa a ser o centro de gravidade de dois dos triângulos e N, o dos dois remanescentes. O centro de gravidade combinado de todos os quatro triângulos — ou seja, o centro de gravidade do triângulo grande —, deve, portanto, cair exatamente no meio da linha

MN. Nesse diagrama, podemos ver claramente que não é onde se situa o ponto T, mas na realidade esse não seria um bom argumento a seguir, e seria um exemplo clássico de por que não se pode confiar demais em diagramas. A questão é a seguinte: como sabemos que o ponto T não pode nunca se situar na linha MN?

Eis a razão. Dado qualquer triângulo, para que o ponto T se situe na linha MN, as duas linhas MN e AF deveriam cruzar em algum ponto (deve haver intersecção no ponto T!).

E elas não cruzam. Seria fácil para Arquimedes demonstrar que *as linhas AT, MN devem ser sempre paralelas.* Portanto *não podem nunca se cruzar.* Propusemos que o ponto T se situasse na linha MN e dessa maneira *fizemos com que duas linhas paralelas se cruzassem*! — o que deve conter erro. Onde quer que eu situe meu ponto inicial T, se for sobre uma linha como a AF que não é a linha mediana AD, sempre incorrerei no mesmo absurdo de duas linhas paralelas precisarem se cruzar. Sei, assim, que a verdadeira posição do centro de gravidade de qualquer triângulo é em sua linha mediana.

Em qualquer triângulo há, naturalmente, não apenas uma, mas três linhas medianas. Está provado que quando desenhamos todas as três linhas medianas para um triângulo — qualquer que seja — elas se encontram exatamente em um ponto. Na figura 6.2-6, podemos constatar isso no triângulo ABC, seus lados divididos pelas linhas medianas AD, BZ, CE. Todas as três linhas se encontram no ponto X, que se situa em uma posição definida de maneira exata: um terço ao longo da linha mediana. DX está a um terço de AD, ZX a um terço de BZ, EX a um terço de EC. E é nesse ponto que deve se situar o centro de gravidade.

Assim, Arquimedes poderia nos sugerir o seguinte experimento. Pegue um triângulo de papel. Desenhe uma linha mediana. Localize o ponto situado a um terço da linha mediana. Amarre um fio nesse ponto e o pendure do teto. O triângulo permanecerá fixo e estável. Como Arquimedes sabia isso? Ah, muito fácil, explicaria Arquimedes. Isso se dá porque linhas, divididas em duas, dão origem a quatro triângulos iguais e semelhantes. Isso ocorre porque uma dada linha é paralela a outra. Por causa da geometria. Siga a lógica e você mesmo comprovará. Incrédulos, descartamos a idéia, mas Arquimedes estava certo.

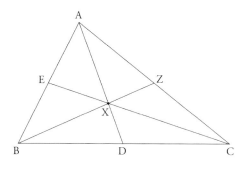

FIGURA 6.2-6

Os frutos de mera imaginação, os quais à primeira vista não têm absolutamente nada a ver uns com os outros ou com o mundo físico, se juntam — e antes que você se dê conta disso, essa mera especulação envolve o universo físico e o força a se comportar de determinada maneira. Enfatizando: não foi preciso quaisquer experimentos para fazer essa descoberta. A mente domina a matéria — porque, em última análise, até a matéria bruta deve seguir uma lógica.

É mais ou menos como o mágico que nos conta — sem ver — o conteúdo de nossas carteiras. Arquimedes nos contou — sem ver — como o mundo deve se comportar, onde deve estar o equilíbrio do triângulo.

Vamos um pouco além. Começamos em Siracusa no terceiro século a.C., e o máximo que conseguimos foi pendurar um triângulo do teto. Prosseguindo, porém, nessa linha ao longo do tempo, chegaremos finalmente ao século XX, quando o homem conseguiu explodir uma bomba atômica e lançar um foguete à Lua. Fazendo o percurso inverso, o princípio é o mesmo: o homem aplica seu poder de raciocínio ao universo, e o universo deve seguir uma lógica. Esse foi o princípio descoberto por Arquimedes. É a ciência em ação.

A Lei do Equilíbrio

Complementando, há ainda um outro passe de mágica. Seguindo a mágica da mente-sobre-a-matéria, da matemática pura descobrindo um fato físico, há um outro passe de mágica, não menos espetacular: a matéria-sobre-a-mente, a física descobrindo um fato matemático. É do que trata *O método*. Muitos historiadores da matemática consideram esse o mais extraordinário feito de Arquimedes. Além do aspecto física-sobre-a-matemática, também introduz o infinito de maneira intrigante, estranha. É o que veremos nas próximas páginas.

Mas precisamos de ferramentas para fazê-lo. A primeira já temos: o centro de gravidade do triângulo. A segunda é um outro fato físico, provado matematicamente por Arquimedes no tratado *Do equilíbrio dos planos*. É a denominada Lei do Equilíbrio na Balança, já mencionada anteriormente. Ela pode igualmente ser chamada de Lei da Alavanca: embora essas duas máquinas façam coisas diferentes, elas funcionam exatamente pela mesma regra matemática. Arquimedes confia na balança para suas medições em *O método*; mas tinha igual familiaridade com a alavanca, expressando sua lei de forma muito sucinta na famosa frase: "Dê-me um ponto de apoio e eu moverei a Terra." Isto é, "Dê-me uma alavanca suficientemente longa, e eu conseguirei mover qualquer objeto que seja." Por que isso? Devido ao princípio da proporção. Deixe-me explicar melhor, primeiro com uma balança.

Tomemos dois objetos quaisquer, colocando-os na balança. Em um braço da balança está o Objeto Um, que pesa, digamos, dez quilos; no outro, o Objeto Dois, cujo peso é, digamos, dois quilos. As balanças são do tipo móvel, assim é possível fazer com que cada objeto fique mais próximo ou mais distante do fulcro. A questão é em que distâncias os objetos se equilibram. E a resposta é: a razão dos pesos é de 5:1, e, portanto, a razão das distâncias deve ser recíproca, isto é, 1:5; a distância do objeto mais leve deve ser cinco vezes a distância do objeto mais pesado — e então eles estarão em equilíbrio. A regra é: os pesos se equilibram quando são recíprocos a suas distâncias.

Se, em vez de uma balança, tivermos uma alavanca, o mesmo princípio ainda se aplica: o objeto que estiver cinco vezes mais distante é capaz de equilibrar perfeitamente um objeto cinco vezes mais pesado. Coloque-o ainda mais distante, e o objeto mais leve até moverá o objeto mais pesado. Tudo isso foi provado por Arquimedes em *Do equilíbrio*

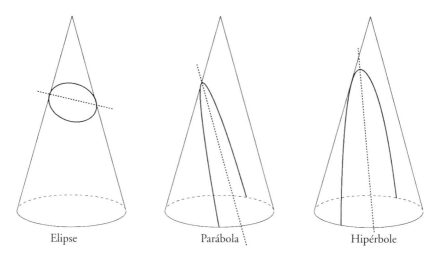

FIGURA 6.3 *As três seções cônicas. O cone é cortado de três maneiras, resultando em uma elipse — se for cortado de ambos os lados; parábola — se for cortado paralelo a um lado; hipérbole — se for cortado com afastamento de um dos lados*

dos planos, naturalmente usando de pura imaginação: do âmbito de sua mente, Arquimedes moveu a Terra.

Repito então: (a) o centro de gravidade de um triângulo fica na linha mediana, a um terço dela; (b) os objetos se equilibram quando suas distâncias são recíprocas a seus pesos. Esses são dois fatos referentes ao mundo físico. Com a ajuda deles, mediremos a área de um segmento de uma parábola — isto é, novamente, acharemos como uma figura curva é igual a uma retilínea (já vimos como Arquimedes obteve esse resultado de uma maneira; em O *método* ele o obtém de outra, ainda mais espetacular) — o que por si só é bastante surpreendente: quem imaginaria que triângulos e balanças teriam algo a ver com parábolas?

A Parábola

A mera noção de um segmento parabólico é muito abstrata. As parábolas pertencem à família das curvas inventadas por matemáticos gregos em um ato de pura fantasia geométrica, não tendo significância física mental.

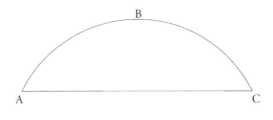

FIGURA 6.4-1

Tomamos a superfície de um cone e o cortamos com um plano. Dependendo de como o secionarmos, poderemos obter hipérboles, parábolas ou elipses (ver fig. 6.3). Círculos, quadrados e triângulos fazem sentido para nós porque de algum modo, em nosso dia-a-dia, nos deparamos com eles. O mesmo não acontece com hipérboles, parábolas e elipses. Seu interesse advém principalmente do fato de que — como se constatou — há toda uma variedade de interessantes proporções geométricas que resultam de combinações de seções cônicas.

Na melhor consideração, seções cônicas são brinquedos inventados por geômetras para auxiliar em seus jogos geométricos. Retorno sempre à ironia da matemática-sobre-a-física, de como a pura imaginação acabou dominando o universo físico, sendo a seguinte uma das mais notáveis ironias: as seções cônicas, que foram inventadas como brinquedos geométricos, resultaram nas curvas que definem o movimento no espaço. Elétrons em órbita ao redor do núcleo de um átomo, um foguete lançado à Lua, uma pedra atirada por uma catapulta — todos esses movimentos obedecem a curvas de seções cônicas. Esse estudo é, pois, uma das mais importantes rotas para a ciência moderna.

SEGUNDA PROVA: A ÁREA DE UM SEGMENTO
PARABÓLICO, OU MATÉRIA-SOBRE-A-MENTE

Prosseguimos nessa rota, concentrando-nos na área do segmento parabólico (ver fig. 6.4-1). Entendemos por "segmento parabólico" a área interceptada entre uma parábola e uma linha reta que a cruza, como ABC (ABC é a parábola; AC é a linha reta). Note, é claro, que o segmento parabólico é um objeto curvilíneo. Esse é o grande mistério que constante-

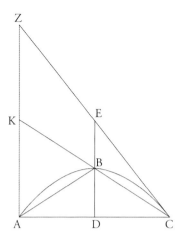

FIGURA 6.4-2

mente instigava a mente de Arquimedes: como medir objetos curvilíneos; como reduzi-los a objetos retilíneos. Logo veremos.

Passo à figura seguinte (fig. 6.4-2) e observo alguns aspectos. Primeiro, cada parábola possui um eixo de simetria. Neste caso, é a linha BD, em torno da qual a parábola é "a mesma", à direita e à esquerda.

Para explicar os próximos aspectos, precisamos agora acrescentar alguns outros elementos. Desenhamos uma tangente ao segmento parabólico no ponto C, a linha CZ. Desenhamos uma linha paralela ao eixo, passando pelo ponto A, a linha AZ. Observe que a tangente e a paralela se encontram no ponto Z. Isto feito, teremos inscrito o segmento parabólico dentro de um triângulo: o segmento ABC está inscrito no triângulo AZC. Prolongo também a linha DB até o ponto E, e a linha CB até o ponto K.

Uma série interessante de relações geométricas depende agora, em última análise, do fato de que o eixo corta exatamente o meio da parábola (assim como em algumas outras propriedades dela). São elas:

- O ponto K está exatamente no meio da linha AZ.
- O ponto B está exatamente no meio da linha DE.
- O triângulo AKC tem exatamente a metade da área do triângulo AZC.

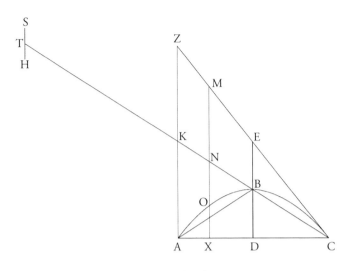

FIGURA 6.4-3

- O ponto B está exatamente no meio da linha KC.
- O triângulo ABC tem exatamente a metade da área do triângulo AKC.

Juntando tudo, o exposto acima significa, entre outras coisas, que:

- O triângulo grande AZC tem quatro vezes a área do triângulo pequeno ABC.

De certa forma, é como a divisão de um triângulo em triângulos menores vista na prova anterior, e será usada por Arquimedes mais adiante.

Preciso agora mencionar um dos fatos engraçados sobre parábolas. Desenhamos uma linha paralela ao eixo da parábola BD (ver fig. 6.4-3) — qualquer linha; há infinitamente muitas dessas paralelas, e tomamos uma aleatoriamente, digamos a linha MX. Assim MX é paralela a BD. Aqui está então o fato engraçado (o qual, como é típico, adquire a forma de uma proporção):

- A linha MX está para sua menor seção OX assim como a base do diâmetro AC está para sua menor seção AX.

Aos versados em álgebra, isso pode ser expresso simbolicamente como: (MX:OX::AC:AX).

Voltamos então à linha escolhida aleatoriamente, MX. Acrescentamos mais alguns detalhes ao diagrama. Primeiro estendemos a linha de C, passando por B, e indo adiante. Ela corta a linha MX no ponto N, e corta a linha ZA (como já vimos) no ponto K. Nós a estendemos adiante até o ponto T, assim KT fica igual a KC, ou seja, para que o ponto K se situe exatamente no meio da linha TC.

Fazemos então algo muito pouco ortodoxo. Demorará um pouco para entender por que o fizemos. Pegamos o segmento OX, e, em nossas mentes, o transportamos para uma nova posição SH, para que seu ponto médio seja agora T, situando-se no final da linha KC estendida. Esse é, então, um experimento mental: imaginamos um pedaço de linha geométrica transposto. Isso já é sensacional, porque assim Arquimedes moveu um objeto geométrico — tratando-o como se fosse físico, um pedaço de madeira que pode ser levado de um lado para o outro.

Observo agora algumas conseqüências. Em primeiro lugar, recordo-me da proporção original, aquele resultado engraçado para parábolas:

- MX está para OX, assim como AC está para AX.

Segundo, como as linhas MX e ZA são paralelas (foi assim que construímos a linha MX), a relação está preservada:

- AC está para AX, assim como KC está para KN.

As razões são "as mesmas", bastando movimentar-se nas linhas paralelas. Combine as duas acima, e poderá imediatamente constatar (eliminando-se o termo do meio, como estava) que:

- MX está para OX, assim como KC está para KN.

A linha paralela tomada aleatoriamente, MX, está para sua seção menor, OX, não somente como a base AC está para sua seção menor AX; ela está também como KC está para KN.

Além disso, lembre-se de que K é o exato ponto médio de TC, ou TK = KC. Assim, o que for verdadeiro para KC também o será para TK. Portanto, deve ser verdadeiro que:

- MX está para OX, assim como TK está para KN.

A linha paralela tomada aleatoriamente MX, em relação a sua menor seção OX, tem a mesma razão de TK para KN.

(Note o que conseguiu Arquimedes. Suas razões até aqui estavam todas "empacotadas", com uma linha relacionando-se a seu próprio segmento. Essa razão final de TK para KN, entretanto, desfaz o pacote, transformando a relação em uma entre dois segmentos de linha independentes tocando somente um ponto. Esse dado será útil mais adiante.)

Finalmente, podemos introduzir uma outra consideração. O que quer que seja verdadeiro para OX deve também ser verdadeiro para SH. Afinal de contas, foi esse nosso experimento mental original: transpor OX para que se torne SH. Os dois são idênticos. Observamos acima que a linha paralela tomada aleatoriamente, MX, em relação a sua seção menor, OX, tem a mesma razão de TK para KN.

Troco agora OX por SH — uma vez que os dois são idênticos — para dizer o seguinte:

- MX está para SH, assim como TK está para KN.

A linha paralela tomada aleatoriamente, MX, em relação a sua seção menor — agora em SH — é a mesma que TK para KN.

Esta última proporção é a que buscávamos. O mágico está quase realizando seu truque. Já nos envolvemos em um experimento mental, imaginando a linha OX como uma linha física, transportada para ocupar a posição SH. Vamos agora fazer um outro experimento mental, ainda mais radical. Ninguém havia proposto qualquer coisa remotamente semelhante a isso antes de Arquimedes.

O que propomos agora é imaginar que as linhas MX e SH estejam nos braços de uma balança, com seu fulcro em K. Vamos tratá-las então como objetos físicos que têm pesos — que refletirão os comprimentos desses objetos. As duas linhas também têm centros de gravidade, localizados, é óbvio, exatamente em seus centros — isto é, em N e T, respectivamente.

Veja o que fizemos: acabamos de considerar objetos geométricos como se fossem físicos. Repito: ninguém jamais o fez antes de Arquimedes. Da mesma maneira que inventou o tratamento matemático da física, ele também inventou o tratamento físico da matemática pura.

Lembre-se do resultado anterior: "MX está para SH, assim como TK está para KN." Qual é então a razão do peso entre MX e SH? É a razão de seus comprimentos — a razão da linha MX para a linha SH. Como vimos, ela é a mesma que a razão da linha TK para a linha KN — ou seja, a razão das linhas é reciprocamente a mesma que a razão de suas distâncias do fulcro.

Aplique a Lei da Balança e chegue à bela observação feita por Arquimedes: as duas linhas MX, SH se equilibram, tendo K como seu fulcro.

Incrível? Prepare-se: passamos agora a um outro experimento mental, ainda mais incrível. Revigorado pelo truque, o mágico está pronto para mais um.

A linha aleatória MX equilibra exatamente sua seção menor OX ao redor do fulcro K, quando o segmento menor é transposto para que seu centro se torne T. Mas escolhemos a linha MX aleatoriamente. Não importa qual seja a outra linha paralela que escolhamos, o mesmo continuará verdadeiro. As razões mudarão, mas permanecerão respectivamente proporcionais.

Em outras palavras,

Cada linha paralela dentro do triângulo AZC equilibra sua respectiva seção a partir do segmento parabólico ABC (posicionado em T), em torno do fulcro K.

Se concordar com esse postulado, deve concordar com o seguinte:

Todas as linhas paralelas, dentro do triângulo AZC, tomadas juntas, equilibram todas as suas seções a partir do segmento parabólico (posicionado em T) tomadas juntas, em torno do fulcro K.

Ou, ainda melhor:

O triângulo AZC equilibra o segmento parabólico ABC (posicionado em T), ao redor do fulcro K.

De que outra maneira poderia ser? Fatiamos o triângulo e o segmento parabólico, linha paralela a linha paralela, e todas as vezes encontramos o mesmo equilíbrio no mesmo fulcro. Assim, ao tomarmos o triângulo e o segmento parabólico inteiros, eles devem obedecer à mesma lei de equilíbrio: do mesmo modo que o fizeram cada par de suas fatias, o triângulo e o segmento parabólico inteiros devem estar em equilíbrio exatamente no mesmo fulcro.

Repito: o triângulo como um todo equilibra a parábola como um todo, tendo K como fulcro.

Sabemos onde está o centro de gravidade do segmento parabólico transposto: no ponto T. Afinal, este é o nosso experimento mental: linha paralela a linha paralela, transpusemos o segmento parabólico para que o centro de gravidade de cada linha fosse T; se cada linha, tomada separadamente, tem seu centro de gravidade em T, o mesmo se dará com o todo.

Podemos então dizer: o triângulo, disposto na posição do diagrama, equilibra o segmento parabólico, com o centro de gravidade do segmento parabólico em T e o fulcro em K.

E quanto ao centro de gravidade do triângulo? Bem, trabalhamos muito nessa questão algumas páginas atrás. O centro de gravidade do triângulo está no ponto a um terço ao longo da linha mediana — isto é, no ponto a um terço de KC.

Mas um terço de KC é também um terço de KT — ou seja, a distância do centro de gravidade do triângulo a partir do fulcro K é um terço a distância do centro do peso do segmento parabólico.

O segmento parabólico está três vezes mais distante do fulcro que o triângulo; portanto, o triângulo deve ser três vezes o peso do segmento parabólico; portanto, a área do triângulo deve ser três vezes a área do segmento parabólico.

Podemos tornar esse resultado ainda mais elegante. Considere o triângulo ABC, o qual, como lembramos, é exatamente um quarto do triângulo AZC. Em outras palavras, o segmento parabólico ABC é quatro terços do triângulo ABC.

Colocando de forma mais simples: um segmento parabólico é quatro terços do triângulo nele inscrito.

Este foi um momento de mágica. Imaginando que cada tratado de Arquimedes contenha pelo menos um momento como este, fica fácil perceber a estatura do homem. Em *O método,* cada proposição tem essa magia. Não é para menos que Heiberg se mostrasse tão eufórico em 1906.

Foi complexa a trajetória que nos levou a essa mágica. Valemo-nos do experimento mental, considerando objetos geométricos como se fossem físicos. Obtivemos então um resultado para *pares de fatias,* pares de linhas aleatórias tiradas do triângulo e do segmento parabólico. Passamos depois *ao próprio triângulo* e *ao próprio segmento parabólico* inteiros.

Em outras palavras, tomamos uma proporção envolvendo quatro linhas e a transformamos em uma proporção envolvendo uma infinidade de linhas — toda a infinidade de linhas que constitui o triângulo ou a parábola.

É-nos permitido fazer isso? Essa pergunta, de agora em diante — da época de Arquimedes à nossa — tornou-se a questão central da matemática. *O método,* ao abordar juntamente matemática, física e infinito, levantou as questões mais fundamentais da ciência. Não só antecipou o cálculo de Newton, mas também as dificuldades conceituais desse cálculo.

Quanto sabia Arquimedes sobre o infinito? Até junho de 1999, não poderíamos dizer. E a pergunta que estava na boca de todos era: o que mais encontraremos em *O método* — se é que vamos achar alguma coisa? Precisávamos ver o conteúdo do Palimpsesto e, finalmente, conseguir lê-lo. Mas, em junho de 1999, Abigail ainda não havia desembrulhado o livro. O cérebro ainda estava aprisionado na caixa, enquanto eu, impacientemente, aguardava para libertá-lo.

7
A Via Crítica

Especialistas em conservação não gostam de ser o centro das atenções, mas foi justamente o que fiz com Abigail Quandt: coloquei-a na mira do público, sujeita a seu escrutínio. Quando se trabalha na *Última ceia* de Leonardo, no *David* de Michelângelo ou no único testemunho das idéias de Arquimedes, é melhor que não haja falha alguma. Todos dão palpite sobre o serviço a ser feito, mas somente o conservador pode fazê-lo. E, naquele momento, ninguém tinha idéia dos problemas enfrentados por Abigail. Agora já se tem. A tarefa dela não era somente a via crítica, como o gerente do programa Mike Toth a caracterizou; era também a mais importante e a mais onerosa. Como Reviel, o leitor terá de aguardar um pouco mais até chegar em *O método*. A história de Abigail é a seguinte.

Abigail trabalha com conservação de livros. Mas ela não é uma conservadora de livros normal. A maioria dos conservadores trabalha com livros de papel, muito poucos com manuscritos em pergaminho. Há boas razões para isso. Primeiro, porque no mundo há muito mais livros em papel do que em pergaminho. Segundo, porque, em geral, os livros em papel requerem tratamento de conservação com maior freqüência do que os de pergaminho. Isso se torna ainda mais verdadeiro se os livros forem impressos em papel de má qualidade, com alta acidez. Livros assim estão neste momento literalmente se autodestruindo em bibliotecas ao redor do mundo. Muitos são os conservadores de papel que enfrentam essa batalha. O problema do pergaminho já não é com ácido, e ele é muito mais forte do que o papel. Uma diferença essencial entre o pergaminho e o papel, porém, é que o pergaminho é muito mais sensível a mudanças de temperatura e umidade — ele é pele, afinal de contas. Se você pousar uma folha de pergaminho sobre sua mão suada, ela imediatamente enro-lará. Na realidade, ela tomará a forma que tinha no lombo do animal do qual proveio. Com manuscritos finamente iluminados, como os do Wal-ters, isso pode ter sérias conseqüências. Sob a umidade, os pigmentos nas iluminuras não mudam de forma com os pergaminhos; depois de algum tempo, eles se desprendem. Abigail havia trabalhado em pergaminhos com esse tipo de problema por mais de vinte anos. Era especialista no assunto, e muito pouca gente tem as habilidades dela. Por essa razão ela era praticamente a única qualificada para trabalhar no Palimpsesto.

Normalmente, o melhor a se fazer com um objeto histórico é absolu-tamente nada — como agem os conservadores a maior parte do tempo. Não o toque; proteja e monitore seu ambiente. Afinal de contas, é pouco provável que um códex que sobreviveu por mil anos degenere muito mais se não for manuseado e não estiver sujeito a poluentes ou temperaturas extremas. No passado, mesmo tratamentos bem-intencionados resulta-ram em danos permanentes e perda de importantes evidências históricas. Nos séculos XIX e XX, muitos palimpsestos em especial foram destruí-dos pelo tratamento feito. Especialistas rotineiramente lêem palimpsestos aplicando-lhes química. Em 1919, o romancista inglês e especialista em manuscritos M. R. James escreveu que textos apagados poderiam ser

restaurados com a aplicação (não pintando) sobre ele de bissulfito de amônia, o qual, diferente da antiquada noz-de-galha, não mancha a página. Untada sobre a superfície com um pincel macio, e imediatamente secada com um papel absorvente, faz o registro antigo ressurgir, algumas vezes com espantosa clareza, outras vezes vagarosamente, de forma que as letras só podem ser lidas no dia seguinte. Nem sempre dá certo; é inútil aplicá-la na escrita em vermelho, e seu cheiro é muito forte, mas é a substância de paleógrafos.

Havia ainda outras substâncias. A mais forte era a tintura de Gioberti: aplicação de sucessivas camadas de ácido clorídrico e cianeto de potássio. Desnecessário dizer que o bissulfito de amônia, também, tem um efeito muitíssimo prejudicial no pergaminho. Por trabalhar no século XXI, Abi-gail não poderia aplicar química para revelar o texto do livro do sr. B.

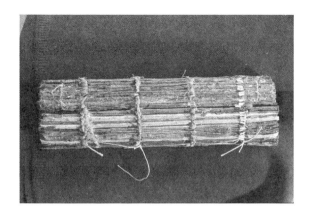

FIGURA 7.1 *A lombada do Palimpsesto*

Havia pouco que ela pudesse fazer para que reaparecesse: esse seria um desafio para os especialistas em imagem.

Mas seria contra a natureza de Abigail não fazer nada pelo Palimpsesto. Apesar de todas as lições da história, o sr. B deu carta branca a ela para realizar uma cirurgia radical no manuscrito. Foi uma decisão corajosa; esperamos que a história confirme ter sido acertada. As razões alegadas na ocasião certamente pareceram excelentes: a única maneira pela qual os especialistas conseguiriam ler o texto de Arquimedes, então escondido na junção do livro, e também os especialistas em imagem conseguiriam obter as imagens científicas necessárias, seria Abigail desmontar todo o manuscrito.

A Via Bloqueada

Na segunda-feira, 3 de abril de 2000, o sr. B, Reviel, Natalie e Mike fizeram uma reunião no Walters. Foi um dia histórico. Abigail ia desencadernar o Palimpsesto. Tudo correu tranqüilamente de início. Um pouco antes da venda, para tornar o livro apresentável, Scot Husby, de Princeton, havia colocado cuidadosamente uma encadernação temporária no códex, para ser facilmente retirada. Abigail rapidamente tirou essa encadernação, deixando desnudo o bloco de texto em pergaminho. Visão deplorável, apesar de Abigail levar algum tempo para tornar claro que era também trágica. E aqui começa a pior parte da história do livro do sr. B — porque se, para Reviel Netz, o Palimpsesto era a única fonte para os diagramas que Arquimedes desenhou na areia, para Abigail Quandt era uma zona de conservação desastrosa.

A lombada do livro estava coberta de cola. Essa era uma prática pós-medieval, que ajudava a proteger a estrutura do códex, mas que obviamente apresentou problemas para que Abigail o desmontasse. Examinando com atenção (ver fig. 7.1), pode-se ver que a lombada parece ter duas cores distintas. A mais escura é cola feita a partir de pele animal, e Abigail conseguiu removê-la com razoável facilidade. Ela corresponde à segunda metade do códex, do fólio 97 em diante. O verdadeiro problema era a cola clara, dos fólios 1 a 96. De acordo com Abigail: "A outra metade do bloco de texto havia sido coberta com um adesivo transparente, provavelmente um tipo de emulsão de acetato de polivinil. Embora esse material se dilate em água e/ou álcool, não há como dissolvê-lo quando seca, formando um filme na superfície de um objeto. As tentativas para removê-lo das dobras da lombada do Palimpsesto mostraram-se extremamente arriscadas, pois a cola era mais forte do que o pergaminho" — em outras palavras, cola especial para madeira. Precisamente aquelas linhas que Heiberg não conseguiu ler por estarem ocultas na lombada atada do códex, estavam agora cobertas e grudadas com cola comercial.

Esse não era o pior problema. Vamos dar uma examinada no único fólio sobrevivente do *Stomachion* (fig. 7.2). Pense nele como um corte transversal do cérebro de um grande homem. Está, literalmente, em pedaços, e grandes partes simplesmente faltam. O que sobrou apresenta uma horrível cor púrpura. Ora, até este ponto, insisti que o pergaminho é resistente. Ele é praticamente feito do mesmo material de que são feitos sapatos. Só há duas maneiras de acabar com sapatos que não seja pelo uso. Uma é serem queimados. Mas o Palimpsesto sobreviveu ao incêndio de St. Sabas. A outra é se forem jogados em um balde de água e depois ficarem expostos ao ar. Logo estarão embolorados. Foi mais ou menos isso que aconteceu com esse fólio e, em graus variados, com todo o Palimpsesto. Se os sapatos molhados receberem cuidados imediatos,

FIGURA 7.2 *O Stomachion de Arquimedes!*

poderão até ser razoavelmente recuperados. Não foi isso que aconteceu com o Palimpsesto. Longe disso. Ele não recebeu qualquer cuidado e o mofo tomou conta. O mofo prolifera comendo o material que ataca. Ele praticamente digeriu o pergaminho, tendo infestado de alguma maneira todos os seus fólios. Geralmente, o lado do pergaminho da parte interna do animal fica em pior estado do que o lado voltado para o exterior, isso porque a pele evoluiu — ou teve um desenho inteligente — para resistir ao ataque de micróbios do meio ambiente. Mas ambas as faces do Palimpsesto estavam com freqüência bastante danificadas. Às vezes o aspecto não era tão ruim, e os fólios pareciam bem fortes. Mas ao me serem mostrados por Abigail sobre uma caixa de luz, o brilho através deles, na contraluz, lembrava estrelas no escuro céu.

Assim, as páginas estavam grudadas umas nas outras, e eram extremamente frágeis. Além disso, quatro estavam pintadas com retratos falsificados de evangelistas. Pior, o falsificador não somente raspou o texto do livro de orações e pintou sobre ele. Ele também "desfigurou" o fólio — fez incisões e tirou lascas dele — para fazer com que a pintura parecesse mais antiga depois de acabada. E quer saber: é sempre tentador incluir pinturas nos manuscritos independentemente do próprio códex. Talvez por isso haja uma bela mancha de ferrugem na parte superior do fólio — Abigail diz que foi feita por um clipe de papel. Não lhe parece bastante formal? Talvez. Então por que não pegar um pedaço de Blu-tack (um tipo de substância aderente azul) e grudá-la no verso como foi feito. Há muito Blu-tack no verso desse fólio. Tente ler através dele. Que jeito de tratar um livro. Qualquer livro. Mas que tragédia ter sido esse livro.

A desencadernação do livro, de que tudo dependia, teve uma parada virtual. O Projeto Arquimedes entrou no que melhor pode ser descrito como um recesso. Reviel retornou a Stanford, Natalie a Cambridge. Foram apagadas as luzes do estúdio, especialmente preparadas para fazer as imagens do livro, e o sr. B foi para casa. Abigail passava os dias apenas olhando para o livro, pensando e documentando. Os dias se tornaram semanas, e as semanas, meses. Eu me esquivava de indagações da imprensa com comentários frugais sobre a importância do livro ou alguma pequena questão sobre conservação. Abigail e eu deixamos de nos falar — o que é sempre um mau sinal. Então ela me pediu o que me pareceu uma quantia exorbitante de dinheiro para empregar seus colegas do Instituto de Conservação Canadense para começar toda uma bateria de testes. Para minha surpresa e certa contrariedade, o sr. B assinou um cheque. Mike Toth enviou-me e-mails sombrios, alertando-me sobre um desvio tão prematuro na programação do projeto e os riscos da pesquisa pura nos afastar de nosso bem definido e restrito objetivo. Nada havia que eu pudesse fazer. No Walters, como em muitos museus americanos, os curadores não podem interferir no trabalho dos conservadores. É, em última análise, uma boa coisa, mas de vez em quando bastante frustrante também. Não me parecia um grande problema, mas paralisou todo o meu processo. Comigo não havia com o que se preocupar. Imagine, porém, com Netz, professor-assistente recém-instalado no Departamento de Clássicos de Stanford, tentando estabilidade no cargo. O manuscrito de que precisava havia quase miraculosamente aparecido. Ele o havia visto, tocado, sabia melhor do que ninguém os segredos nele contidos. Tinha que se contentar agora em implorar para dar meras espiadelas em partes dele. Noel estava sem as folhas; Netz sem sorte.

O mundo estava atento, os especialistas postados para a leitura e os cientistas prontos para fazer as imagens. Todos, porém, aguardavam por Abigail — nem todos com paciência.

As Fotografias de Heiberg

Reviel procurou se ocupar, fuçando sobre o Palimpsesto em cada canto que podia e cavando sua história. Estudou o trabalho de Heiberg repetidas vezes. Leu-o de ponta a ponta. E eis que, na introdução, observou que Heiberg havia dito que tirara fotografias do manuscrito quando estava em Constantinopla. Como o manuscrito mesmo havia sumido nas mãos de particulares na maior parte do século XX, as fotografias seriam de extrema ajuda a quem conseguisse encontrá-las. A questão é que ninguém havia conseguido. Há um vasto arquivo do material Heiberg na Biblioteca Real da Dinamarca, mas, apesar das inúmeras pesquisas, as fotografias não haviam sido encontradas. Reviel, porém, achou que valeria uma nova tentativa, assim mandou um e-mail para uma colega historiadora dinamarquesa de ciência antiga, Karin Tybjerg. Karin persuadiu o encarregado de manuscritos da Biblioteca Real, Erik Petersen, para procurar uma vez mais, e ele teve uma idéia. O arquivo Heiberg havia sido depositado na biblioteca depois da morte dele. Mas e se Heiberg tivesse dado as fotografias à biblioteca *antes* de morrer? Entendendo a importância das fotografias, Heiberg, como um bom humanista, bem poderia ter desejado torná-las acessíveis ao público. Se esse fosse o caso, onde estariam? No meio da coleção de fotografias, naturalmente. E Erik as encontrou. Estão catalogadas como Ms. Photo 38, na Biblioteca Real. Em junho de 2000, Reviel e eu visitamos Copenhague para vê-las. Fomos calorosamente recebidos por Erik, que nos entregou um simples álbum cheio de fotos de um manuscrito. Havia 65 fotos no total, e eram a prova que buscávamos.

As fotografias dão uma clara idéia da aparência do manuscrito em 1906. Comparando a folha do *Stomachion* atual com o estado em que estava naquela ocasião, mal dá para reconhecê-las como sendo o mesmo fólio. A página do *Stomachion* estava inteira em 1906. Agora não passa de um fragmento embolorado. Sem dúvida, alguns fólios do Palimpsesto estão piores do que outros. O trágico é que o estado deles está quase em uma relação inversa à importância dos textos que contêm. Arquimedes teve muito azar: os fólios de *O método* e do *Stomachion* são os que estão em pior estado de todos. Se eu disser que Abigail marcou o estado do fólio de *Stomachion* como "muito pobre", o leitor entenderá que ela é uma mestre em contenção. Esse não é o meu estilo. Digo: o corpo de Arquimedes pode ter sido morto pela espada de um soldado romano no século III a.C., mas o gênio de Arquimedes foi comido pelo bolor mais de dois mil anos depois.

Não havia, é claro, nenhum sinal de falsificações nas fotografias de Heiberg. Na foto do fólio 57r, Heiberg escrevera "M16" — era o décimo sexto fólio de *O método*. Nessa página há agora uma pintura. Um homem calvo de barba branca, usando uma túnica verde, está sentado em uma cadeira, com encosto alto e curvado, seus pés descansam em uma banqueta azul. Na mão direita ele segura uma caneta e, na esquerda, um rolo em que escreve. À frente dele está uma escrivaninha com os instrumentos de seu ofício, e diante dele, à altura dos olhos, sobre um leitoril, o livro do qual está copiando. Ele está sob uma arcada, e toda pintura é emoldurada por uma borda. O fundo é dourado. Não há o menor resquício do texto do livro de orações, quanto mais de escritos de Arquimedes.

As fotografias de Heiberg são uma prova impressionante e inequívoca de que a maior parte do dano causado ao livro ocorreu no século XX, depois de ter sido revelado que ele era a única fonte dos tratados de Arquimedes. Abigail estava empacada com um livro antigo, livro que só recentemente sofrera esses sérios danos. Quem seria o responsável?

As Miniaturas Falsificadas

No começo de março de 1999, dei um pulo até o um tanto acanhado escritório de John Lowden, no último andar do Instituto Courtauld, onde ele é professor de Arte Medieval. Mostrei a ele a fotografia de uma das falsificações. Para meu espanto, ele imediatamente gritou "Clique" e pegou uma publicação que havia escrito sobre um manuscrito existente na Biblioteca da Universidade de Duke, na Carolina do Norte. Esse códex continha quatro retratos de evangelistas muito semelhantes aos do Palimpsesto, e John havia demonstrado de forma conclusiva que eram falsificações modernas.

Ele sugeriu que eu descesse à biblioteca e procurasse uma publicação de Henri Omont, de 1929, a respeito de manuscritos na Bibliothèque Nationale de Paris. Eu imediatamente percebi, como ele previu, que as figuras dos evangelistas no Palimpsesto, assim como as do manuscrito da Duke, haviam sido copiadas de ilustrações desse livro. Não eram cópias exatas; os fundos eram mais simples do que os das pinturas na publicação de Omont. As figuras dos evangelistas, contudo, suas cadeiras e escrivaninhas eram as mesmas. Abigail comprovou que os desenhos eram na realidade traçados na escala de 1:1 da publicação.

Acompanhando o catálogo da Christie's, eu amaldiçoara o escriba do livro de orações, bem como os gananciosos e descuidados monges do Metochion pelo deplorável estado do livro. O códex da Duke também pertencera ao Metochion. Como ambos os livros tivessem pinturas do mesmo falsificador, tive mais do que certeza a quem atribuir a culpa.

Mas eu estava errado. Em maio de 2001, Abigail recebeu um monumental trabalho de pesquisa e conteúdo. O Instituto de Conservação Canadense entregava seu relatório sobre o Palimpsesto de Arquimedes. Leitura impressionante, mas deprimente, e também repleta de informações úteis sobre o estado assustador do livro. Dentre toda uma gama de pigmentos identificados quimicamente nas falsificações, um era especialmente revelador: ftalocianina verde. Tal cor somente se tornou comercialmente disponível na Alemanha, em 1938. Como já foi visto, em 1938 não havia manuscritos no Metochion. De fato, as falsificações foram feitas pelo menos quinze anos depois que Marie Louis Sirieix supostamente teria comprado o códex.

A constatação de que eu entendera completamente errado a história do Palimpsesto me deixou louco da vida e resolvi acertar os ponteiros. Tinha particular interesse em saber quem era o responsável pelo tratamento catastrófico do livro depois de deixar o Metochion. Pareceu-me primeiramente que Marie Louis Sirieix seria o culpado. Mas a história contada por Robert Guersan não entrava em detalhes. Talvez Sirieix nem tivesse sabido que o livro continha as cartas inéditas de Arquimedes; essa informação parece ter sido recobrada por Anne Guersan. Sem documentação mais apurada, seria impossível ter certeza.

A Carta de Willoughby

Em maio de 2006, ao chegar no trabalho encontrei sobre minha mesa, de maneira informal, a cópia de uma carta. Havia sido colocada lá como um presente matutino de meu bom amigo Georgi Parpulov, um especialista búlgaro de manuscritos gregos, dono de um sorriso irônico e uma incrível habilidade para desenterrar das profundezas. Giorgi havia cavado essa carta do acervo de fotografias, o Corpus de Iconografia do Novo Testamento Harold R. Willoughby, na Universidade de Chicago. O cabeçalho mostrava que provinha de um negociante de antiguidades que morava em Paris. Nele se lia: Salomon Guerson, Tapetes Raros, Tapeçarias Antigas, 169 Boulevard Haussmann, Paris, e estava endereçada ao professor Harold R. Willoughby, Universidade de Chicago, Illinois:

10 de fevereiro de 1934

Prezado Professor Willoughby,
Dando prosseguimento à nossa correspondência de 1932, a respeito de um manuscrito que havia lhe mostrado e de um fólio identificado, graças à sua mediação junto ao curador da bibilioteca de Huntington, como sendo o manuscrito de Arquimedes

descrito por J. L. Heiberg, em *Hermes*, vol. 42, página 248, gostaria de informá-lo de que desejo vender esse manuscrito.

Mostrei o manuscrito a M. Omont da Bibliothèque Nationale, assim como à Biblioteca Bodleian, e as ofertas recebidas de ambos me pareceram insuficientes. Ficaria muito agradecido se me fizesse o favor de informar se esse manuscrito seria de seu interesse ou de algum modo me escrevesse sugerindo a quem poderia oferecê-lo com alguma chance de vender. Estou pedindo US$ 6.000.

Na expectativa de receber notícias suas, reitero, prezado professor, meu maior respeito pelo senhor.

S. Guerson

Essa carta deixava evidente que a história do Palimpsesto no século XX precisava ser reescrita: não somente as falsificações foram pintadas depois que o manuscrito deixou o Metochion, mas o manuscrito foi identificado em 1932 como o Palimpsesto, e Sirieix só veio a possuí-lo após 1934. Como ele teria ido de Constantinopla a Paris, e quem seria o responsável pelas falsificações?

Uma Nova História

Para começar, parece bem provável que a primeira viagem do Palimpsesto de Arquimedes aos Estados Unidos ocorreu em 1932, e não em 1998. E a pessoa que primeiro reconheceu do que se tratava, depois de deixar o Metochion, foi o curador da Biblioteca de Huntington em Los Angeles, em 1932. Escrevi à minha colega Mary Robertson, curadora de manuscritos da Biblioteca de Huntington, e embora ela não tivesse conseguido gerar uma prova definitiva, julgou muito provável que o curador em questão tivesse sido o capitão Reginald Berti Haselden. Entre 1931 e 1937, ele havia trocado correspondência com o professor Edgar Goodspeed, do Departamento de Estudos do Novo Testamento, em Chicago, acerca de um material palimpséstico. Ele tinha particular interesse em fotografia ultravioleta e escreveu um livro, em 1935, intitulado *Scientific*

Aids for the Study of Manuscripts (Dispositivos Científicos para o Estudo de Manuscritos), exatamente sua especialidade.

Aparentemente, Haselden só teve a oportunidade de identificar um fólio do manuscrito, e não todo o códex, e esse fólio havia sido transcrito por Heiberg na página 248 de seu artigo em *Hermes*. É o fólio 57. Como Haselden identificou apenas esse fólio é algo misterioso. Talvez tenha visto uma fotografia dessa página apenas. Mas muito possivelmente ela já havia sido separada do manuscrito — como está hoje — e Haselden estudou meramente essa única folha. Seja como for, é mais uma prova, se é que é preciso, de que as falsificações foram acrescentadas depois que Salomon Guerson escreveu sua carta, e, portanto, depois de o livro ter sido identificado como Códex C de Heiberg: o fólio 57 está assim coberto com uma falsificação. Nem mesmo Haselden, com seu interesse em dispositivos científicos, poderia ter identificado o texto de Arquimedes sob a falsificação. As falsificações foram na realidade feitas depois de 1932, e depois de Salomon Guerson ter adquirido o manuscrito.

Mesmo antes de Georgi ter escavado a carta de Willoughby, John Lowden já havia desconfiado de que o negócio dos Guersons estava envolvido na história do Palimpsesto, pois tinha suas próprias muito boas razões para suspeitar de que eram eles de fato os responsáveis pelas falsificações. Ele descobriu que os Guersons possuíam uma folha de um manuscrito bizantino exibido em uma famosa exposição de arte bizantina em Paris, em 1931. A maneira pouco usual como as figuras das falsificações do Palimpsesto estavam emolduradas era exatamente igual à dessa folha. A carta de Willoughby confirmava de forma extraordinária o insight de John. Ela demonstrava que os Guersons não somente possuíam o manuscrito, mas também que haviam conhecido Henri Omont, a partir de cuja publicação haviam sido forjados os evangelistas.

John também fez considerável progresso na avaliação de como o Palimpsesto teria viajado do Metochion a Paris. Salomon Guerson certamente conhecia um dos mais famosos negociantes do século XX, Dikran Kelekian, e poderia perfeitamente ter sido através dele que alguns de seus manuscritos tivessem sido adquiridos. Em 1931, Kelekian possuíra duas miniaturas tiradas do mesmo livro que a de Guerson exposta em Paris naquele mesmo ano. Sabe-se que o manuscrito do qual todas provêm esteve perfeitamente intacto em um convento de Constantinopla até 1922. Em 1931 Kelekian havia inserido suas duas miniaturas em um outro manuscrito ainda, proveniente — adivinhe de onde? — do Metochion. A evidência circunstancial de que o negócio dos Guersons foi o responsável pelas falsificações do manuscrito de Duke, assim como do Palimpsesto de Arquimedes, é convincente.

Mas um pequeno detalhe não bate. Guerson tinha um negócio respeitável e bem-sucedido no Boulevard Haussmann. A carta de Willoughby mostra que Salomon Guerson sabia o que possuía e quanto valia. Seis mil dólares conservadoramente equivale a 70 mil dólares hoje, valor alto para um manuscrito medieval naquela época. A estimativa de Salomon Guerson mostra que ele sabia que o livro era valioso precisamente por conter escritos de Arquimedes. Os canadenses, por seu lado, haviam demonstrado em seu relatório que as falsificações não poderiam ter sido feitas até depois de 1938. Ficamos então com a situação de que eles ficaram presos ao livro por pelo menos sete anos, pacientemente aguardando que alguém se dispusesse a pagar o preço justo por Arquimedes, antes de repentinamente fazer falsificações sobre a carta do matemático a Eratóstenes, após 1938. Salomon Guerson pode ter tratado os manuscritos bizantinos de maneira um tanto inescrupulosa, mas não tinha motivo suficiente para cometer esse crime no caso de Arquimedes. Precisamos achar um.

A Hipótese de Casablanca

Na sexta-feira, 14 de junho de 1940, os alemães entraram em Paris. Vestiam cinza; a norueguesa Ilse Lund vestia azul. O herói da resistência tcheca Victor László passava mal em um vagão de carga na periferia de Paris. O rebelde americano Rick Blaine estava na plataforma de uma estação, na chuva, com uma expressão curiosa no rosto porque a mulher que esperava não havia aparecido. Ele entrou no trem e deixou Paris, juntamente com outros três milhões e meio. Finalmente chega a Casablanca, onde consegue bom lucro em seu Café Américain, freqüentado principalmente por europeus de origem abastada, a maioria dos quais estava vendendo bens de família por uma bagatela para subornar seu caminho à segurança. Esse é o enredo de um filme estrelado por Humphrey Bogart e Ingrid Bergman. Reviel e eu temos um enredo semelhante que relata o que aconteceu com Arquimedes. É tão pobre em fatos quanto o filme e, da mesma maneira, deve ser entendido como ficção. Seu enredo é muito mais sombrio do que *Casablanca*. O resumo é o seguinte:

Na sexta-feira, 14 de junho de 1940, os alemães entraram em Paris. Salomon Guerson e Arquimedes não deixam a cidade, pelo menos não no mesmo dia em que Rick Blaine. Salomon acha que pode se manter em Paris. Quarenta e oito horas depois já não tem tanta certeza: foi ordenado a todos os judeus que se registrassem em uma delegacia de polícia. Ele ainda está em Paris na quarta-feira, 26 de junho, quando Hitler chega. Salomon sente-se grato por Hitler, do Arco do Triunfo, descer pela Champs-Elysées, em vez de subir o Boulevard Haussmann, mas ele pode ouvir o barulho proveniente da rua de sua loja, que pretendia manter fechada o dia todo. Salomon nunca reabriu sua loja. Seu conteúdo foi tomado pelos nazistas. Eles levavam qualquer trabalho artístico de valor para o Jeu de Paume para ser selecionado e depois enviado à terra natal. Salomon vai para um esconderijo com apenas alguns de seus pertences. Um deles é o Palimpsesto. É pequeno, portátil, modesto e, ele imagina, valioso. À medida que o tempo passa, Salomon fica cada vez mais desesperado. Na quarta-feira, 16 de julho de 1942, a polícia de Vichy começa a deportar judeus parisienses, reunindo-os no Velódromo de Inverno. O campo de deportação para onde é mais freqüente serem encaminhados é o de Drancy, de onde, nos dois anos seguintes, 70 mil pessoas, incluindo muitos de seus amigos, são embarcados para Auschwitz e desaparecem. Salomon luta para permanecer vivo. Examina seus bens remanescentes; reluta em se desfazer do Palimpsesto, mas finalmente é preciso. Naturalmente, não conseguiria vendê-lo ele mesmo; se tentasse, o livro seria simplesmente confiscado. Decide dá-lo a um amigo para que o venda em seu nome. Mas não dispõe de muitos amigos agora, e os que ficaram acham que o livro é uma venda difícil, qualquer que seja o preço. Finalmente, Salomon recorre a Marie Louis Sirieix. Espera ter uma boa receptividade: Sirieix é um herói da Resistência e o sobrenome de casada de sua filha, Anne, tem uma extraordinária semelhança com o seu, Guersan. Sirieix mostra-se solidário e até acredita em Salomon quando este lhe diz tratar-se da única chave ao pensamento de Arquimedes. Sirieix alega, porém, que nenhum alemão acreditará tratar-se de Arquimedes e, além do mais, os nazistas não estavam interessados em livros feios e sim em arte. Durante meses os alemães saquearam sistematicamente objetos de arte dos judeus em Paris. Sirieix é um ativista, não um intelectual, e ele assume uma abordagem pragmática de que, se ao menos o livro tivesse pinturas, teria real valor monetário. Na verdade, valeria mais do que ouro.

Salomon Guerson sai com uma semente plantada. A tela escurece por um momento e volta, uns dias mais tarde, com Salomon retornando a Sirieix. Ele diz não ter notado antes que há várias pinturas no livro. Sirieix desconfia, mas é generoso. Está mais impressionado com o próprio Salomon, e concorda em comprar o livro. A carta em pergaminho de Arquimedes para Eratóstenes se torna a carta de alforria de Salomon, e agora está recoberta de pinturas. Ele consegue escapar com sucesso de Paris; Sirieix volta a lutar contra os alemães, confiante na vitória final. Ele nunca teve particular interesse no Palimpsesto e o esconde em seu porão úmido. Os créditos correm tendo como pano de fundo o Palimpsesto sendo lentamente possuído pela poeira e consumido por um mofo púrpura.

Um Apelo ao Leitor

Abigail tem agora os dados de que precisa para começar a trabalhar. Já dispunha de toda a documentação do Instituto de Conservação Canadense, havia retomado suas próprias pesquisas e teve também a ajuda de outras pessoas. Está claro que, ao se dar conta do livro que havia herdado,

Anne Guersan tomou providências para recuperá-lo, o que só deve ter contribuído para agravar ainda mais os problemas que Abigail enfrentaria. A cola de PVAC que vedava as páginas do Palimpsesto foi de amplo uso nas lombadas de manuscritos nos anos 60 e 70. Esse talvez seja um outro exemplo de como alguém, na tentativa de fazer o melhor por um livro, piora o problema. Parece também que as falsificações foram objeto de especial atenção; alguém se incumbiu de mantê-las separadamente e montou-as com Blu-tack, produto que somente foi lançado no mercado em 1970.

Havia, porém, várias folhas nas quais Abigail não poderia trabalhar. Eram justamente as que eu havia notado que faltavam logo que o sr. B me deixou o livro. Faziam parte do códex quando Heiberg o examinou e até mesmo as fotografou. Abigail encontrara traços de pigmento nos fólios que faziam face com esses fólios agora perdidos. Dava para se presumir que o falsificador também os havia pintado. Certamente algumas das falsificações foram vendidas e podem bem estar decorando as paredes de apartamentos em Paris, na Alemanha ou, até mais provável, nos Estados Unidos. Fique atento, leitor. Se as vir, vire-as. Se contiverem dois textos no verso, um mais fraco do que o outro, por favor me avise. São valiosas, mas não pela pintura. Lembre-se: valor se traduz em dinheiro. Entre em contato comigo pelo www.archimedespalimpsest.org.

Terapia Intensiva

Se o cuidado exigido pelo livro do sr. B dá agora a impressão de um trabalho assombroso, consegui então dar uma idéia da magnitude da tarefa a ser enfrentada por Abigail Quandt e seus colegas no laboratório de conservação de livros e papéis do Walters. Todos os aspectos das características materiais do códex foram investigados. O Instituto de Conservação Canadense tirou uma microscópica amostra de um fólio que continha texto de Arquimedes. A análise dessa amostra só reforçou o fato de que o colágeno estava se quebrando e o texto do palimpsesto era extremamente tênue — uma mera mancha no pergaminho. Antes de qualquer trabalho em um fólio, foi feito um mapeamento codificado por cores para reportar suas condições — os rasgos, os pingos de parafina, as manchas de bolor, de ferrugem, a Blu-tack. O manuscrito foi também totalmente fotografado. Cada bifólio do livro de orações teve um relatório por escrito sobre suas condições, tratamento proposto e registro do tratamento. Se os relatórios de tratamento estivessem avaliando o estado de prisioneiros, seria desejável que os detentores do poder estivessem em Haia; se as propostas de tratamento fossem para pacientes hospitalizados, esses pacientes teriam de estar na unidade de terapia intensiva. E terapia intensiva foi exatamente o que receberam os fólios. À medida que desenvolvia seu trabalho, Abigail guardava tudo. Até esta data, há uma caixa de fragmentos cuidadosamente ensacados. Cada saco é rotulado, informando de que fólio do livro de orações provêm os pedaços de fios, cola, parafina, pigmentos, partículas de papel. Minúsculos consertos foram feitos na miríade de rasgos do pergaminho, para que não houvesse o risco de algum pedacinho se soltar durante o processo de imagem.

Foi somente no sábado, 8 de novembro de 2003, que Abigail começou a tratar do início da carta de Arquimedes a Eratóstenes. Eu editei seu registro de tratamento, que talvez não seja uma grande leitura, mas demonstra a intensidade de seu trabalho na única cópia sobrevivente da carta.

Naquele sábado, Abigail separou a carta do bifólio em que estava. Ela levou todo o dia para fazê-lo porque os dois bifólios haviam sido grudados com PVAC. Ela removeu da margem os detritos soltos. No dia seguinte, domingo, soltou o pergaminho da lombada, escovando-o delicadamente com uma mistura de isopropanol e água. Depois, superpondo uma folha transparente, ela fez cópia de ambos os lados do bifólio, mostrando as áreas danificadas e as que haviam sido obscurecidas com cola e pintura. Essa tarefa levou duas horas. Dentre outras coisas que Abigail documentou nessa cópia uma foi a existência de um reforço de papel na lombada, colada com PVAC, que encobriu o texto de Arquimedes. Abigail também localizou nela diversos pequenos fragmentos de pergaminho e um pequeno acúmulo de tinta púrpura.

A conclusão dela foi que uma das falsificações fora em alguma ocasião colada ao livro junto a essa folha. Abigail fotografou então o bifólio inteiramente. Aplicou depois mais isopropanol e água para reforçar o papel. Após 15 minutos, começou a retirá-lo. No final do dia, já o havia removido completamente. A segunda-feira foi um dia de recuperação, não para Abigail, mas para o bifólio. Na terça-feira, 11 de novembro, Dia dos Veteranos de Guerra, ela examinou o outro lado. Em volta da lombada havia material arenoso, fibras coloridas e brancas, um resíduo negro, talvez de cola animal, e partículas de um branco cristalino que ela imaginou poderia ser de sílica gel, colocada ali possivelmente em 1971 pelo Etablissement Mallet quando tentavam deter o mofo. Ela também observou ainda mais bolhas de PVAC no bifólio. Começou limpando o material adesivo e o acúmulo de resíduos da lombada. A própria dobra estava muito ondulada e amarfanhada. Abigail tentou alisá-la. Todos os resíduos removidos naquele dia foram guardados. Ela só voltou a trabalhar no bifólio novamente na segunda-feira, 6 de novembro. Na lombada, em volta da quarta costura, o texto de Arquimedes estava encoberto porque o pergaminho estava rasgado e amassado, e uma aba solta dele estava grudada com PVC e fibras de papel branco. Repetidas aplicações de etanol e água soltaram essa aba, que foi realinhada. Foi feita então a secagem da área sob pressão. No dia seguinte, Abigail começou a trabalhar em várias abas do pergaminho enroladas em uma área do bifólio seriamente degradada e perfurada. Ela aplicou minúsculas porções de etanol, as abas começaram gradualmente a ceder e Abigail recolocou-as de volta no lugar. A área foi então secada sob pressão. Nesse mesmo dia, ela também trabalhou em áreas do pergaminho dobradas no canto da folha, reforçando-as com papel japonês. Abigail nunca tentou remover a parafina dessa folha, que era muito frágil. Depois de prepará-la inteiramente para reprodução de imagem, ela enviou uma amostra do PVAC para análise ao Instituto de Conservação Canadense.

Todos os demais fólios do manuscrito mereceram o mesmo cuidado. Mostro-lhe um atípico e espetacular exemplo. Abigail consertou a margem de um dos fólios de Arquimedes. Nele uma aba do pergaminho estava amassada e quebrada, e precisava ser desdobrada para que se pudesse ler o texto. Abigail executou uma verdadeira cirurgia cerebral aquela

FIGURA 7.3 *Um trecho do Palimpsesto, antes e depois do tratamento, e em luz ultravioleta. Observe que Reviel fez um círculo em "kuklos" (círculo)*

manhã. Mais tarde naquele dia, tiramos fotografia ultravioleta do fólio e a enviamos como um anexo jpeg para Reviel Netz. Abaixo está o e-mail recebido dele.

De: Reviel Netz
Enviada: Dom. 15/04/2001 10h14
Para: "William Noel"

Caro Will,
Segue anexa sua recente fotografia de AQ, fantástica. Circulado está o próprio óbvio símbolo para a palavra grega Kuklos, que significa "círculo". Pela primeira vez vejo este símbolo na tradição de manuscritos arquimedianos, determinante para elucidar as relações entre braços da tradição, assim como, é claro, o curso da história do simbolismo matemático. Parabéns a AQ.

Em seu entusiasmo, Reviel na realidade estava enganado; Heiberg havia notado os kuklos. Por sorte Reviel somente me revelou isso muito mais tarde. Felizmente. Foi um daqueles dias em que nosso estado de espírito se anima, e tais dias são raros e preciosos. Isso porque, honestamente, preparar as folhas de Arquimedes para reprodução de imagem foi um pesadelo que parecia não acabar.

A maior parte do trabalho de Abigail foi feita sob o microscópio, e hoje não é visível a olho nu. O flash de uma máquina fotográfica e um algoritmo inteligente, como veremos, conseguem transformar uma página. Um insight brilhante de especialista consegue transformar nossa compreensão de Arquimedes. Mas Abigail e seus colegas sempre souberam que não era disso que seu trabalho tratava. Com exceção do observador muito minucioso, a não ser pelo fato de estarem agora desmontados, os fólios do Palimpsesto, depois do tratamento de Abigail, não tinham aparência muito diferente da que tinham antes de ela começar a trabalhar neles.

Eu havia esperado de início ver uma mudança impressionante nas páginas falsificadas. De fato, desejava que Abigail raspasse e acabasse com as falsificações. Nem todos, porém, tinham essa mesma visão. John Lowden, por exemplo, considerava que elas eram uma parte importante da história do códex. O que para mim não passava de mero grafite sem importância que encobria os escritos de um gênio, para John era como um registro das atitudes do século XX para o passado bizantino. Abigail compartilhava dessa visão. E trouxe à baila mais duas observações. Primeiro, que, se tentasse tirar as imagens, ela bem poderia destruir o texto de Arquimedes sob elas. Segundo, mesmo que não tivéssemos agora a tecnologia para ler através das falsificações, tal tecnologia poderia vir a existir no futuro. Poderíamos esperar. Afinal, Heiberg havia esperado: ele não havia desmontado o códex, nem o pintara com a tintura de Gioberti. Deve ter ficado bastante tentado, mas, para o bem do códex, não o fez. Finalmente, entendi o ponto de Abigail. Mais importante ainda, o sr. B também entendeu.

E foi, verdadeiramente, na sala de emergência que a maré do projeto, de maneira quase imperceptível, mudou. Foi graças ao paciente trabalho de Abigail que os triunfos posteriores do projeto foram construídos. Pois ela usou todos os meios necessários para realizá-lo. Ela desmontou a bendita coisa, começando em 3 de abril de 2000. Os últimos fólios foram desmantelados na terça-feira, 4 de novembro de 2004. Em média, levou quinze dias para um fólio palimpséstico ser separado do livro de orações. Após prepará-los da melhor maneira possível, os fólios foram colocados em tapetes especialmente preparados para que os cientistas pudessem digitalizá-los.

Descobertas

Naturalmente, os especialistas não esperaram até que os cientistas tivessem feito as imagens desses fólios. Na opinião deles, se estavam em boas condições para serem fotografados, estavam em boas condições para que tentassem lê-los. Assim que Abigail começou a desmontar as folhas, Natalie, Reviel e John Lowden vieram para estudá-las.

A primeira descoberta aconteceu em 3 de abril de 2000. No mesmo dia em que Abigail desmontou o livro, Reviel e Natalie já estavam examinando partes do Palimpsesto com lâmpadas ultravioleta. Eles sentaram-se lado a lado trocando idéias. Compreensivelmente, o primeiro fólio foi rapidamente o objeto de sua mira. Eu já havia explicado que essa página estava em péssimas condições. Mas ao examiná-la sob o ultravioleta, Reviel julgou ver a letra do escriba de Arquimedes. Comentou o fato com Natalie, que também estudou a folha. "É mesmo", disse ela. Eles tinham acabado de descobrir uma nova página do Códex C. A primeiríssima página do códex continha texto de *Corpos flutuantes* em grego que Heiberg simplesmente não havia notado. No primeiro dia da desmontagem, no primeiro dia de leitura e na primeira página do códex, descobríramos toda uma nova página de *Corpos flutuantes* em grego. Foi um importante triunfo para o projeto.

Aos poucos tornou-se claro que Heiberg não chegara a conhecer o manuscrito tão bem quanto se pensava. Isso ficou ainda mais claro quando Reviel e eu fomos ver as fotografias feitas por ele. Eram 65 ao todo e continham observações feitas por Heiberg, que identificou fólios com texto de Arquimedes no decorrer do trabalho. Evidentemente, todas as fotos eram de fólios que continham texto de Arquimedes. Pudemos entender a maneira como ele trabalhou. Ele rotulou os fólios que continham *O método* de "M", o *Stomachion* de "St", e os demais foram classificados usando como referência uma própria edição anterior sua, publicada por ele em 1880. Eram, entretanto, somente 65 fotografias. Dessas, 38 eram aberturas; as demais, fólios únicos. Heiberg somente tinha fotografias de 103 frentes e versos de fólios de um códex que continha, na época, 354.

Uma fotografia em particular chamou a atenção de Reviel. Era a do lado direito de uma abertura. Notei, porém, que ele não estava examinando esse fólio, estava, isso sim, analisando o pequeno pedaço do fólio anterior, no lado esquerdo da abertura original, que casualmente fora incluído na fotografia. Continha meras três linhas do texto de Arquimedes. Reviel examinou e reexaminou. "É de *Corpos flutuantes*", disse. Ele soube instantaneamente que estava lendo uma seção de *Corpos flutuantes* em grego, e pela primeira vez. Heiberg havia ignorado o fólio à esquerda: não tirara uma foto dele e nem o transcrevera. Vendo as fotografias agora, era de admirar a habilidade de Heiberg: é extremamente difícil ler o texto de Arquimedes a partir das fotografias, e ele havia conseguido. Contudo, havia seções inteiras de *O método* e *Corpos flutuantes* que ele não fotografara e que deixara de ler.

O melhor dia desse difícil período, para Abigail e para mim, foi o sábado 13 de abril de 2002. John Lowden estava em Baltimore para examinar o Palimpsesto. Como eu sabia que ele tinha um vôo para Londres marcado para as 15h, desci até o laboratório de conservação por volta do meio-dia para ver como as coisas estavam indo. Ele tirou a cabeça de uma cortina preta para me dizer que o Palimpsesto havia sido presenteado a uma igreja 773 anos antes... exatamente. Com a ajuda de uma lâmpada ultravioleta, John havia examinado o primeiro de todos os fólios do Palimpsesto. O primeiro fólio de qualquer códex é normalmente o que está em pior estado em relação aos que o seguem, mas o primeiro fólio do Palimpsesto estava em frangalhos. Insetos na realidade não gostam de fólios de pergaminho, preferem as capas de madeira que os encadernam; mas não tiveram um bom senso de direção. O primeiro fólio do Palimpsesto estava repleto de furos feitos por eles. Também, duas polegadas do lado externo do fólio apresentavam manchas muito escuras causadas pela oleosidade do couro de uma encadernação antiga. John deu uma nova examinada. Na margem inferior, bem na área manchada, ele havia descoberto uma anotação, tecnicamente denominada cólofon. Não conseguiu decifrá-la completamente, mas estava claro que o livro de orações havia sido dado pelo escriba a uma igreja em 14 de abril de 6737. Isso se deu, porém, na contagem de tempo ortodoxa grega. No século XIII, o cálculo não era feito a partir do nascimento de Cristo, mas da origem do mundo. Como todos sabemos, o mundo foi formado em 1º de setembro de 5509 a.C. Para se obter a data moderna de 14 de abril de 6737, deve-se portanto subtrair 5.508, e o resultado é 14 de abril de 1229. Setecentos e setenta e três anos mais tarde, ficamos sabendo quando o Palimpsesto foi feito.

Reflexões

À medida que se desenrolou essa história, um filme sobre a história do Palimpsesto de Arquimedes começou a se formar em minha mente, divergindo do que eu anteriormente havia contado. Os papéis dos que participaram da história do livro me pareciam agora bastante diferentes. Comecei a me questionar sobre a condenação precipitada que fiz do escriba que apagara o texto de Arquimedes, a repensar minha descrição de São Sabas como o túmulo de Arquimedes e a me envergonhar de caluniar os monges do Metochion. Foi devido aos monges do Metochion terem seus manuscritos documentados que os textos de Arquimedes foram redescobertos; São Sabas seria mais bem caracterizado como um lar seguro para Arquimedes do que como um túmulo. Se o preço para a segurança foi o disfarce cristão providenciado pelo escriba do livro de orações, esse foi um preço que valeu a pena pagar. E se foi o amor à matemática que assegurou a sobrevivência da carta de Arquimedes a Eratóstenes pelos primeiros mil anos, foi o amor de Deus que assegurou sua sobrevivência até o século XX.

O escriba foi o salvador inconsciente de Arquimedes e não seu inimigo. O Palimpsesto foi criação da religião, não sua vítima. Foi a vítima, mas, de duas guerras mundiais e do mercado de arte. Foi o estrago feito no século XX que levou muitos a acreditar que o Palimpsesto era agora uma relíquia acabada de pouco interesse para pesquisa. Reviel estava convencido de que essa suposição era falsa e os progressos que fizemos somente aumentaram sua insistência para que tivesse permissão para ver o livro. Tão logo umas poucas folhas foram desmontadas, ele providenciou uma viagem a Baltimore com seu amigo Ken Saito. Eles viriam no primeiro fim de semana de janeiro de 2001, no sexto e no sétimo. Seria a hora da verdade. Será que Reviel e Ken realmente conseguiriam extrair do livro mais texto de Arquimedes do que Heiberg? Toda vez que eu falava com a imprensa, dizia "Sim"; toda vez que via o lamentável estado dos fólios, pensava "Não". No final, pouco importava o que eu dissesse, ou pensasse. O que importava era que o livro teria uma chance e que Reviel estava chegando da Califórnia para dar um parecer.

8

O método de Arquimedes, 2001
ou Infinito Desvendado

O ano 2000 chegava ao fim. O Palimpsesto estava disponível para pesquisa há quase dois anos, mas ainda havia muito pouco a mostrar desse trabalho. Eu retornara à minha tradicional rotina de trabalho na biblioteca: consultava o manuscrito, segurando uma lupa em uma das mãos e uma lâmpada UV na outra, examinando-o atentamente, letra por letra. Eu me via fazendo só isso — lenta e penosamente repassando o manuscrito, embora, para ser sincero, não estivesse certo de que desse jeito conseguiria ler muito mais do que Heiberg lera. Não seria tudo uma perda de tempo?

Will insistia que estabelecêssemos prioridades. Somente umas poucas páginas poderiam estar disponíveis para minha próxima viagem, em janeiro de 2001; quais eram então as que eu realmente gostaria de ter? — apenas algumas eram de *O método* e dessas somente uma tinha uma considerável lacuna deixada pela própria transcrição de Heiberg.

Solicitei, portanto, que o bifólio 105-110 estivesse pronto para nossa visita. Não estaria sozinho: um visitante me acompanharia, um turista ou, mais precisamente, um peregrino. Agora que o Palimpsesto se encontrava em Baltimore, era assim que os historiadores de matemática considerariam uma viagem até lá — como uma peregrinação. Sabia que Ken valorizaria a experiência e, além disso, gosto de conversar com ele. Quem sabe talvez até conseguíssemos descobrir alguma coisa sobre Arquimedes.

O professor Ken Saito leciona na Universidade de Osaka e é um dos melhores historiadores de matemática em atividade hoje. Sempre o admirei pelo seu estudo inicial sobre a maneira como os resultados de Euclides foram usados na teoria das seções cônicas. Ele é um mestre da lógica da matemática grega: ao ler um texto, ele vê precisamente de onde provém e onde chega. Se pudesse contar com alguém para trabalhar comigo no Palimpsesto, ele era a pessoa certa.

Saito primeiramente veio me visitar em Stanford. Era a primeira vinda dele aos Estados Unidos e eu imaginei que gostaria de assistir a minha aula de grego avançado. Passei para meus alunos uma tradução de Euclides e Arquimedes — em Stanford, a maioria de nossos alunos de língua grega lida facilmente com matemática; aproveitei então para exibir esses alunos. Também passamos um dia em São Francisco, de que Ken gostou bastante, embora ache que ele não via a hora de finalmente viajar para Baltimore.

Tínhamos um longo vôo pela frente — haveria tempo suficiente para nos preparar para nossa visita. Durante o vôo, Ken e eu discutimos algumas questões permanentes da história da matemática. Até que ponto Arquimedes antecipou o cálculo? Quanto sabia ele sobre as dificuldades conceituais?

Em linhas gerais, é a seguinte a história da matemática conhecida até janeiro de 2001. Foi dos gregos a invenção da matemática como uma ciência precisa, rigorosa. Eles evitavam paradoxos e erros. Ao fazê-lo, evitavam também a armadilha do infinito. A ciência deles era baseada em números que pudessem ser tão grandes ou pequenos quanto desejassem, mas nunca *infinitamente* grandes ou pequenos. Números que sejam tão grandes ou pequenos quanto se desejar são conhecidos como "potencialmente infinitos", em vez de realmente infinitos. Os gregos não usavam o infinito real.

Na revolução científica dos séculos XVI e XVII, cientistas como Galileu e Newton trouxeram para a matemática novas técnicas ao introduzir o infinito real. Eles introduziram magnitudes que eram de fato infinitamente pequenas ou infinitamente grandes, o que possibilitou grandes e importantes avanços. Havia, entretanto, um preço a pagar: com o infinito surgiram os paradoxos e erros. A matemática tornou-se mais poderosa, mas menos precisa.

No século XIX, os matemáticos construíram novas técnicas para lidar com o infinito. Gradualmente, evoluiu-se para uma nova matemática em que o infinito foi, por assim dizer, domado: tornou-se possível lidar com ele sem paradoxos ou erros. A precisão da matemática grega foi reconquistada em um novo patamar — já era possível usar o infinito como uma ferramenta de matemática precisa. Tal conquista permitiu uma grande explosão de descobertas matemáticas — e, portanto, de descobertas científicas nos séculos XIX e XX.

Em poucas palavras então: os gregos tinham precisão sem infinito. A revolução científica tinha infinito sem precisão. A ciência moderna, desde o século XIX, tem ambos, precisão *e* infinito.

Qual era o infinito potencial usado por Arquimedes? Relembrando o diálogo imaginário. Arquimedes preenche um objeto curvo de modo que uma certa área fique do lado de fora, uma área maior do que um grão de areia. Chega um crítico e diz que ainda há uma diferença do tamanho de um grão de areia. "Tem certeza?", indaga Arquimedes. "Muito bem então, vou aplicar meu mecanismo sucessivamente várias vezes mais"; a área deixada de fora é então menor do que um grão de areia. "Espere aí", diz o crítico, "a área que ficou de fora ainda é maior do que a espessura de um fio de cabelo." Arquimedes continua a aplicar seu mecanismo — e repete, e repete a operação, tornando sempre menor a diferença do que qualquer magnitude proposta pelo crítico. Esse diálogo continua *indefinidamente*. Isso é o *infinito potencial*.

Vamos ver um outro exemplo. Primeiro considere um conjunto de números inteiros usando somente o princípio do infinito potencial. Depois diga que, para cada número inteiro, não importa quão grande seja, podemos pensar em outro maior do que ele. Esse é um outro diálogo imaginário, um tipo de leilão: você diz um milhão, eu digo dois; você diz um bilhão; eu digo um trilhão. Os lances não têm fim. Mas ninguém tem permissão de propor o próprio infinito; tal número não é permitido.

Contudo podemos introduzir o infinito real. Suponha que alguém entre e diga: "Tenho um número que é ainda maior do que todos os números que vocês mencionaram. É o número de todos os números inteiros. Ele diz quantos números inteiros existem." O leilão termina com uma martelada: é encerrado com o infinito real.

Evidentemente, há mais números inteiros do que um milhão, um bilhão ou um trilhão. O número de todos os números inteiros é infinito. E ele dá origem a todos os paradoxos do infinito.

Suponha, por exemplo, que você queira comparar o número de números inteiros ao número de números pares. Podemos colocá-los lado a lado, em duas fileiras.

1	2	3	4	5	...
2	4	6	8	10	...

Para cada número da fileira de cima, há um número na fileira de baixo (seu dobro). A fileira de baixo não se esgota nunca. Para cada número inteiro há um número par e vice-versa. O número de números inteiros é o mesmo que o número de números pares. No caso de números inteiros e pares, verificamos que eles são do mesmo tamanho, embora haja — claramente, em algum sentido — duas vezes mais números inteiros do que números pares. No infinito, os conceitos de "normal" desmoronam: uma coleção pode ser igual à sua metade. E por isso não podemos contar com regras comuns de adição e soma. O infinito dá origem a paradoxos demais, razão por que é uma ferramenta tão difícil de se trabalhar.

No século XIX, os matemáticos descobriram as técnicas para calcular com infinito. (O principal insight veio dos diálogos imaginários de Arquimedes.) Os gregos nunca deram esse passo (que é grande). Tinham conjuntos que eram "tão grandes quanto se desejasse", mas nunca conjuntos que fossem realmente infinitos.

Mesmo em *O método* — como pensávamos até janeiro de 2001 — Arquimedes não havia quebrado essa regra. Ele brincava, perigosamente, com infinito. Mas não falava do "conjunto de todas as linhas paralelas no triângulo". Tudo o que dizia era que, como cada linha paralela equilibrava sua seção correlacionada com determinado fulcro, assim também o triângulo o faria. Se verdadeiro ou não, dependia das técnicas de somar infinitamente muitos objetos. Mas Arquimedes nunca explicou em que se baseava para sua soma. Mesmo aqui — em seu experimento mais radical — o infinito real foi evitado. Coube a Galileu e Newton revelá-lo.

O Palimpsesto de Arquimedes, como chegou ao Museu de Arte Walters, em 19 de janeiro de 1999.

O Palimpsesto aberto. A página à direita contém o único texto da proposição 14, de *O método* de Arquimedes. Tudo o que se vê é o texto do livro de orações. O recuo da página no canto inferior direito corresponde à axila do animal de que foi feita.

A fortaleza de Eurialus com sua vista para Siracusa, Sicília. Suas defesas permanecem imponentes, mesmo passados mais de 2.200 anos que a cidade foi tomada pelos romanos e Arquimedes assassinado, em 212 a.C.

Construída em 537, Hagia Sophia domina o horizonte de Constantinopla. Parte dela foi projetada por Isidoro de Mileto, responsável por uma edição dos trabalhos de Arquimedes, no século XVI.

(Página ao lado) Um escriba medieval. O retrato de São Lucas foi pintado durante o império bizantino, no século XIII. Ele escreveu em pergaminho com um cálamo. No leitoril a sua frente está o livro do qual copia, escrito em maiúsculas. Sobre a mesa estão as demais ferramentas de seu ofício, e na prateleira, um frasco de tinta.

Constantinopla, atualmente Istambul, vista da Torre Galata, com o Chifre Dourado em primeiro plano e Hagia Sophia ao longe. Foi essa a vista que os cruzados tiveram, em abril de 1204, quando saquearam a cidade.

O Mosteiro de São Sabas, na Terra Santa, local em que o manuscrito de Arquimedes permaneceu, pelo menos, do século XVI ao começo do século XIX.

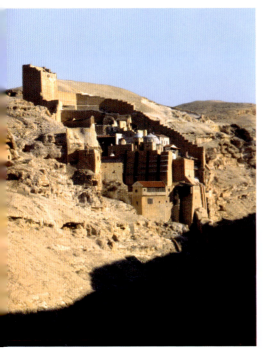

Essa folha foi tirada do Palimpsesto por Constantine Tischendorf, no início dos anos 1840, quando o livro se achava no Metochion do Santo Sepulcro, em Constantinopla. Identificada por Nigel Wilson, em 1968, ela está entre os fólios 2 e 3 do Palimpsesto. Agora encontra-se na Biblioteca da Universidade de Cambridge.

Abigail Quandt, Conservadora-Sênior de Manuscritos e Livros Raros do Museu de Arte Walters. A conservação do Palimpsesto ficou quase inteiramente por sua conta.

Abigail em um procedimento delicado. Aqui ela faz reparos em uma folha danificada do Palimpsesto de Arquimedes.

A desmontagem do Palimpsesto de Arquimedes levou quatro anos. Essa é uma rara foto da execução.

Fotografia de Heiberg do fólio 57r do Palimpsesto de Arquimedes, que contém parte da introdução de *O método*, de Arquimedes.

Uma ilustração, na publicação de H. Omont, de 1929, de manuscritos gregos na Bibliothèque Nationale.

Fólio 57r do Palimpsesto de Arquimedes como está agora. O texto está coberto por uma falsificação, pintada depois de 1938. A imagem do escriba foi traçada em uma escala de um-por-um, a partir da pintura na publicação de Omont.

Imagem em fluorescência de raios X do fólio 57r, tirada no Centro de Aceleração Linear de Stanford (SLAC), para revelar o texto sob a falsificação.

Detalhe do Palimpsesto de Arquimedes antes de ser desmontado.
Observe como a metade inferior da foto contém leves traços de um
diagrama que desaparecem na junção das margens.

(Esquerda) O Palimpsesto em luz normal. É muito difícil discernir qualquer traço sob o texto.
(Direita) Um experimento inicial, essa é uma imagem altamente processada da mesma área. Parece revelar diagramas e texto de Arquimedes. Apesar da aparência, não foi de muita ajuda aos acadêmicos.

Abigail ajeitou uma folha do Palimpsesto para ser fotografada. Bill Christens-Barry, da Equipoise Imaging LLC, a examina com luz de lanterna. Ele pode olhar, mas não pode tocar...

Roger Easton, professor de Ciência da Imagem no Instituto de Tecnologia de Rochester, inspeciona o sistema óptico de imagem.

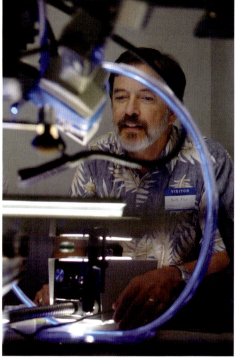

Bill Christens-Barry demonstra o sistema de imagem de banda curta que projetou.

Keith Knox, cientista-chefe da Boeing Corporation, Maui. Foi ele que inventou o algoritmo que possibilitou a revelação de muito do texto. Na foto, está trabalhando em sua função de "luzes".

 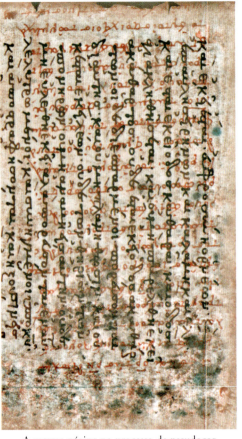

Detalhe do Palimpsesto em luz normal. É difícil ver o texto de Arquimedes.

A mesma página no processo de pseudocor desenvolvido por Keith Knox, combinando uma imagem tirada com luz natural e tirada com luz ultravioleta.

(Na página anterior) A bela luminosidade da fluorescência da luz ultravioleta consegue tornar bonita a aparência do Palimpsesto de Arquimedes. Imagem do diagrama para a proposição 1 de *Linhas Espirais,* de Arquimedes (ver capítulo 4). Ele está obscurecido pelo texto e ornamentação do livro de orações. A mão desenhada na letra inicial de uma das orações parece usar as linhas retas do diagrama como manga.

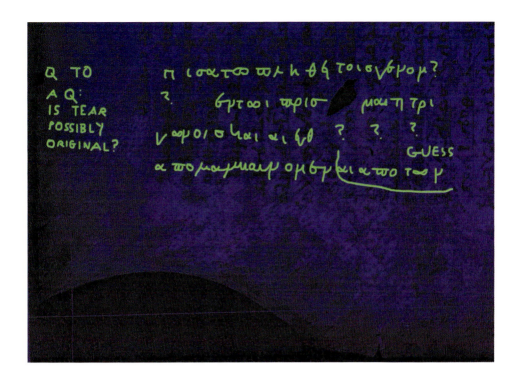

Reviel Netz fez anotações nessa imagem ultravioleta, identificando alguns caracteres e supondo outros. Na margem, Reviel pergunta a Abigail Quandt se o pequeno furo existente no centro do pergaminho era um defeito original da pele ou algo posterior.

Nigel Wilson trabalha a partir de reproduções de imagem impressas, principalmente nos meses de verão, quando a luz é melhor.

Will Noel e Reviel Netz estudam uma folha do Palimpsesto de Arquimedes, no laboratório de conservação do Walters.

Imagem em pseudocor de texto de Hipérides no Palimpsesto. Observe que o texto está escrito em uma coluna, enquanto o texto de Arquimedes está escrito em duas.

Detalhe do terceiro texto exclusivo do manuscrito, um comentário filosófico, em luz natural.

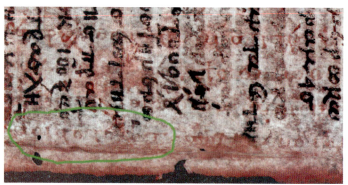

Imagem em pseudocor do mesmo detalhe acima, com a palavra "Aristotle" (Aristóteles) circulada.

Bob Morton, Abigail Quandt e Gene Hall observam, na tela do computador, o surgimento penosamente lento de uma imagem, em raios X EDAX, de uma página falsificada.

Após 15 horas de produção de imagem no EDAX, foi feita uma varredura através do ouro.

Do lado de fora da Linha de Luz 6-2, no Centro de Aceleração Linear de Stanford: Uwe Bergmann, Abigail Quandt, Keith Knox, Mike Toth, Reviel Netz e Will Noel.

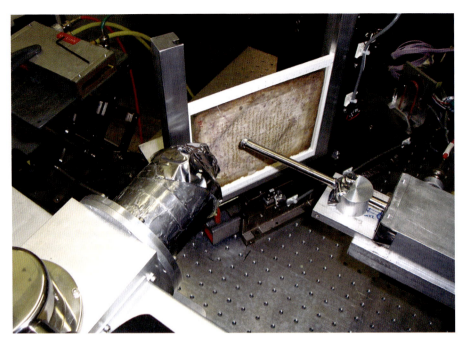

Uma folha do Palimpsesto de Arquimedes sob o feixe de luz, no SLAC. A folha se move na estativa na frente de um feixe de raios X, cujo diâmetro tem a largura de um fio de cabelo. O detector, embrulhado em papel de alumínio, está à esquerda, a 90 graus do feixe.

Uwe Bergmann mostra-se encantado ao ouvir Reviel Netz dizer a Will Noel que conseguiria melhorar a leitura do manuscrito feita por Heiberg com uma imagem reproduzida no SLAC.

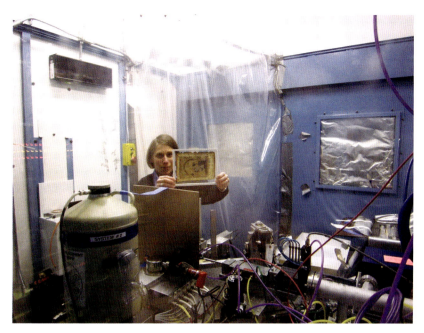

Abigail Quandt insere uma página falsificada no feixe de luz, no SLAC.

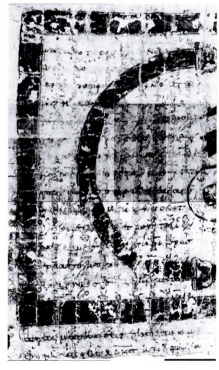

(À esquerda) Uma imagem normal de metade de uma página falsificada.
(À direita) "Mapa em ferro" da mesma página, tirado no SLAC, revelando o texto existente embaixo.

13 de março de 2006 é a data em que o novo texto de *Corpos Flutuantes* foi revelado no SLAC. Reviel voou para a Linha de Luz para brincar com as imagens. Todos ajudaram. Da esquerda para direita: Uwe Bergmann, Abigail Quandt, Keith Knox, Reviel Netz e Roger Easton.

Detalhe do fólio 1v do Palimpsesto, tirado com luz normal.

Um "mapa em ferro" revelando o cólofon do escriba do livro de orações: + [Isto] foi escrito pela mão do presbítero Ioannes Myronas no 14º dia do mês de abril, um sábado, do ano 6737, indicção 2.

Assim prosseguiu nossa conversa. Nos intervalos Ken Saito retornava ao livro que trouxera com ele: uma cópia da edição de Heiberg de *O método* de Arquimedes. A bem da verdade, Saito estava fazendo imersão no texto antigo. Estávamos a ponto de ler uma parte de um texto até aqui desconhecido. Por alguma razão — que ignorávamos — havia uma lacuna na edição de Heiberg. O que Arquimedes poderia ter escrito lá? Para ter certeza de que desvendaríamos o mistério, Saito queria saber tudo sobre o contexto.

A seguir está a estrutura geral de *O método*. Arquimedes começa com uma introdução laudatória a Eratóstenes. "Só um matemático de sua importância poderia fazer um julgamento real sobre meu método." No decorrer de nossa conversa, revelei a Saito uma de minhas teorias favoritas. Não seria típico de Arquimedes, disse, ser *irônico* nessa introdução? Isto é, será que Arquimedes não queria, talvez, desmascarar Eratóstenes? Propus que pensássemos *O método* como um quebra-cabeça enviado a Eratóstenes — com a intenção de derrotá-lo. Ele é, afinal, um texto muito enigmático — não poderia ser assim intencionalmente?

Talvez, concordou Saito, e voltou ao texto.

O método é mesmo um quebra-cabeça. Acompanhamos a primeira proposição com sua notável combinação de física, matemática e infinito. A proposição 1 tem duas propriedades impressionantes: a aplicação de física à matemática e a soma de infinitamente muitas linhas. A mesma combinação é repetida por todas as primeiras treze proposições de *O método*.

Arquimedes promete nessa introdução que, no fim do tratado, ele repetirá as provas para alguns resultados, chegando a eles então de uma maneira "ortodoxa", padrão. A maior parte dessas provas desapareceu quer quando o "palimpsestador" se desfez de partes do manuscrito original, em 1229, quer em alguma outra ocasião, quando algumas orações, por razões que não entendemos, foram cortadas do livro de orações. De qualquer modo, muito do final de *O método* foi perdido. Mas a proposição 15 sobreviveu, e é de fato uma prova ortodoxa, padrão, baseada no diálogo imaginário de: "Acharei para você uma grandeza ainda menor."

A proposição 14 é diferente. Não é nem uma prova ortodoxa, nem é igual às primeiras treze proposições de *O método*. Ela não se baseia na combinação da aplicação da física à matemática, assim como da soma do infinito. Baseia-se, em vez disso, apenas na soma do infinito. Não que as pessoas tivessem prestado muita atenção nela ao longo do século XX. Bastava a proposição 1, que parecia suficientemente enigmática. Por que se preocupar com essa também? — especialmente diante do fato de que ela sobreviveu de forma fragmentada: Heiberg conseguira ler seu começo e fim, mas não o meio. A escrita estava fraca demais. Será que poderia ser lida agora?

Era precisamente para o que Saito estava se preparando. Iríamos examinar o meio da proposição 14, a parte que Heiberg não havia lido. Abigail tinha acabado de liberá-la e os cientistas logo produziriam uma imagem digital.

Esse seria o primeiro teste importante do projeto. Ou faríamos a leitura que Heiberg não conseguira — ou desistiríamos, contentando-nos com a edição de Heiberg. Talvez ele tivesse feito tudo que fosse possível. Seria uma pena em termos da edição em grego (em que cada palavra era relevante). Mas eu tinha dúvidas sobre quanto interesse poderia revelar para a história da matemática. Na verdade, eu julgava poder usar o Palimpsesto para avançar no entendimento da história cognitiva da matemática — analisando questões como a natureza dos diagramas e abreviações, já mencionados; mas em termos das preocupações tradicionais da história da matemática, duvidava que o Palimpsesto pudesse nos ensinar muita coisa nova. Conseguíssemos ou não ler alguma coisa, não haveria grande conseqüência para a história da matemática.

Afinal de contas, as linhas gerais dos princípios de soma de Arquimedes estavam bastante claras a partir das primeiras treze proposições de *O método*. Heiberg não havia lido o meio da proposição 14, mas lera o suficiente de outras proposições para fazer uma suposição bastante clara de como Arquimedes procederia aqui. O objeto dessa prova era claro, do começo ao fim. Arquimedes estava medindo o volume de um corte cilíndrico. Isto é: pegamos um cubo (ver fig. 8.1) e inscrevemos nele um cilindro. Cortamos o cilindro (e o cubo) com um plano oblíquo, passan-

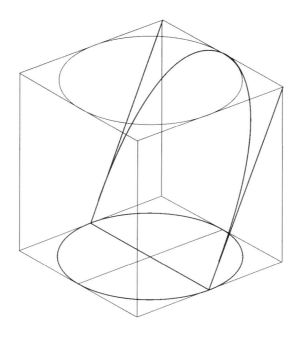

FIGURA 8.1

do pelo meio da base do cubo e uma aresta de sua parte superior. Qual é o volume do cilindro que foi fatiado com esse corte — a parte sombreada da figura 8.2 em formato semelhante a uma unha? Essa figura é muito estranha, emoldurada por uma combinação de um semicírculo, uma semi-elipse e os contornos de uma superfície cilíndrica — que é todo o propósito de Arquimedes: uma figura estranha e de difícil manuseio será medida, de forma bem precisa, em termos de uma figura retilínea. Vamos ver como Heiberg entendeu tal medição. (Os leitores mais inclinados à geometria, por favor, observem que trato agora a figura como um cubo. O próprio Arquimedes aborda o problema nos termos mais gerais de qualquer paralelepípedo, mas ganhamos muito em simplicidade ao considerar o caso do cubo apenas — ficando depois muito fácil de transferir para o caso geral tratado por Arquimedes.)

Mais uma vez então vemos a medição de um objeto curvilíneo. E mais uma vez — como em todo o decorrer de O *método* — Arquimedes usa algum tipo de fatiamento por paralelas. Heiberg conseguiu ler: um

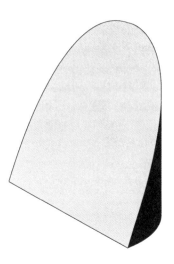

FIGURA 8.2

plano aleatório é desenhado, paralelo à aresta vertical do cubo (ver fig. 8.3). O resultado foram vários cortes fatiando o cubo original e o cilindro original, assim como as bases dessas figuras. Arquimedes considera certos planos e linhas e deriva certas proporções (veremos isso em mais detalhe). Heiberg seguiu tudo até aí. E então ocorre a lacuna no argumento. Heiberg não conseguiu ler mais por um longo trecho e depois, ao conseguir retomar, já estava perto do fim da proposição. Ali Heiberg encontrou a conclusão de Arquimedes de que o corte cilíndrico era exatamente a sexta parte do cubo inteiro que o inscrevia.

Como Arquimedes chegara a isso? Ele provara de fato seu resultado? Heiberg não conseguiu ler a passagem relevante. Todos, a partir dele, presumiram que ela envolvia o mesmo tipo de soma implícita usada na proposição 1. Isto é, tendo obtido uma proporção para a fatia escolhida aleatoriamente, Arquimedes havia implicitamente transferido esse resultado para o corte cilíndrico inteiro — da maneira que o fizera na proposição 1, da linha paralela escolhida aleatoriamente para o triângulo e parábola tomados como um todo. Essa era a suposição de todos; e eu supunha ainda que nada de novo surgiria dessa proposição. Saito, enquanto isso, estava imerso em seu texto: será que afinal talvez estivéssemos errados?

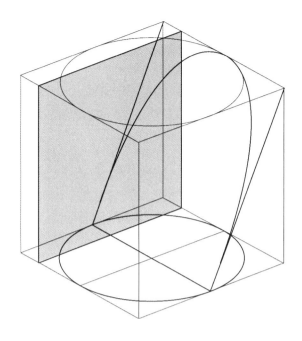

FIGURA 8.3

O Volume de um Corte Cilíndrico

Saito e eu finalmente nos sentamos em frente ao bifólio 105-110. Logo passamos ao trecho que Heiberg havia deixado em branco, com a seguinte nota de rodapé: "*quid in tanta lacuna fuerit dictum, non exputo*" — "Não especularei sobre o que poderia ter sido escrito nesta grande lacuna."

Para que possamos acompanhar o argumento matemático em mais detalhe, vamos nos concentrar apenas no objeto que nos interessa. Na figura 8.4, nós "deslizamos", por assim dizer, uma seção do cubo — o prisma triangular secionado pelo plano inclinado. Daqui em diante vamos nos concentrar somente nesse prisma triangular. Desenhamos a seguir três outros diagramas, reconstruindo o texto até a lacuna. Esses diagramas — figuras 8.5-7 — são simplesmente três visualizações diferentes do prisma triangular. Ele é tão difícil que é preciso visualizá-lo de certos ângulos, simultaneamente, para se ter uma idéia dele. (Arquimedes, porém, visualizava claramente o objeto somente na base da figura 8.7!)

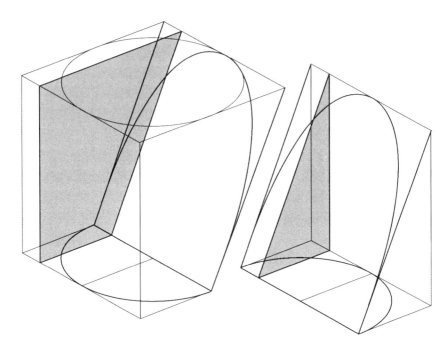

FIGURA 8.4

Na figura 8.5 vemos todo o complicado prisma triangular com um plano aleatoriamente escolhido correndo paralelo à aresta vertical do cubo.

A figura 8.6 mostra o plano aleatoriamente escolhido *pela lateral*. Esse plano corta um triângulo do prisma triangular original. Corta também um pequeno triângulo do cilindro original. Assim, a figura 8.6 mostra dois triângulos, um inscrito dentro do outro: o triângulo maior, do prisma triangular, e o menor, do cilindro. O pequeno triângulo é especialmente importante porque a estranha figura que estamos para medir — a figura em formato de unha cortada do cilindro — é formada pelo conjunto de todos esses triângulos cortados do cilindro. (Tais triângulos ficam cada vez maiores — à medida que o plano escolhido aleatoriamente mais se afasta das arestas do cubo.)

A figura 8.7, finalmente, oferece uma visão da base. O plano escolhido aleatoriamente cria não somente triângulos a partir do prisma triangular

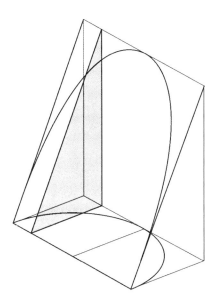

FIGURA 8.5

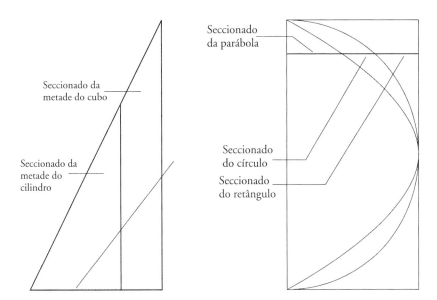

FIGURAS 8.6 E 8.7

e do cilindro, mas também segmentos de linha na base do cubo. A base da metade do cubo é um retângulo. Esse retângulo é, por assim dizer, a base do prisma triangular inteiro. Dentro do retângulo encontramos também um semicírculo. Esse semicírculo é a base da metade do cilindro — a metade cuja fatia vamos medir. Para incrementar as coisas, Arquimedes desenhou uma outra curva dentro desse retângulo, e — imagine você — sucede que essa figura é uma parábola! Assim temos, na figura 8.7, um retângulo, dentro dele um semicírculo e dentro do último uma parábola. E ainda, uma linha reta passa por todos eles — a linha que é a base do plano aleatoriamente escolhido.

O plano aleatoriamente escolhido cria uma linha que atravessa o retângulo — essa linha é a base do triângulo maior da figura 8.6, o que está seccionado do prisma triangular. O plano aleatoriamente escolhido também cria uma linha que atravessa o semicírculo dentro do retângulo — essa linha é a base do triângulo menor da figura 8.6, o que está seccionado do cilindro. Ele também cria uma linha que atravessa a parábola — desta vez, a linha não tem significado tridimensional em termos da figura 8.6 e funciona no contexto da figura 8.7 somente. Uma vez mais, então, temos várias linhas encaixadas umas dentro das outras: a que seciona o retângulo, a que seciona o semicírculo, e a que seciona a parábola.

Apresentamos, assim, nosso elenco e podemos nos concentrar agora em quatro atores apenas.

Os dois primeiros são o triângulo maior e o triângulo menor da figura 8.6. Vamos chamá-los de "o triângulo do prisma" e "o triângulo do cilindro", respectivamente.

Os dois seguintes são da figura 8.7. Na realidade precisamos somente de dois dos três mencionados acima. Precisamos da linha que seciona o retângulo e da linha que seciona a parábola. Vamos chamá-las de "a linha do retângulo" e "a linha da parábola", respectivamente.

Esses quatro membros do elenco participarão agora de um arranjo das quatro partes da *proporção*.

Aquilo que Heiberg conseguiu ler, antes da lacuna em sua leitura, significou realmente um magnífico resultado. Arquimedes, através de uma tremenda engenhosidade geométrica, teve sucesso em provar que, em tal arranjo:

- A área do triângulo do prisma está para o triângulo do cilindro assim como a linha do retângulo está para a linha da parábola.

Um triângulo está para um triângulo, assim como uma linha está para uma linha: duas dimensões, como uma dimensão.

Aí acontece a longa lacuna no texto. O texto é retomado novamente por Heiberg com a seguinte leitura:

- O volume do prisma triangular está para o volume do corte cilíndrico assim como a área do retângulo inteiro está para a área do segmento parabólico inteiro.

O prisma triangular está para o cilindro, assim como o retângulo para o segmento parabólico: figuras tridimensionais estão umas para as outras, assim como figuras bidimensionais estão umas para as outras.

A descoberta geométrica de Arquimedes foi a de que os triângulos na figura 8.6 relacionam-se entre si como certas linhas o fazem nas figuras 8.7. Essa afirmação, em outras palavras, é sobre uma fatia aleatória, exatamente o mesmo tipo de afirmação que vimos na primeira proposição de *O método*. Parece, portanto, que Arquimedes mais uma vez estava, implicitamente, deslocando uma afirmação sobre fatias aleatórias para uma afirmação sobre objetos inteiros dos quais as fatias foram tiradas. O primeiro triângulo é uma fatia aleatória do prisma triangular, o segundo triângulo é uma fatia aleatória do cilindro; a primeira linha é uma fatia aleatória do retângulo, a segunda linha é uma fatia aleatória da parábola. E como, em cada fatia aleatória, o primeiro triângulo está para o segundo assim como a primeira linha está para a segunda, com os objetos inteiros o prisma triangular estará para o cilindro assim como o retângulo para a parábola.

Isso é o que o texto afirma, com Arquimedes parecendo fazer uma transferência implícita. Mas o fato é que havia afinal de contas uma lacuna — um espaço em que o argumento de Arquimedes poderia estar explícito.

Qual teria sido esse argumento?

Podíamos entender o porquê de Heiberg não ter feito grande progresso. A página estava muito ilegível — de fato, mais uma vez nos pegamos admirando Heiberg pelo que ele havia conseguido ler. Mesmo com a luz UV essa lacuna parecia sem esperança; voltamo-nos, em vez de nos concentrarmos nela, para as passagens que Heiberg lera, tentando verificá-las. Mas mesmo essas mal dava para se ler. Como Heiberg conseguira?

Examinamos novamente a conclusão da proposição. Tendo demonstrado que a metade do cubo estava para o corte cilíndrico assim como o retângulo estava para a parábola, Arquimedes prosseguiu com um cálculo rápido. Lembramos da primeira proposição de O *método* que um segmento parabólico é quatro terços do triângulo que inscreve. Todos sabemos que o retângulo é duas vezes o triângulo que inscreve. Então quanto é o retângulo para o segmento parabólico? É como "dois" está para "quatro terços", o que (para simplificar um pouco) é como "seis terços" está para "quatro terços". É como seis para quatro ou como três para dois. O retângulo está, portanto, para o segmento parabólico assim como três para dois ou: o segmento parabólico é dois terços do retângulo inscrito. Entendemos! O corte cilíndrico é dois terços do prisma triangular que o inscreve ou, mais bem colocado para nossos propósitos, é quatro sextos do corte cúbico que o inscreve. Levará um tempinho para mostrar o seguinte resultado: o prisma triangular que inscreve o corte cilíndrico é exatamente *um quarto* do cubo original como um todo. O corte cilíndrico é *quatro sextos* do prisma triangular; é assim *um sexto* do cubo original como um todo. O estranho objeto em formato de unha é exatamente *um sexto* do cubo. Chegamos lá! — mais um objeto curvilíneo medido com sucesso usando um objeto retilíneo.

Mais um elegante resultado de Arquimedes. Parece que, desta vez, nenhuma aplicação da física. Triângulos e linhas não são postos em um equilíbrio imaginário. São simplesmente somados: infinitamente muitas proporções sendo somadas em uma única proporção. Como Arquimedes faz isso? Ele simplesmente ignora os paradoxos, os erros do infinito?

Nós não desistiríamos. Voltamos à lacuna do texto. Mudamos de posição, primeiro Ken examinando a página, depois eu. Como eu era mais treinado, logo ficou evidente que eu deveria examiná-la e Ken escrever o que eu visse.

Will saiu da sala contando com nosso bom comportamento. Após muitos minutos de frustração, fiz algo que não deveria. Tirei o bifólio de seu protetor plástico. Sem o plástico, o reflexo da lâmpada violeta ficou mais claro. Olhei fixamente para aquela área da página — para as linhas em branco deixadas por Heiberg — tentando encontrar alguns traços de letras gregas.

Pareceu-me ver alguma coisa. Primeiramente, ignorei porque não fazia sentido no contexto. Não havia razão para Arquimedes ter usado tal palavra. Mas julguei ter visto aquelas três letras em seqüência: ípsilon–gama–ípsilon: $\varepsilon\gamma\varepsilon$.

“Acho que vejo ‘*ege*’”, disse finalmente a Ken. “Provavelmente algo a ver com *megethos*, a palavra grega para ‘magnitude’. Não faz muito sentido.”

Pois, veja, Arquimedes estava falando de certos objetos geométricos concretos: um cilindro, um triângulo, uma parábola. Em tal contexto, um matemático grego não passaria a falar sobre magnitude, em termos gerais. A palavra “magnitude”, com sua generalidade, é adequada não em um contexto geométrico, concreto, mas em um mais abstrato, como um estudo da teoria de proporções como tal, de magnitudes, como tal. Era como se, no meio de um cálculo com números concretos, o texto passasse para uma discussão sobre os princípios do cálculo como tal.

“Isso é muito interessante”, disse Ken. É necessário explicar que Ken é um acadêmico japonês muito educado. O comentário dele denotava extrema agitação. Sei que ele queria me perguntar se eu tinha certeza, mas provavelmente julgou que poderia ser indelicado.

“Tenho certeza”, afirmei, examinando novamente. De fato, quanto mais examinava menos dúvida tinha. Na realidade, comecei a ver traços de um teta, imediatamente após o ípsilon-gama-ípsilon. Era ípsilon–gama–ípsilon–teta. Sem dúvida Arquimedes falava de um *megethos*. Falava de magnitudes abstratas.

Esse processo de gradual certeza é muito típico da leitura do Palimpsesto. Ao se familiarizar com a página, aprende-se gradualmente a descartar o ruído, a concentrar-se no sinal. É meio como sintonizar as ondas sonoras: o sinal do rádio é de início ruidoso, mas, uma vez sintonizado, começa a transmitir. Eu então realmente vi essa "magnitude". Olhei-a abismado.

"Arquimedes deve ter aplicado o resultado 11", disse Ken.

Em princípio quase nem ouvi, tão absorto estava olhando para a página. Em seguida comecei a ficar até um pouco amolado. Como Ken poderia estar me dizendo o que a lacuna continha, baseado em uma única palavra? Eu ainda procurava por mais palavras. Ken prosseguiu.

"Na introdução de *O método*, Arquimedes menciona que usará certos resultados básicos. Um desses resultados está demonstrado em outro lugar, no tratado sobre *Conóides e esferóides*. Ele lida com grandezas gerais. Sempre imaginei que Arquimedes pretendesse que esse resultado fosse usado somente nas partes finais de *O método*, em que ele usa métodos geométricos, ortodoxos. Mas aparentemente ele o usou na proposição 14 também."

Isso me interessou. Recoloquei a página no protetor plástico e peguei a cópia da edição de Heiberg que Ken estivera lendo o tempo todo. Por Deus, o que ele disse fazia sentido!

Ambos estávamos agora repassando ardorosamente o possível argumento, desenhando figuras, esboçando proporções, vendo por nós mesmos como esse resultado poderia ser usado como uma ponte para a lacuna entre as fatias aleatórias e os objetos inteiros. O resultado tinha a ver com a soma de proporções. Fazia sentido. Arquimedes poderia estar somando proporções. Assim, não era uma transferência implícita afinal de contas: ele deveria ter tido um argumento.

"Mas, espere, Ken; há um problema", parei, desligando-me da figura que tínhamos desenhado. "Se isso está certo, então Arquimedes deve estar somando um conjunto feito de infinitamente muitas magnitudes. Isto não soma. Torna-se infinito; você não pode mais calcular com isso."

Ken concordou. Alguma coisa estava faltando. O resultado básico usado por Arquimedes foi fundamentado em uma proposição provada em *Conóides e esferóides,* e lá estava claro que ele poderia ser provado somente para somas que envolvessem um número finito de magnitudes, porque, de outra maneira, teria de se falar sobre um objeto feito de infinitamente muitas magnitudes, o que não fazia sentido. Isso era infinito real — e como Arquimedes até sairia falando disso?

"Se há uma coisa clara, é que os gregos não usaram o infinito real. Há qualquer coisa errada aqui. Se não, alguma coisa muito nova."

Isso estava claro mesmo. Estávamos em janeiro de 2001 e sabíamos que havíamos esbarrado em uma grande descoberta para a história da matemática. Mas qual?

Será que poderíamos estar simplesmente enganados? Eu confiava no insight de Ken quanto à matemática grega. Tudo fazia sentido. E eu estava seguro de ter visto aquela palavra, aquelas quatro letras ípsilon–gama–ípsilon–teta (bem, pelo menos as três primeiras estavam certas...). Mas poderíamos basear uma nova interpretação da matemática grega apenas nessa evidência? — uma nova reviravolta em toda a trajetória da matemática ocidental?

Naquela noite Ken e eu explicamos a Will que realmente, realmente desejávamos ver imagens digitais daquela página. Todo um capítulo da história da ciência estava para ser escrito com base naquelas imagens.

O método, *março de 2001*

Fiquei entrando e saindo do escritório, para verificar minha caixa de correio. Quando chegaria o CD-ROM? O trabalho dos profissionais da imagem levou pouco mais de um mês e, no começo de março, o CD-ROM chegou. Eu sabia que ele continha algumas imagens digitais de alta resolução, feitas com UV, de uma única parte do Palimpsesto. Era de um pequeno pedaço, nada mais, mas incluía um lado do bifólio 105-110 — o lado que eu verdadeiramente precisava ler.

Durante o resto do dia, deixei qualquer outro trabalho de lado, para examinar um emaranhado de traços digitais, aumentando-os para ampliar os pixels (pontos da imagem), depois reduzindo-os para ver a fotografia inteira — fazendo com que minha mente se desligasse do ruído; sintonizasse o sinal.

Eu conseguia facilmente captar de novo o $\varepsilon\gamma\varepsilon$, agora claro como a luz do dia na imagem digital. De fato o teta estava muito claro também, e, procurando-o, pude rapidamente detectar várias outras aparições da palavra "magnitude". Indiscutivelmente era sobre ela que falava Arquimedes. Outras poucas palavras tornaram-se visíveis também, referindo-se a certos objetos geométricos: um cilindro aqui, um retângulo ali. Provavelmente, Arquimedes estava aplicando os princípios gerais da soma de proporções a termos concretos, geométricos, da figura em questão. E sem sombra de dúvida: as imagens digitais fizeram um mundo de diferença.

Depois de fazer aquelas primeiras incursões, a leitura empacou. Esse era também um outro aspecto típico do ciclo de leitura: depois das primeiras conquistas fáceis, havia uma pausa. Não aparecia mais nenhuma palavra "fácil" de se ler, mesmo com as imagens digitais. Era preciso fazer alguma coisa logo — examinando e refletindo: o que poderiam aqueles traços significar?

Concentrei-me dessa maneira por um par de horas, mas fiz pouco progresso. Precisava refrescar minha cabeça um pouco, assim fui dar uma volta, após a qual dei uma nova examinada e, apenas por curiosidade, detive-me não na própria linha da escrita, mas um pouco acima. Alguma coisa ali captou minha atenção — algo que não era somente uma mancha de ruído digital; tinha a textura e consistência de tinta mesmo. Ampliando os pixels, enxerguei o tipo de traço que normalmente ignoraria por ser muito inconseqüente, mas o qual, em um texto tão fragmentado, poderia ser significativo. Era um acento, um acento agudo acima da linha, como este: /. E, dada a minha familiaridade com esse escriba, poderia dizer mais: era o tipo de acento agudo que ele usaria sobre um iota. Seria mais ou menos como ver o pingo do "i" e por ele identificar o "i".

Mais do que isso: eu sabia que letra era essa: era um iota com acento agudo, isto é, um iota acentuado dessa maneira era usado somente em um número limitado de palavras. Uma provável candidata, em um contexto matemático, seria a palavra *ísos*... Arquimedes poderia bem estar falando disto ser igual a aquilo, certo? E de fato eu pude ver um sigma, agora que o buscava.

Que tipo de "igual", então? Olhando mais para a frente, imaginei ver uma outra dessas palavras gerais da teoria da proporção — só que desta vez não se tratava de "magnitude" mas de "multitude". O par de palavras encaixou-se direitinho: *Isos plethei*, "igual em multitude". Era a boa matemática grega. Isso era "igual em multitude" àquilo. Olhei mais e mais adiante. O texto estava temperado de "igual em multitude". Parecia que o que Arquimedes estava fazendo em toda essa passagem era mostrar como o resultado apontado por Ken se aplicava no caso em questão. Estava tudo relacionado a tais-e-tais magnitudes serem iguais em multitude a outras grandezas.

Como desejei que Ken estivesse comigo nesse momento! Porque parecia bom demais para ser verdade. A expressão "igual em multitude" é usada na matemática grega quando se discute o número de objetos em dois conjuntos separados. Suponha que eu tenha um conjunto de três triângulos aqui, e um conjunto de três linhas ali — um matemático grego diria que os dois conjuntos são "iguais em multitude", significando que cada um deles é formado por três objetos.

Era isso que Arquimedes estava fazendo nesse ponto: dizia ele que, com as infinitamente muitas fatias produzidas no cubo — uma vez que todas as fatias aleatórias fossem feitas, o cubo cortado em todo lugar — então os triângulos produzidos dessa maneira (isto é, todos os vários triângulos produzidos no cubo por todos os possíveis cortes aleatórios) eram "iguais em multitude" às linhas no retângulo. Deu para entender? Em cada fatia aleatória havia um triângulo no cubo, posicionado em cima de uma linha do retângulo. Arquimedes ressaltava que o número de triângulos de que era feito o prisma era o mesmo que o número de linhas de que o retângulo era feito. Certamente ele pretendia que com isso fosse comprovado o fato de que era uma relação um-a-um: cada triângulo encontrava-se em uma linha individualmente separada e vice-versa, cada linha estava na base de um triângulo individualmente separado.

Arquimedes repetiu esse tipo de demonstração três vezes: ele percorreu as várias configurações criadas pelas fatias, mostrando que tipo de conjunto era igual em multitude a que outro tipo. De fato, uma vez obtidas essas igualdades de multitude, o resultado apontado por Ken era aplicável. Isso era típico de Arquimedes. Ele na realidade não se referia explicitamente a seu resultado; ele nem sequer o citava. Mas estabelecia as condições sob as quais o resultado poderia ser aplicado; e o fez mostrando, em detalhe, que igualdades de número aplicavam-se na configuração em questão.

Só que, naturalmente, essas igualdades de números nada tinham de semelhante ao que quer que conhecêssemos da matemática grega. Os objetos que Arquimedes contava aqui — os conjuntos de triângulos e linhas — eram todos infinitos. Lá estava Arquimedes, explicitamente, calculando com números infinitamente grandes.

Mais do que isso: Arquimedes estava fazendo seus cálculos com base em um princípio legítimo. Ele aparentemente afirmava que esse conjunto infinito era igual àquele conjunto infinito porque havia uma relação de um-para-um entre os dois. Não o disse em muitas palavras, mas Arquimedes nunca foi um autor explícito. Sempre deixou muito trabalho por conta do leitor.

Observe o seguinte fato. Arquimedes poderia ter assumido, em princípio, que apenas pelo fato de os dois conjuntos serem infinitos, eles também eram iguais. Seria uma suposição muito natural de se fazer — que todos os infinitos são iguais. Mas, o simples fato de que julgou necessário demonstrar que determinados conjuntos de infinitamente muitos objetos são iguais, mostra que ele evitou essa suposição ingênua. Pelo contrário, ele deve ter assumido que conjuntos infinitos poderiam ser ditos iguais somente quando pudesse ser feito um argumento especial quanto à sua igualdade. Dessa maneira então resta somente um argumento possível para essa igualdade — o argumento da correspondência um-para-um.

Ocorre que foi com o instrumento da correspondência um-para-um que o conceito de infinito foi finalmente estruturado no final do século XIX. Trata-se de nada menos do que a pedra fundamental para a moderna Teoria dos Conjuntos. E assim podemos sumarizar as lições aprendidas das páginas 105-110 de *O método*.

Primeiro, achamos que Arquimedes não fez meramente uma transferência "implícita" de uma fatia aleatória para o objeto produzido por essas fatias aleatórias. Pelo contrário, ele se baseou em certos princípios da soma. Isso significa que ele já estava dando um passo em direção ao cálculo moderno e não estava apenas o antecipando de maneira ingênua.

Segundo, achamos que Arquimedes calculou com infinitos reais — em oposição direta a tudo que os historiadores da matemática sempre acreditaram sobre sua disciplina. Os infinitos reais já eram conhecidos pelos gregos antigos.

Terceiro, vemos que com esse conceito de infinito — assim como com tantos outros — a genialidade de Arquimedes indicava o caminho para as conquistas da própria ciência moderna. Recuando ao século III a.C., em Siracusa, Arquimedes teve um vislumbre da Teoria dos Conjuntos, que seria produto do amadurecimento da matemática no final do século XIX.

Matemática, Física, Infinito — e Além

Parece que há algum tipo de estrutura complementar em *O método*: treze proposições aplicam tanto a física como a soma implícita de infinitamente muitos objetos. Na proposição 14, a física não é mais aplicada — mas nela a soma de infinitamente muitos objetos não está implícita, mas explícita, baseada em uma regra de somas infinitas. Parece, portanto, que, para Arquimedes, a aplicação da física podia agir como uma espécie de atalho. Quando esse atalho não estava disponível, era preciso, em vez dele, de uma regra explícita, matemática, para o infinito. É como se Arquimedes pensasse que, no mundo físico, a soma de infinitamente muitos objetos não fosse um problema — afinal de contas, objetos físicos *são* feitos de infinitamente muitas partes. Mas quando se passava a objetos matemáticos abstratos, havia também uma necessidade de um princípio matemático especial para se fazer tal soma.

Arquimedes, apesar de tudo, não produziu a ciência do mundo físico que Galileu e Newton produziriam mais tarde, embora tenha montado — como acabamos de ver — o kit de ferramentas para a construção dessa ciência. Creio entender o porquê. Para Arquimedes, a combinação da física e matemática era importante não por causa da física, mas por causa da própria matemática. A grande aspiração dele não era fazer descobertas sobre os movimentos dos planetas, mas medir objetos curvilíneos. O que ocorre é que, em nosso universo, matemática, física e infinito estão tão intimamente ligados que, procurando fazer o avanço da matemática pura, ele estabeleceu a base para a ciência moderna.

Qualquer que seja a interpretação que façamos disto, está claro que nossa compreensão da relação histórica entre matemática, física e infinito agora terá de ser drasticamente revista à luz da proposição 14. E mais do que isso. Precisaremos rever nossa compreensão a respeito do tratamento grego do infinito. Quero sintetizar isso com a frase "não é que eles não poderiam". Eles podiam muito bem conceber o infinito real, podiam até operar com ele. Por variadas razões, em muitos contextos preferiam evitá-lo. Mas essa contenção era fruto de decisão consciente, não de qualquer tipo de reflexão de deficiência por parte dos gregos. Eles estavam à frente do jogo do infinito. E assim se deu o mesmo, em minha opinião, em relação à ciência. Creio que Arquimedes tinha capacidade para produzir o tipo de ciência da física que Galileu e Newton produziram. Foi decisão dele de não fazê-lo: outras coisas ocupavam-lhe a mente.

Chega desse amplo panorama acerca da história da ciência e da matemática. Outra coisa que, também, ficou clara — e de grande interesse para todos os envolvidos com o Projeto Arquimedes. O trabalho *impor-*

tava. Ainda havia passagens importantes para ser lidas. Já com as páginas 105-110, minha leitura tinha conseguido ir substancialmente além da de Heiberg. Outras páginas pareciam ser ainda mais difíceis, mas agora tornava-se ainda mais crucial torná-las visíveis. A pressão agora estava sobre os especialistas em imagem para que produzissem um tipo de produto absolutamente novo — uma imagem que fizesse o invisível vir à luz. Será que seria possível?

9

O Palimpsesto Digital

Abigail havia desmontado o Palimpsesto, e seu trabalho havia sido recompensado por Reviel e Ken Saito com um insight que demoliu as fronteiras do pensamento matemático grego. Estava claro, porém, desde o começo que o trabalho dela era simplesmente um passo do caminho em direção a uma transformação mais radical do livro do sr. B. À medida que ela separava as partes do livro de orações, pedi aos cientistas que juntassem de novo todos os códices palimpsésticos do modo que eram antes do ano 1229.

Não queria que os cientistas reproduzissem o Palimpsesto; queria que eles fizessem uma substituição, algo que fosse muito melhor do que o códex para que os acadêmicos não precisassem fazer a peregrinação a Baltimore. Pedi que tornassem o invisível visível, para disponibilizá-lo nos microcomputadores ao redor do mundo, e que o fizessem na ordem correta. Arquimedes primeiro, é claro, e depois os textos palimpsésticos dos outros códices. Era uma fantasia utópica. Afinal de contas, nem sequer sabíamos quantos códices mais havia lá, quanto mais o que continham! Ainda assim, o resultado, em 2005, superou as expectativas de todos: os acadêmicos agora liam textos que, em 1998, literalmente não haviam sonhado ler; textos que não haviam conseguido ler no manuscrito, tinham tido que ler no computador. Mas essa conquista foi duramente alcançada, e após um longo e demorado percurso.

Estava claro desde o começo que ambas as equipes — a da Johns Hopkins, chefiada por Bill Christens-Barry, e a de Roger Easton e Keith Know, do Instituto de Tecnologia de Rochester, envidariam todos os seus esforços e muita fé na técnica chamada "digitalização de imagem multiespectral". Eu precisava entender o que a "digitalização de imagem multiespectral" envolvia, e meu guia era o único professor dentre eles, Roger Easton, professor de Ciência da Imagem no Instituto de Tecnologia de Rochester. Eu pensava em imagens como formas produzidas por artistas. Roger pensava em imagens como números produzidos pela luz. Nada surpreendente, então, que ele levasse algum tempo para me explicar sua visão das coisas.

Luz

A luz, disse-me Roger, seja do sol ou de uma lâmpada, é propagada em ondas eletromagnéticas, as quais consistem elas próprias em minúsculos feixes de energia denominados fótons. Os fótons podem ser caracterizados pela distância entre seus picos — o comprimento de sua onda. Alguns fótons chegam por ondas longas — como as ondas radiofônicas, microondas e infravermelhas, e alguns em ondas mais curtas, como a ultravioleta, raios X e raios gama. A luz visível constitui uma parte muito pequena de todo o espectro eletromagnético entre a infravermelha e a ultravioleta. Quanto mais curto o comprimento da onda de um fóton, maior sua energia; mas todos os fótons viajam exatamente na mesma velocidade no vácuo — a conhecida velocidade da luz: 299.792.458 metros por segundo.

Os fótons interagem com a matéria, que é feita de átomos. Mais especificamente, eles interagem com os elétrons que ocupam seus lugares em várias distâncias de um núcleo do átomo. Nem todos os fótons interagem com todos os elétrons: criticamente, a interação depende de suas respectivas energias; é preciso que haja ressonância entre eles. Havendo, um fóton mudará o estado de energia de um elétron, e, em resposta, o elétron emitirá ele próprio um fóton. O fóton emitido por qualquer dado elétron terá um comprimento de onda preciso, uma energia precisa, e esse comprimento de onda dependerá da energia que ele requer para irradiar, o que, por sua vez, depende de seu lugar na composição de um átomo.

O olho humano usa fótons para produzir todas as cores de um arco-íris. Eis como isso acontece. Com suas lentes, o olho focaliza fótons emitidos pelos elétrons nas células fotossensíveis da retina. Os fótons induzem mudanças químicas nessas células receptoras. As mudanças nas células dependem dos comprimentos das ondas dos fótons recebidos: quando suas células recebem fótons com um comprimento de onda de cerca de 400 nanômetros, elas mudam de tal maneira que geram uma corrente elétrica que viajará via nervo ótico ao centro visual do cérebro, que interpretará a corrente como uma cor: azul. Quando suas células recebem fótons com um comprimento de onda de cerca de 700 nanômetros, o mesmo processo ocorrerá, mas a mudança química será ligeiramente diferente, assim como também a corrente resultante e a cor. Nesse caso, você verá vermelho. Nós lemos pelo reconhecimento de padrões de intensidade e cor gerados no centro visual de nosso cérebro como letras. O problema é que muitas das letras raspadas no texto do Palimpsesto não podem ser lidas, nem mesmo sob a brilhante luz do sol.

"Que fonte de luz poderia ser melhor do que a do sol?", perguntei a Roger, "e que receptor poderia ser melhor do que o olho?" O problema com o sol, como fonte de luz, é que ele emite fótons em todos os tipos de comprimentos de ondas. A imagem que seu olho vê sob a luz do sol é a soma de imagens criadas em todos os comprimentos de ondas visíveis. Quando se cria uma fonte que emite luz sobre uma faixa relativamente estreita do espectro, a imagem resultante carrega apenas a informação daquele comprimento de onda, que não será inundado pela luz nos outros.

Considere, por exemplo, imagens criadas usando lâmpadas ultravioleta. Embora os fótons dessas lâmpadas tenham comprimentos de ondas mais curtos do que os detectados pelo olho, eles têm um notável efeito no pergaminho em que incidem. Eles energizam os átomos e moléculas no pergaminho, que absorvem um pouco da energia e reemitem o resto como fótons com um comprimento de onda que ocorre na seção azul do espectro visível aos humanos. Se por um lado o pergaminho reemite fótons visíveis, a tinta nele existente os obscurece. O resultado é que a tinta fica efetivamente "iluminada por detrás" pela luz azul suave dessa "fluorescência", o contraste do subtexto fraco aumenta, tornando dessa maneira o texto mais legível. A luz ultravioleta fluorescente há muito tem sido usada por acadêmicos na leitura de palimpsestos, e com grande sucesso. Reviel e Ken a usaram para ler a proposição 14 de *O método*. Mas ela só pode ser eficazmente usada em um quarto escuro; fótons em outras freqüências obscurecem completamente o que fazem.

O próprio olho é peça de um mecanismo tão incrível que é difícil imaginar que qualquer versão feita pelo homem possa ser melhor. Mas ele tem muitas limitações que em circunstâncias normais não percebemos devido a sua adaptação às nossas necessidades do dia-a-dia. Essas limitações ficam mais evidentes, porém, quando se tenta enxergar alguma coisa excepcional. Ver os planetas é difícil, explicou Roger, porque o tamanho da imagem na retina é tão pequeno que cobre somente alguns dos sensores do olho. Como cada sensor "enxerga" uma grande parte do planeta, o olho não consegue ver ("resolver") o pormenor. É aí que entra a utilidade dos telescópios. Ou observe um outro problema. Acho difícil ver minha gata Gracie após o anoitecer porque as células da retina humana não respondem aos comprimentos de onda emitidos pelos animais de sangue quente; os comprimentos dessas ondas infravermelhas são mais longos do que a luz que podemos ver. O olho humano é sensível somente a uma ínfima parte do espectro eletromagnético. Mas as câmeras modernas podem detectar os comprimentos das ondas infravermelhas e localizar animais de sangue quente no escuro. Essa é a razão básica pela qual usamos câmeras para ler o Palimpsesto. Ao contrário do olho humano, as câmeras modernas são sensíveis à luz de fora do espectro visível, podendo assim "ver" informações para as quais nosso olho é "cego".

Resumindo, pode-se obter resultados muito diferentes com o uso da iluminação de banda estreita capturada por uma câmera, se comparados aos obtidos quando se olha para um objeto ao sol. São notáveis, ao redor do mundo, os sucessos obtidos por especialistas em imagem na revelação de textos ocultos fazendo uso de câmeras sob diferentes condições de iluminação de banda estreita. Uma equipe da Universidade Brigham Young, por exemplo, conseguiu resultados extraordinários através da digitalização de rolos carbonizados de uma biblioteca soterrada, na cidade de

Herculano, sob as cinzas vulcânicas do Vesúvio, no começo da tarde da terça-feira, 24 de agosto de 79 d.C. Quando examinados sob luz normal, não se vê absolutamente qualquer texto escrito em muitos desses rolos. Quando a imagem é captada sob um comprimento de onda específico, porém, o texto "salta aos olhos" de maneira incrível. Não achávamos que fotografar o Arquimedes produziria resultados tão bem definidos, principalmente porque o Palimpsesto é, física e quimicamente falando, um objeto muito mais complicado. Os rolos não tiveram seus textos raspados e sobrescritos e seu suporte danificado pelo mofo como ocorreu com o Palimpsesto. Os rolos foram submetidos a apenas um incidente catastrófico que alterou sua própria composição química e o texto que continham. Estávamos certos, também; não há um único comprimento de onda que faça o texto de Arquimedes surgir. Mas é aí que entra em cena a digitalização de imagem multiespectral.

Números

Roger me disse que a digitalização de imagem multiespectral é uma técnica relativamente nova que se tornou amplamente disponível desde o advento dos computadores e da tecnologia de imagem digital. Os computadores convertem toda a informação recebida em valores numéricos — digitais. Na realidade, somente dois "dígitos binários" ("bits") são usados — 0 e 1 — mas suas combinações são grandemente variadas. Por exemplo, seu laptop converte seus toques no teclado em diferentes combinações de 0 e 1, que ele pode armazenar e usar como instruções para executar certos padrões em sua tela. Quando você grava digitalmente música em seu computador, a intensidade do som a cada intervalo de tempo é novamente interpretada como um número. Quando você tira uma fotografia com sua câmera digital, a luz que incide no sensor da câmera é convertida em valores numéricos. A cada "pedaço" da imagem, os chamados "elementos de imagem" ou "pixel", é dado um número composto de 1s e 0s. Muitas imagens são de "8-bits" e os números ligados a esses pixels são compostos de combinações de oito algarismos de 1 e 0.

Assim, por exemplo, o valor do número 10101010 na realidade é 170. O número 11111111 tem o valor de 255 — e esse é o valor mais alto que um número de 8 bits pode ter porque, incluindo 00000000, há somente 256 maneiras pelas quais 0 e 1 podem ser combinados em uma série de oito algarismos. Para que a informação numérica seja extraída, é necessário um pacote de programas, que fornece uma série de instruções ao processador que seleciona os números e apresenta a informação de maneira útil. E é melhor ter o pacote adequado: a Nona Sinfonia de Beethoven não resultaria em uma bela imagem; e é improvável que o Palimpsesto de Arquimedes resultasse em um som melhor do que sua aparência.

Uma das grandes vantagens da tecnologia digital é ser possível combinar os números das imagens de diferentes maneiras. É possível instruir o computador para ajustar os valores numéricos na imagem — suprimir números que sejam altos ou baixos demais e amplificar pequenas diferenças que sejam importantes. É assim que os computadores tiram, das fotos de família, o vermelho do olho causado pelo flash. Mas uma outra vantagem da tecnologia digital é a possibilidade de sobreposição de números. Pode-se, por exemplo, acrescentar uma batida atrás da voz de uma estrela do rock. O mais importante para nossa finalidade é poder combinar uma imagem tirada em um comprimento de onda de luz com uma imagem em outro para tornar algum aspecto da cena mais visível. Tirando-se imagens em muitos comprimentos de onda diferentes e empilhando-se todas essas diferentes imagens em ordem de comprimento de onda, umas sobre as outras no computador, é produzido um "cubo de dados" de informação digital, em que cada uma é vista em diferentes comprimentos de onda de luz. Não imagine esse cubo de dados como um holograma; imagine-o como um mar de números contendo padrões — ou curvas — que refletem as características da área da imagem. Ao escrever algoritmos computacionais (receitas para recuperação de dados de uma certa maneira), os cientistas podem dividir o cubo de dados para manipular os valores dos números, acentuar certas curvas e extrair a informação desejada. Pode-se extrair muito mais informação de um cubo de dados digital criado usando-se bandas estreitas de luz do que se pode recuperar do Palimpsesto sob uma única condição de luz qualquer.

O mais básico procedimento para se extrair informação de um cubo de dados, conforme explicou Roger, era a "análise dos componentes principais". Solicita-se ao computador que faça um jogo de fotografias a partir de combinações ponderadas de valores numéricos de imagens tiradas a cada comprimento de onda. As imagens deste novo jogo são baseadas na diferença entre os valores numéricos de pixels que estejam próximos uns dos outros. Como resultado, eles não mostram padrões de cor, mas padrões de contraste. A primeira imagem no novo jogo destaca as áreas em que o contraste entre diferentes aspectos é maior; a segunda imagem mostra o maior contraste seguinte; a terceira imagem o seguinte, e assim por diante. Com esse processo, começa-se tendo um conjunto de imagens da mesma área em diferentes comprimentos de ondas de luz e acaba se tendo um conjunto de imagens que combinam os comprimentos de ondas de luz para mostrar os diferentes objetos da imagem. Obviamente, no Palimpsesto o primeiro componente principal mostra o aspecto da imagem com o maior contraste, que é o texto do livro de orações, com sua bela tinta escura esboçada sobressaindo-se contra o pergaminho amarronzado em torno dela. Mas o segundo componente principal é de fato, em grande parte, o texto de Arquimedes. Um outro componente principal ainda mostraria o mofo. Assim que os componentes sejam separados, é possível torná-los tão claros ou escuros quanto se queira, manipulando-se os números.

A ciência moderna transformou luz em números, e os cientistas modernos podem alterar os números. Mas a habilidade para se mudar os números é uma arte tanto quanto é uma ciência.

Preparação Digital

Os dois times de especialistas em imagem começaram sua competição em junho de 2000, e trabalharam com as cinco folhas que já estavam separadas da encadernação do códex ao chegar ao Walters.

Bill Christens-Barry fez suas imagens com uma câmera digital Kodak. É um tipo de câmera padrão usada por jornalistas profissionais em todo o mundo. Não tinha a capacidade de fazer um cubo de dados muito grande, mas podia criar imagens com uma alta resolução espacial. As imagens feitas por Bill e sua colega Joanna Bernstein foram de 600 pontos por polegada. Ele denominou sua melhor tentativa de manipular seus dados de técnica de "fôrmas". Escolheu um jogo de imagens da faixa ultravioleta do espectro, em que podia ver tanto o texto do livro de orações como o de Arquimedes razoavelmente bem. Separou depois os principais componentes das imagens que tirou sob luz normal e selecionou um que mostrava apenas o texto do livro de orações. Brincou então com essas duas fotos no computador; ele removeu a imagem do texto do livro de orações das imagens ultravioleta que mostravam ambos os textos bem, deixando assim somente o texto de Arquimedes.

A câmera de Keith e Roger fez com que a de Bill se parecesse à de Fred Flintstone. Para selecionar os comprimentos de ondas de luz, eles não usaram filtros de vidro acoplados na frente das lentes; usaram a tecnologia mais recente, um "filtro de cristal líquido sintonizável" (LCTF), pelo qual conseguiam selecionar o comprimento da onda dos fótons que entravam ao acionar um botão eletrônico. A câmera tinha até um pequenino refrigerador elétrico para manter o sensor frio. Com essa câmera Keith e Roger construíram cubos de dados em 35 diferentes comprimentos de ondas de lado a lado do espectro — um cubo de dados muito maior do que a câmera de Bill poderia montar. A única desvantagem era que essa câmera só podia processar imagens em 200 pontos por polegada. Tinha muito maior resolução espectral, mas menor resolução espacial do que a câmera de Bill.

O processamento feito por Keith e Roger era muito diferente do de Bill. Eles examinavam cada fólio que viam e determinavam pixels que pertencessem a três diferentes classes de objeto: pixels que fossem definitivamente pergaminho; que fossem definitivamente livro de orações e uma outra classe ainda — a mais importante — pixels que fossem definitivamente Arquimedes. Localizavam então os pixels correspondentes nas imagens tiradas — todas as 35 — e faziam com que um computador avaliasse as estatísticas vitais para cada um dos pixels. Em seguida, o computador calculava o grau de probabilidade de que um dado pixel fosse um pixel do livro de orações, do Arquimedes ou do pergaminho. Se o computador estivesse seguro de ser um pixel do Arquimedes, ele seria muito brilhante; se não estivesse, haveria menor luminosidade. Essa técnica é chamada "filtragem espectral casada".

Podia parecer que Bill entrara em um tiroteio munido de uma faca, ou no mínimo com uma câmera compacta. Na realidade, porém, ao olhar as imagens de ambos os times, eu as achava maravilhosas: as imagens de Bill eram, a meus olhos, tão boas quanto as de Roger e Keith. Na imagem que mostrava o texto de Arquimedes pude ver diagramas onde anteriormente não via nada. Pude ver o texto de Arquimedes aparecer do nada. E não consegui ver o texto do livro de orações. Todo ele havia desaparecido do pergaminho. Imaginei que já havíamos encontrado a solução. Acalentei a esperança de que com essas imagens poderíamos recriar o manuscrito de Arquimedes como fora antes de ser palimpsestado. Seria o Jurassic Park dos estudos de manuscritos medievais, e a Ressurreição de Arquimedes. Se o leitor visse uma dessas fotografias, entenderia a minha euforia. Considerei que ambos os times de especialistas haviam feito o trabalho solicitado e que meu único problema seria como escolher entre um deles.

Na sexta-feira, 20 de outubro de 2000, um segmento a respeito do Palimpsesto foi veiculado pelo programa de notícias da ABC, *The World Tonight* (O Mundo Hoje à Noite), com o falecido Peter Jennings. Ele detalhou os notáveis esforços dos cientistas para revelar os textos apagados de Arquimedes em um antigo manuscrito em Baltimore. Repentinamente esses especialistas viraram estrelas. Três dias mais tarde, em uma segunda-feira, eles apresentaram seus resultados a Natalie e Reviel. Estávamos todos reunidos e tivemos um choque.

Receitas Inadequadas

Reviel não pôde participar da reunião de revisão; estava com pneumonia. Natalie Tchernetska reclamou pelos dois. Segundo suas palavras, as fotografias de ambas as equipes, mas especialmente as de Keith e Roger, estavam "fora de foco". Tinham todo tipo de inexplicáveis pontos brancos. A resolução delas não era suficiente. Eliminar o texto do livro de orações não ajudara em nada na leitura do texto de Arquimedes. As simples e velhas fotografias tiradas em alta resolução ou apenas com luz ultravioleta eram muito melhores do que as imagens apresentadas. O que dera errado? Como se constatou, não é fácil o entendimento entre cientistas da imagem e paleógrafos medievais. Vamos então, como fizeram os especialistas, repassar uma a uma as queixas de Natalie.

A primeira delas foi a de que as imagens estavam fora de foco. Na realidade, não estavam. Esse era um problema que todos os especialistas em imagem multiespectral enfrentavam. Para obter imagens de diferentes comprimentos de ondas de luz, eles tiveram de mudar os filtros de sua câmera. Como, ao passar por diferentes filtros, houve refração da luz em ângulos ligeiramente diferentes, as imagens resultantes foram de tamanhos ligeiramente diferentes. Devido às imagens terem sido tiradas em muitos comprimentos de ondas diferentes e não terem sido "registradas" adequadamente, o resultado de fato foi que pareciam desfocadas. Ora, isso não tem muita importância quando, do espaço, se fotografam grandes extensões do solo, na tentativa de localizar um campo de cocaína na floresta amazônica, tipo de coisa em que essa técnica é habitualmente empregada. Mas é da maior importância quando se tenta ler as sutilezas da diminuta escrita grega do século X. Estava claro que Roger, Keith e Bill precisariam usar menos comprimentos de ondas, ou encontrar uma outra maneira de contornar o problema de "registro".

A segunda queixa de Natalie foi a de que havia muitos pontos brancos sobre as imagens, os quais poderiam parecer ser do texto de Arquimedes mas não eram. Os cientistas da imagem chamam esses pontos de "artefatos". Eles na verdade acharam extremamente difícil digitalizar imagens do livro do sr. B. Tiveram, por isso, de escrever algoritmos muito complicados para extrair o texto de Arquimedes. Ora, toda vez que se manipula uma imagem está se mexendo com dados. Se por um lado tenta-se trazer à tona o texto desejado, por outro é inevitável que apareça também o ruído, pela simples manipulação dos dados. Reitero que, em muitas aplicações da imagem multiespectral, esse fato não importa, ou pelo menos importa pouco. Mas ao se tentar ler o texto de Arquimedes, importa, e importa muito. Os cientistas tiveram que produzir algoritmos mais simples.

Roger e Keith fizeram imagens a 200 pontos por polegada — cerca de 8 pixels por milímetro. Foi o mais sensato a fazer. Essa resolução é, mais ou menos, a dos bastonetes e cones da retina, quando a página é vista a uma distância normal de visão, e permitiu que, com a câmera digital disponível, fossem feitas imagens de um único fólio completo do Palimpsesto em duas partes. Não foram feitas imagens ampliadas dos fólios, o que iria requerer uma resolução muito mais alta. Simplesmente não sabíamos que Reviel e Natalie queriam ler imagens ampliadas para ver todos os aspectos críticos do texto. Se fosse possível, Reviel teria até desejado que uma única letra do Arquimedes preenchesse toda a tela do computador e, ainda assim, não aparecesse granulada; ele teria amado ver a imagem como se fosse através de um microscópio. Ao ler textos palimpsésticos, o tamanho afinal importa. Essa foi outra lição que os cientistas tiveram de aprender, e outra maneira em que a câmera poderia potencialmente melhorar em relação ao olho.

Mas a queixa mais eloqüente e inesperada de Natalie e Reviel foi a de que o texto do livro de orações havia sido retirado. Eles o queriam de volta. O que fizéramos e por quê? Os cientistas realmente haviam tido sucesso em separar o texto de Arquimedes do texto do livro de orações, eliminando-o, e os acadêmicos diziam que isso não ajudava. A razão por que não ajudava era bastante objetiva. Os cientistas, para que o texto do livro de orações desaparecesse, tinham tornado sua cor exatamente igual à do pergaminho. O problema agora era que, quando os caracteres de Arquimedes desapareciam sob um pedacinho do texto do livro de orações, os acadêmicos não sabiam se tais letras estavam invisíveis porque de fato não existiam ou porque estavam escondidas sob as letras do livro de orações. Os acadêmicos simplesmente não valorizavam as características das imagens criadas pelos cientistas; eu, entretanto, as achava legais.

O dia todo foi uma ladainha de queixas. Da mesma forma que pela manhã eu estivera confiante de que os resultados eram um triunfo, à tarde passei a achar que eram imprestáveis. Mike Toth, o gerente de programa do projeto, Abigail e eu nos reunimos em uma sessão fechada ao final do dia. E então, para meu espanto, Mike insistiu que absolutamente nada tinha dado errado. De fato, explicou ele, era assim que os projetos experimentais de imagem funcionavam.

Se pedir a cientistas solução para um problema difícil, é provável que você cometa erros na definição do problema, e eles certamente fracassarão em propor a melhor solução na primeira vez. Problemas realmente difíceis, disse Mike, são resolvidos em passos graduais que começam com críticas e acabam no entendimento. Disse também que era muito normal em tais projetos que os cientistas gerassem um produto equivocado. Estávamos apenas no início de um longo processo pelo qual os especialistas em imagem acabariam por compreender perfeitamente as necessidades dos acadêmicos e através do qual refinariam suas técnicas. Além disso, insistiu Mike, os especialistas em imagem tinham se saído bem: tinham tido sucesso em separar o texto de Arquimedes dos demais, e havia indícios de que estavam extraindo texto de Arquimedes que não poderia ser visto de forma alguma sob condições de luz normal. Na realidade, prosseguiu ele, em vez de queimar esses especialistas, deveríamos fazer com que juntassem forças às nossas, admitindo todos eles. Em outras palavras, Mike achava que o sr. B deveria pagar para todos os três trabalharem no projeto; poderíamos combinar a abordagem experimental de Bill Christen-Barry com as habilidades de processamento de Keith e Roger.

Realmente não passou pela minha cabeça que Mike tivesse enlouquecido, porque sabia de sua vasta experiência na avaliação dos resultados de projetos técnicos. Mas não conseguia ver o caminho adiante e temia ao pensar qual seria a reação da "autoridade máxima" ao ler o meu e-mail. A resposta dele, como era típico, foi muitíssimo mais breve do que minha longa missiva. Seu veredicto: "OK".

As Primeiras Palavras

Durante todo o penoso período até março de 2001, Reviel e Natalie haviam tentado transcrever os textos de Arquimedes a partir das imagens dos cientistas. Eu recebia cópias de e-mails que revelavam toda a dificuldade de sua tarefa. Eis uma mensagem habitual de Reviel para Natalie.

Natalie, estou progredindo!

Dê uma olhada na 48v col. 1, linha 6, depois da palavra facilmente legível perile/psomen. Heiberg estava certamente errado ao colocar o rô imediatamente depois, sem um espaço — há com certeza o espaço de um caractere; além do mais, o eta dele sem pontilhado é um eta muito ruim. Esse escriba faz a ponta da perna do eta um pouquinho flexionada para dentro, mas é suave, uma curva parabólica contínua; de fato, é mais como o capa do escriba do que como o seu eta. Ora, o caractere que imediatamente precede o rô é fraco, mas sugere um alfa. A conclusão de Heiberg de ser to/s parece provável, e assim talvez tenhamos ark[2-3 caracteres]to/s. Que tal arkounto/s? Daí o imediato par de palavras é perile/psomen arkounto/s — "nós incluiremos", "suficientemente". A passagem inteira poderia ser lida, como, por exemplo, kai allo/n pleiono/n (homoio/n touotois) theo/roumeno/n ta (pleista) ou perile/psomen, arkounto/s gar ho tropos hupodedeiktai dia to/n proeire/meno/n. Coloquei entre parênteses palavras que são meramente especulativas, embora haja algum traço de um lambda para pleista e o famoso "moi" no começo da linha 5.

Essa foi uma transcrição feita por Reviel a partir de uma das imagens experimentais. Talvez tenha sido útil para Natalie, mas não teve absolutamente utilidade alguma para os especialistas em imagem. Na prova de conceito, Reviel encontrou seu próprio jeito de mostrar qual texto conseguiria decifrar e qual ainda precisava ser trabalhado. Ele fez desenhos.

Trabalhando principalmente a partir das imagens ultravioleta, Reviel escreveu em verde o que conseguia ler e em vermelho o que podia apenas adivinhar. Há uma quantidade alarmante de vermelho nessas fotos. Algumas vezes ele mandava perguntas sobre as imagens. Uma passagem de particular importância parecia estar no fólio 105. Reviel escreveu o que viu, mas admite com franqueza chutar totalmente nesse fólio. A impressão que dava era de uma luta extraordinária. E foi mesmo. Mas valia a pena: finalmente descobrimos que Arquimedes tinha conhecimento sobre o infinito real. Mas não poderíamos continuar dessa maneira indefinidamente.

Fazendo a Luz Funcionar

Roger, Bill e Keith tinham muito a provar. Mas não somente aprenderam com a crítica a seus esforços; apresentaram um novo conceito para a digitalização do Palimpsesto, com base em seus primeiros resultados. O problema da resolução seria enfrentado fotografando não a 200 dpi, mas a 600. Para enfrentar o problema de registro, eles não filtrariam a luz de forma alguma. Em vez disso, as imagens seriam coletadas sob três condições de iluminação diferentes, com lâmpadas de tungstênio de baixa voltagem (que emitem uma luz bem "avermelhada"), com lâmpadas estroboscópicas Xenon (que emitem pequenos flashes brilhantes de luz branca) e com lâmpadas ultravioleta de "ondas longas" que emitem a maior parte de sua luz a 365 nanômetros, ondas que são apenas um pouco mais curtas do que o limite de comprimento de onda curta do olho humano. Eles também fariam as imagens com uma câmera digital colorida profissional, do tipo agora usado por qualquer fotojornalista profissional do país. Não faz sentido usar a tecnologia mais recente se ela não for de ajuda. Embora a câmera Kodak de Bill não tivesse a precisão espectral da de Roger e Keith, ela obtinha a resolução espacial que os acadêmicos buscavam, o que significava problemas de registro menos graves, e como Bill demonstrara em seus experimentos, não seria preciso mais processamento para separar o texto do livro de orações do de Arquimedes. Assim é que a faca venceu a arma de fogo, no final. A digitalização da prova de conceito ocorreu no começo de 2001. Tive de esperar vários meses para que os especialistas em imagem surgissem com um produto processado.

O sucesso foi alcançado através de tentativa e erro, mas desta vez os especialistas dispunham de bons dados e tinham uma idéia muito mais clara do que os acadêmicos desejavam. Eles estavam, naturalmente, brincando com números. Mas na seqüência explicarei sua solução visualmente, em termos de cor. Bem literalmente, é mais fácil visualizar dessa maneira.

Até esse ponto, os acadêmicos haviam considerado as imagens UV mais úteis. Os cientistas procuraram então saber o que nessas imagens não era do agrado dos acadêmicos. Elas tinham duas deficiências sérias.

Em primeiro lugar, elas eram um tanto "desfocadas"; parecia faltar-lhes definição. Em segundo, eram essencialmente monocromáticas — em tons de azul: o pergaminho era azul-claro e a tinta azul-escuro. E, embora os textos sobressaíssem melhor do que com a luz natural, era mais difícil distinguir entre o texto do livro de orações e o de Arquimedes. Keith Knox tomou as imagens UV como seu ponto de partida. Ele queria esclarecer qual texto era de Arquimedes, qual era do livro de orações, e com o mínimo de processamento de imagem. Ele tinha também de recuperar a nitidez que faltava na imagem UV.

Na digitalização da prova de conceito, os especialistas em imagem observaram que havia uma grande diferença no manuscrito entre quando era fotografado usando lâmpadas estroboscópicas brancas e quando eram usadas as lâmpadas de tungstênio normais. A iluminação com lâmpada de tungstênio de baixa voltagem é, como mencionei, muito avermelhada se comparada à estroboscópica, e com a luz de tungstênio o texto de Arquimedes ficava mais fraco ainda. A imagem consistia em "canais" vermelho, verde e azul, e ele observou que no canal vermelho o texto de Arquimedes quase desaparecia completamente. Para mim era um mau sinal, mas não para os especialistas em imagem: eles tinham duas imagens simples, não processadas, de cada página, que eram completamente diferentes. Combinando-as eles conseguiram produzir uma imagem diferente, sintética.

Assim foi que Keith fez uma fotografia totalmente nova. Ele começou com uma "tela digital" em branco na qual poderia inserir suas imagens, e dispunha de três canais digitais em que fazer isso — vermelho, verde e azul. No canal vermelho, ele colocou a imagem vermelho-tungstênio. No canal azul ele colocou imagem ultravioleta-azul (e no canal verde, ele simplesmente colocou a imagem ultravioleta-azul novamente). Para Keith, o ponto importante não era que o texto de Arquimedes desaparecia na imagem vermelho-tungstênio; o ponto importante era que tanto o pergaminho quanto o texto de Arquimedes estavam vermelhos. Assim, no canal vermelho de sua fotografia ele tinha Arquimedes claro, pergaminho claro e orações escuras. Nos canais azul e verde, ele tinha Arquimedes escuro, pergaminho claro e orações escuras. Combinando esses elementos em uma fotografia, ele obteve pergaminho claro, orações escuras e Arquimedes escuro com uma tinta vermelha.

Era perfeito. Envolvia muito menos processamento do que as imagens produzidas nas tentativas iniciais, diferenciava claramente as orações do texto de Arquimedes pela cor, e proporcionava ao último uma claridade maior do que a imagem UV. As imagens eram exatamente o que Reviel buscava. Tinham uma resolução de mais de 600 dpi, havia uma clara diferença de cor entre o pergaminho, o texto de Arquimedes e o texto do livro de orações, havia poucos artefatos e não estavam desfocadas. O processo tinha uma outra grande vantagem: funcionava bem sobre relativamente grandes áreas dos textos palimpsésticos, demandando pouco processamento local; na verdade, o processamento poderia ser automatizado. Imagens fotografadas durante todo um dia podiam ser processadas durante a noite no laptop de Keith, em seu quarto de hotel. Nós as denominamos "imagens de pseudocor", o método que as produzia "processamento push-button" (apertar botão), e o pacote de código fonte de Keith para fazê-las, "Archie 1.1". Em setembro de 2001, tínhamos a chave para destrancar os segredos do Palimpsesto. Ninguém havia feito qualquer trabalho sério de transcrição do próprio Palimpsesto antes da chegada de Reviel e Ken em 6 de janeiro de 2001.

Uma Nova Caixa para o Cérebro

Escrever livros na Idade Média era um negócio laborioso. Um escriba de nome Raoul que trabalhava no mosteiro de Saint Aignan, na França, escreveu: "Você não imagina o que é escrever. É trabalhoso demais; entorta sua coluna, diminui sua visão, revira seu estômago e flancos. Reze, então, meu irmão, você que lê este livro, reze pelo pobre Raoul, um servo de Deus, que o copiou inteiramente à mão no claustro de Saint Aignan."

Roger, Keith e Bill tornaram-se os Raouls do século XXI; devemos nos deter um pouco sobre eles. Eles criaram texto tão certamente quanto Raoul o fez e, embora seus procedimentos fossem muito diferentes, seus sentimentos a respeito do processo eram exatamente os mesmos. A partir de 2001, eles passaram a visitar o Walters mais ou menos a cada seis meses, por dez dias seguidos, e fotografavam os quinze fólios do livro do sr. B que Abigail e sua equipe haviam liberado mais recentemente. E até que Abigail tivesse liberado as folhas, eu colocava os cientistas em suas próprias células de trabalho — uma sala vazia feita de blocos de concreto pintados de branco, sem janelas, que não seriam muito maiores do que as habitações de monges medievais. E eu tinha de trancá-los nelas. Com freqüência eles trabalhavam depois do expediente em um museu com milhares de tesouros de valor incalculável, e eles teriam de me chamar para que os deixasse sair se até quisessem usar o banheiro.

Cada vez que chegavam, os especialistas abarrotavam sua sala com equipamentos que Roger trazia de carro de Rochester. Roger havia feito uma armação especial para digitalizar o códex: as câmeras eram montadas acima de uma estativa de reprodução motorizada, em que cada bifólio era colocado e fotografado. Até o momento os especialistas em imagem não haviam tocado no Palimpsesto. Cada fólio era transportado em um carrinho por um conservador da oficina de conservação cerca de cinco metros de distância. Cada um estava colocado em um tapetinho feito sob medida. Um conservador o acomodava cuidadosamente em uma estativa de reprodução (palco X-Y) e, a partir daí, todo movimento era feito por computador. Para virar a folha, os especialistas tinham de ligar para a oficina de conservação, para que alguém a virasse.

Roger estava no comando, literalmente. Ele guiava a estativa e tirava fotos com um clique no mouse. Os dois lados de cada folha foram fotografados trinta vezes; para obter a resolução de 600 dpi, precisavam ser tiradas dez fotografias separadas de cada fólio e em três diferentes condições de iluminação. Keith era "as luzes": ele dava uma batidinha no interruptor que ligava e desligava as lâmpadas estroboscópicas, as lâmpadas de tungstênio e as lâmpadas ultravioleta. Bill registrava cada movimento nas planilhas. Temos agora mais de 15 mil registros. Para cada imagem, foram registrados o fólio, qual lado do fólio, que posição naquele lado do fólio, a data em que a imagem foi criada, a marca da câmera, seu número de série, a marca da lente, seu número de série e tamanho, o comprimento da onda de iluminação e se fluorescente ou refletiva, a marca, número de série e voltagem da fonte de luz, o tamanho da abertura da câmera, a velocidade do obturador, a resolução, a contagem do pixel X e do pixel Y, o ângulo incidente da câmera e a distância da câmera em relação ao fólio. Há mais colunas do que essas, algumas das quais até hoje não entendo. Mas os cientistas precisavam documentar tudo completamente, não apenas para seus próprios registros mas para a posteridade. Sempre há a possibilidade de esses dados serem usados no futuro para fazer reproduções melhores com algoritmos de processamento mais eficazes.

Se o leitor acha que isso é maçante, não está sozinho. Dez dias sentado em um cubículo, tirando fotografias com a alternação de luz brilhante e total escuridão — Bill C.-B chamava isso de "trabalho de macaco treinado". Era inacreditavelmente maçante e também frustrante: peças quebravam e tinham de ser consertadas; havia longas esperas para que as folhas fossem entregues; e o pior de tudo era o barulho da estativa de reprodução ao se mover de uma seção para outra. Mas eles não podiam lubrificar a engrenagem. E por Keith ela não parava. Toda noite ele levaria os dados coletados durante o dia para o hotel e faria suas maravilhosas criações: fotografias inteiramente novas usando imagens de ultravioleta e tungstênio de baixa voltagem, como ingredientes. E este é um ponto conceitual importante: tais imagens não são do Palimpsesto, são criações sintéticas feitas a partir de fotografias do Palimpsesto. São obras de arte. E funcionam. Esse é o ponto.

Apesar disso, nesse momento, não temos produto. Todas as fotografias tiveram de ser juntadas para que os acadêmicos pudessem acessá-las. Primeiro, as dez fotos individuais de cada fólio tiveram de ser "costuradas" juntas, o que teve de ser feito para estroboscópicas, ultravioleta e pseudocor. Roger Easton e seus estudantes de pós-graduação no Instituto de Tecnologia de Rochester tiveram de executar 5.520 dessas operações "de costura". Tiveram depois de inventar uma maneira pela qual os acadêmicos pudessem acessar facilmente as imagens. O navegador que Roger e seus alunos desenharam é o mecanismo pelo qual os acadêmicos acessam hoje os textos no Palimpsesto e de forma infinitamente mais flexível do que no próprio. Dependendo de seu interesse, podem ler o livro de orações, com as folhas aparecendo na ordem certa. Bastando um clique no mouse, as imagens magicamente se reordenam e aparecem na ordem do Arquimedes, como eram antes de ser palimpsestadas. Os acadêmicos também têm a escolha de ver essas páginas em luz normal, ultravioleta ou de pseudocor sintética. E podem ainda vê-las em maior detalhe do que o olho as vê no original: fazendo um zoom sobre uma seção da página e ampliando-a sem perder resolução.

Naturalmente, os especialistas em imagem não compreendiam o texto que estavam criando. Cabia a Nigel Wilson e Reviel ler o texto de Arquimedes. Ambos estão agora trabalhando em edições completamente novas de *O método*, *Stomachion* e *Corpos flutuantes*. A colaboração deles, em muitos sentidos, é a ideal. Nigel tem maior familiaridade com a transcrição e decifração da letra cursiva grega do século X. Por outro lado, Reviel entende a matemática de Arquimedes tão bem que pode adivinhar palavras que não são mais visíveis no códex. Quando se faz a transcrição erudita de um texto, é preciso observar o que dá para ser visto e o que dá para ser adivinhado. Para que uma palavra seja realmente consistente em nossa transcrição, portanto, Nigel e Reviel devem vê-la. Reviel e Nigel trabalham independentes um do outro, um em Stanford, Califórnia, o outro em Oxford, Inglaterra. Eles conferenciam quando completam uma passagem, e então comparam anotações. Abaixo está um exemplo característico, do fólio 105v, que contém a proposição 14 de *O método*. Nigel escreveu:

Caro Reviel,
Na col.2 linha 4 acho que a leitura PhANERON hWS EIRHTAI não se encaixa nos espaços exatamente como gostaríamos, e minha sugestão, depois de contemplar por um longo tempo a imagem, é que leiamos PhANEROI TO SKhHMA. Sei que introduz um verbo que A. não usava muito, se é que usou em outro lugar, mas é pertinente em grego. Dê uma outra olhada e veja o que você acha.

E a resposta de Reviel foi:

Definitivamente vejo seu Chi agora, que faz com que SKhHMA seja uma leitura bem interessante. Examinando um pouco mais, me pergunto se não vejo afinal um nu no fim de PhANERON. O que você acha de TOUTO GAR PhANERON TWi SKhHMATI, considerando que o escriba tivesse substituído, como fazia com freqüência, ômicron por ômega, e então, seguindo os dois acusativos neutros, ele não viu erro algum em SKhHMA? Não tenho certeza se TOUTO GAR PhANERON TWi SKhHMATI está em muito bom grego, mas é um desvio menos radical do que TOUTO GAR PhANEROI TO SKhHMA (o que, se correto, seria deveras empolgante). Talvez, se solicitarmos raios X de superalta resolução desse ponto específico, isso sirva para esclarecer o possível valor da tecnologia.

Vez por outra, quando está eufórico, Reviel me escreve. O primeiro fólio da carta de Arquimedes para Eratóstenes foi fotografado na quinta-feira, 20 de novembro de 2003, quatro dias depois de Abigail ter terminado de prepará-lo, mas foi somente na quarta-feira, 12 de outubro de 2005, que Reviel o transcreveu. Ele deixou as páginas mais difíceis para o final, porque então conseguia ler traços fracos da escrita com muito mais fluência:

Tenho feito algum progresso aqui. Foi uma sensação engraçada transcrever a introdução de *O método*, meio como um especialista em Shakespeare transcrevendo o texto manuscrito de "Ser ou não ser". Surpreendentemente muitas mudanças sutis, de alguma relevância (por exemplo, Eudoxo foi o primeiro não a "descobrir" um resultado, mas a "publicá-lo" etc.). Vai fazer bem ao moral avisar a todos que a leitura das páginas falsificadas 57-64 é absolutamente crucial. E por isso desejo que essa borda de papel seja removida por Abigail. Nos falamos — Reviel.

Já possuo dois resultados impressos do Arquimedes digital. O primeiro é um lindo livro, impresso por Nigel. Como as cartas de Arquimedes, esse livro é pessoal, para os amigos de Nigel. Existem somente cinqüenta exemplares dele. É a transcrição de Nigel, feita a partir das imagens em pseudocor, de *Corpos flutuantes*, proposições 1 e 2, inclusive os diagramas. Inclui uma transcrição do fólio 81v, que escapou a Heiberg e que está agora no verso de uma página que contém uma falsificação coberta de cola. Não há espaços em branco na transcrição de Nigel que eu veja.

Entretanto, uma parte dela está em latim, baseada no texto de Moerbeke, porque Nigel imprimiu esse livro em 2004 e no momento não tinha uma fotografia em pseudocor do fólio 88r.

O segundo é o monumental primeiro de três volumes de Reviel, intitulado *The Works of Archimedes* (Os Trabalhos de Arquimedes), e publicado pela Editora da Universidade de Cambridge. Essa é a primeira boa tradução para o inglês de *A esfera e o cilindro* e do comentário de Eutócio a respeito, e contém os diagramas. Não tenho dúvidas de que esses diagramas são os que recriam com maior precisão os desenhos feitos por Arquimedes nas areias de Siracusa. Essa é a razão das primeiras palavras de Reviel para mim terem sido: "Sim, preciso ver os diagramas, especialmente os de *A esfera e o cilindro.*" Evidentemente demos a ele o que desejava, e demos ao mundo uma melhor compreensão sobre o cientista mais importante que já existiu.

O Palimpsesto está acondicionado em uma caixa prateada — um disco rígido externo de 300 gigabytes que pode ser conectado ao computador. Os acadêmicos não lêem mais Arquimedes vendo os resquícios de ferro feitos por uma pena sobre pele animal. Os tratados de Arquimedes estão agora armazenados digitalmente como 1s e 0s em um computador. Arquimedes recebeu sua mais recente atualização de TI. Somente Nigel Wilson não usa esse disco informatizado. Para espanto dos especialistas em imagem, ele prefere usar as cópias em papel das fotografias. Nigel é um usuário final — ele obtém o que desejar. Mesmo agora, nos meses de verão, quando a luz é boa, ele faz a maior parte de seu trabalho de transcrição a partir dessas cópias, usando uma lupa.

Uma Nova Voz

Um grande códex que já havia revelado a maior parte de seus segredos — como o leitor deve lembrar, assim pensava a maior parte dos especialistas quando o Palimpsesto foi leiloado pela Christie's. Dada a reputação de Heiberg como filólogo de textos antigos e dado o tratamento que o Palimpsesto havia recebido desde o tempo de Heiberg, esse ceticismo parecia bem fundado. Mesmo Reviel achava que seu trabalho seria principalmente sobre os diagramas. A descoberta de dois fólios desconhecidos de *Corpos flutuantes* e a nova leitura da proposição 14 de *O método* mudaram sua visão das coisas. Não demorou muito para que o resto do mundo estivesse convencido. Na quarta-feira, 6 de dezembro de 2000, recebi uma ligação de Will Peakin: ele desejava escrever um artigo sobre o livro do sr. B para o *Sunday Times* de Londres. A capa da revista de 17 de junho de 2001 estampa uma imagem do Palimpsesto e a chamada: "EURECA: São apenas umas poucas linhas rabiscadas em texto grego, mas a nova tecnologia identificou a mão de Arquimedes — e os resultados estão reescrevendo a história." Nós, porém, ainda não tínhamos visto nada. Era apenas o começo.

Até o verão de 2002, todos estivéramos trabalhando para Arquimedes. Mas isso estava prestes a mudar. Cerca de trinta fólios do Palimpsesto não contêm tratados de Arquimedes. Eles provêm de outros textos palimpsésticos. Coube a Natalie Tchernetska a tarefa de investigá-los. Ela começou com uma página em particular em que Heiberg lera apenas uma pequena frase que ninguém subseqüentemente conseguira identificar. Quando recebeu as imagens em pseudocor dessa página, ela meticulosamente transcreveu apenas mais algumas poucas linhas. Tentou então encontrar uma correspondência para essas linhas em textos bizantinos. Uma fonte especialmente rica para textos bizantinos é a obra denominada a Suda — uma grandiosa enciclopédia do século X de autores antigos. Finalmente ela encontrou uma correspondência exata: era a citação de um discurso perdido de um autor antigo chamado Hipérides. Alguns dias depois, no sábado, 19 de outubro de 2002, Natalie me enviou o seguinte e-mail.

> Caro Will, tentando explorar um pouco mais os fólios que não eram
> de Arquimedes, recentemente decifrei o texto de um orador grego,
> desconhecido de outra forma. Pude identificar partes de discursos perdidos
> de Hipérides: as fls. 135-138 contêm um fragmento de seu discurso
> do processo Contra Timandro; fls. 136-137 fragmento de um discurso
> político, possivelmente "Contra Diondas"; fls. 174-175 possivelmente
> um fragmento do mesmo discurso político. Cordialmente, Natalie

Natalie nunca ouvira falar de Hipérides, nem eu tampouco. Seu tom era de um personagem saído de Asterix, talvez um primo próximo de Ekonomikrisis, o sábio mercador fenício de *Asterix o Gladiador*. Mas não: logo começamos a entender que se tratava de uma descoberta verdadeiramente sensacional. Hipérides é, de fato, um dos dez oradores canônicos da Antiguidade. Nasceu em 389 a.C., cinco anos antes de Aristóteles. Como Aristóteles, Hipérides viveu em Atenas e foi político na democracia mais influente do mundo.

No mundo antigo, 77 discursos foram atribuídos a Hipérides, celebrado por seu estilo e inteligência. Seu discurso mais famoso está perdido. Fala de Friné, uma prostituta célebre por sua beleza. Na realidade, diz a lenda que seu corpo foi o modelo para a famosa estátua da deusa Afrodite em Cnidos. Mas Friné era também amante de Hipérides e, quando foi acusada de ofender os mistérios eleusianos, Hipérides a defendeu. Percebendo que não estava se saindo muito bem, ele rasgou a túnica dela, expondo seus seios ao júri. Bela saída. Funcionou e ela foi absolvida. Contudo, apesar do estilo e temas de Hipérides, seus discursos foram particularmente maltratados na transição do rolo para o códex. Em 1998, Lászlo Horváth, de Budapeste, procurou bravamente por um códex que ouvira dizer continha os discursos de Hipérides no século XVI, mas nunca o achou, e seu conteúdo nunca foi devidamente conhecido. Na realidade, até o século XIX, Hipérides só foi conhecido através de citações de autores posteriores. Então, em 1847, foram descobertos papiros contendo seus textos em uma tumba em Tebas, no Egito. A última grande descoberta foi em 1891. Mas eis que, em 2002, Natalie descobriu novo texto de Hipérides, e mais, encontrou-o em um códex. E, se conseguirmos ler todos esses fólios, teremos acrescentado mais de vinte por cento à obra sobrevivente dessa grande figura da era dourada da história ateniense.

Hipérides apoiava abertamente a resistência ao poder militar de Filipe da Macedônia e de seu filho Alexandre, o Grande. Quando Alexandre morreu, em 323 a.C, ele advogou uma ampla rebelião. A rebelião fracassou; Hipérides teve sua língua decepada, em um deboche a sua oratória, e foi depois executado. Plutarco, em seu *Vidas*, escreveu sobre Hipérides:

"Seu monumento é agora todo ele desconhecido e perdido, sendo derrotado pela idade e longa existência." Não é bem assim. Prosseguindo, Natalie iria achar dez fólios do Palimpsesto que contêm seus discursos. Mas recuperar o legado literário dessa grande figura é assustadoramente difícil. As páginas do Palimpsesto que contêm seus discursos são ainda mais difíceis de ler do que as de Arquimedes. Enquanto escrevo, uma equipe internacional de acadêmicos, incluindo a própria Natalie, Pat Easterling, Eric Handley, Jud Hermann, László Horváth e Chris Carey, trabalha em colaboração para montar uma edição crítica dos textos.

Um dos discursos identificados por Natalie citava alguns vultos históricos da Antiguidade — Demóstenes, o renomado orador, Filipe da Macedônia e seu filho Alexandre, o Grande. Mencionava também uma figura muito menos conhecida — um certo Diondas. Natalie corajosamente aventou as circunstâncias em que esse discurso teria sido feito. O poder militar de Filipe da Macedônia deveria estar crescendo e Atenas precisava reagir. Demóstenes era particularmente hostil a Filipe, chamando-o de "o canalha pestilento da Macedônia", e teve sucesso na negociação de uma aliança com a cidade-Estado de Tebas. Exultante, Hipérides apoiou uma proposta para que Demóstenes recebesse uma coroa honorífica por seu triunfo diplomático. Mas em 338, apesar da aliança, os atenienses e tebanos perderam desastrosamente para as forças de Filipe na batalha de Queronéia. Foi então que Diondas denunciou Hipérides porque, segundo argumentou, o apoio de Hipérides a Demóstenes era inconstitucional. Parece ter sido um flagrante e cínico ato político para prejudicar Demóstenes e Hipérides — que lideravam o sentimento antimacedônico em Atenas. Sabemos que Hipérides escreveu um discurso em sua defesa e foi absolvido. Esse, deduziu Natalie, era o discurso perdido de Hipérides. Tal discurso não somente projeta luz na política ateniense dos dias sombrios posteriores a Queronéia, mas também fornece um novo contexto para um dos maiores discursos da Antiguidade — o próprio discurso de Demóstenes "Oração da Coroa". Essas páginas levarão anos sendo estudadas, mas já houve grande progresso. Uma das folhas mais difíceis de Hipérides está sendo decifrada por László Horváth, de Budapeste. Ele me enviou um e-mail para contar que, quando Hipérides discute alianças prévias entre Atenas e outras cidades-Estados gregas, ele difere do grande historiador Heródoto sobre o número de navios com que Atenas contribuiu para a frota grega na grande batalha de Salamina, em que os gregos, liderados por Temístocles de Atenas, triunfaram sobre os persas, que ameaçavam invadir sob o comando de Xerxes, em 480 a.C. O total de navios informado por Hipérides é 220, enquanto Heródoto alega que os atenienses dispunham de 180. Como o total de Heródoto sobre o número de navios fornecido por todas as cidades-Estados não bate com os números que ele dá para as cidades individualmente, László acredita que o discurso de Hipérides possa ser crucial para avaliar os detalhes de uma das mais importantes batalhas da civilização ocidental.

Parecem não ter fim os segredos do Palimpsesto. Na segunda feira, 11 de junho de 2005, recebi um e-mail de Nigel Wilson, no qual ele dizia ter identificado várias outras folhas de um texto filosófico, comentando sobre uma delas "li o nome Aristóteles bastante claramente". Há pelo menos seis fólios desse texto no Palimpsesto, os quais ainda terão de ser transcritos e identificados. Passei a informação para Reviel, que transcreveu algumas palavras mais. Ele não conseguiu casá-las em nenhum mecanismo de busca de textos gregos. Isso soa familiar. Talvez seja um comentário ainda desconhecido de Aristóteles. Como Nigel acredita tratar-se de manuscrito escrito no final do século IX, a suposição é de que o comentário seja do mundo antigo. Não é difícil levantar sugestões. Talvez a mais convincente até aqui seja a de Marwan Rashed, um acadêmico francês contatado por Reviel. Ele pensa que possa ser texto de um dos primeiros autores cristãos criticando várias filosofias gregas, inclusive as pitagóricas, pela incapacidade de considerar a possibilidade da criação do mundo a partir do nada. Se for, podemos bem ter preservada exclusivamente no Palimpsesto de Arquimedes a opinião de um autor do primórdio do cristianismo sobre a visão inadequada do mundo pré-cristão.

Sabemos que o livro do sr. B realmente não é o "Palimpsesto de Arquimedes" de modo algum; o Códex Arquimedes não passa de um dos importantes manuscritos que ele contém. O livro de orações do sr. B abriga uma minibiblioteca de textos antigos únicos. Além do manuscrito de Arquimedes, ele contém cinco folhas que são as únicas a preservar discursos de um dos maiores oradores de Atenas e sete folhas que são as únicas a preservar opiniões da Antiguidade sobre Aristóteles. Ele também contém alguns textos bizantinos: quatro folhas de um livro de hinos do final do século X, parcialmente homenageando São João Psichaites, um abade de Constantinopla que reconstruiu seu mosteiro depois de ter sido destruído em 813 por Krum, o cã da Bulgária com a curiosa taça de vinho, e duas folhas sobre a vida de um santo. Sete folhas, de pelo menos dois manuscritos separados, não haviam sido identificadas até o momento em que este livro estava sendo redigido.

É possível que o Palimpsesto nunca revele todos os seus segredos, mas ouso uma predição. Acredito ser muito provável que Reviel e Ken Saito sejam as últimas pessoas a descobrir novos textos do próprio Palimpsesto, porque desde então eles passaram por uma outra transformação. No século XXI, quem desejar ler o que Arquimedes tinha a dizer a Eratóstenes no século III a.C., e o que Hipérides disse aos atenienses no século anterior, não deve fazer uma peregrinação ao códex em Baltimore. Não é possível lê-lo lá. Só uma das caixinhas prateadas de Roger Easton resolve.

Os Gêmeos de Parenti

O escriba do livro de orações — que biblioteca exatamente estaria ele reciclando? Devia ser extraordinária. John Lowden uma vez me disse, brincando, que era a biblioteca do próprio Fócio. Não poderia ter sido ela, é claro: com a possível exceção do comentário de Aristóteles, os textos palimpsésticos foram escritos muito tempo depois da morte de Fócio. Apesar disso, Hipérides foi um dos autores citados por Fócio. Nenhum acadêmico moderno acreditava que Fócio tivesse mesmo lido Hipérides, mas agora parece que Fócio tem-nos dito a verdade de mil anos. Contudo, da mesma maneira que a biblioteca de Fócio, esses textos devem ter sido reunidos em Constantinopla. Mas isso não significa que eles permaneceram em Constantinopla. Livros viajam com seus donos. Então onde estavam esses textos quando foram transformados em um livro de oração?

Compreensivelmente talvez, ao reunir os acadêmicos para trabalhar no livro, me concentrei naqueles que poderiam ajudar nos textos palimpsésticos. Foi só quando o legendário liturgista Robert Taft entrou em contato comigo que passei a prestar mais atenção aos textos do livro de orações. Ele sugeriu que eu desse fotos para um acadêmico italiano, Stefano Parenti. Stefano observou que o livro de orações continha certos textos muito raros, inclusive um para a purificação de um recipiente poluído e outro para a armazenagem de grão. Stefano também encontrou essas orações e outras em um manuscrito que pode quase ser descrito como o gêmeo do livro de orações. Está no mosteiro de Santa Catarina no Sinai, o mesmo lugar em que Tischendorf encontrou o Códex Sinaítico, e foi escrito por um padre chamado Auksentios, em 1152-3. Algumas orações estão na mesmíssima ordem. Outras, como um grupo de orações para a elevação da hóstia e uma para o consumo do remanescente dos dons da liturgia pré-santificada, Stefano sabia serem específicas a Jerusalém na Idade Média. Finalmente, ele observou que havia referências freqüentes a orações "para esta cidade" em nosso livro de orações. Parece improvável, portanto, que o livro de orações tenha sido feito em São Sabas, muito embora tenha terminado lá no século XVI. Mas é muitíssimo provável que tenha sido concluído em Jerusalém, a apenas 24 quilômetros de distância, e em 14 de abril de 1229.

Ainda não sabemos como os textos palimpsésticos chegaram à Terra Santa, e talvez nunca saibamos. A questão não é a improbabilidade, mas sim que, no século XIII, havia inúmeras maneiras pelas quais os livros poderiam ser levados de Constantinopla para lá. E a razão disso é que a Terra Santa, nessa época, era o destino de escolha dos cristãos da Europa — para peregrinação e para cruzadas. Jerusalém era um lugar particularmente interessante de se estar em 1229. Frederico II, o Sagrado Imperador Romano, rei da Sicília, de Chipre e Jerusalém, e da Alemanha, a maravilha do mundo por sua energia, conhecimento e ceticismo religioso, havia finalmente cumprido seu juramento de tomar parte na cruzada.

Na segunda-feira, 18 de fevereiro de 1229, menos de dois meses antes da data em nosso livro, ele libertou do controle muçulmano toda Jerusalém, com exceção do Domo da Rocha e outras cidades, inclusive Nazaré, onde Jesus cresceu, e Belém, onde Jesus nasceu. Era, sem dúvida, algo a ser comemorado pelos cristãos. O escriba do livro escreveu as orações com alegria no coração. Agora que eu sabia que poderíamos recuperar os textos do Palimpsesto, eu era todo compreensão e agradecimento para com o escriba por ele ter usado tais tesouros para escrever seu livro. Gostaria mesmo de agradecer a ele pessoalmente. O problema é que desconhecia seu nome.

10
O *Stomachion*, 2003
ou O Jogo de Arquimedes

Um Pacote do sr. Marasco

Em setembro de 2003, eu acabara de voltar das férias de verão; um tal de sr. Joe Marasco havia me enviado um presente. Um pacote engraçado estava à minha espera junto do resto da correspondência. Seu remetente se identificava como um fã de Arquimedes, o que, para ser sincero, era um tanto preocupante. Embora menos malucos tenham entrado em contato comigo do que com Will, tive minha cota deles. (E não, não descobri Rasputin no Palimpsesto tampouco.)

Abri o pacote cautelosamente e me deparei com um brinquedo verdadeiramente vistoso: grandes peças de vidro vermelho, cortadas em todo tipo de formas e montadas em um quadrado. Interessante, pensei. Uma pena, é claro, que sejam frágeis e afiadas (estávamos esperando nosso primeiro filho, e eu andava pesquisando brinquedos); mas poderia mantê-lo no escritório e exibi-lo como um exemplo das coisas engraçadas que se recebe por ser um estudioso de Arquimedes.

Entendi o ponto do sr. Marasco; ele me enviava uma réplica do Stomachion, o que só fez aumentar minha consciência de quão estranha era essa coisa. Eu me dei conta de que havia um fragmento obscuro de Arquimedes que tratava do Stomachion. Lembrei-me vagamente que era um jogo antigo, cujo objetivo era juntar catorze peças em uma forma geométrica. Sabia muito bem que ninguém havia estudado esse fragmento. A visão geral era de que Arquimedes usava o jogo como uma espécie de ponto de partida para motivar uma discussão geométrica — embora nunca alguém tenha conjecturado sobre que tipo de discussão geométrica poderia ter sido. Eu sabia qual era a dificuldade: nosso conhecimento baseava-se apenas em um pequeno fragmento, preservado de forma degradada.

Eu também sabia que o fragmento estava ali do meu lado em meu escritório: o novo disco rígido, recebido de Roger Easton recentemente, continha — entre outras coisas — as novas imagens digitalmente processadas dos fólios 172-7. Bem, pensei, foi bonito o gesto do sr. Marasco. O mínimo que poderia fazer para retribuir seria tentar ver se conseguiria ler alguma coisa do *Stomachion*.

Seria tarefa difícil. Em algum momento no século XVI, ou mesmo antes, haviam sido perdidos os fólios finais do manuscrito do Eucológio, do 178 a 185. (Atualmente estão repostos por um suplemento de papel inserido no manuscrito no século XVI.) O fólio 177 tornou-se o último, o menos protegido contra mofo e outros estragos.

Quando visitei Baltimore, eu naturalmente pedi para ver esse fólio, mas logo ficou claro que a olho nu nada seria conseguido. O pergaminho estava tão gasto que, em alguns pontos, estava literalmente desintegrado. Havia furos nele — palavras gregas perdidas para sempre. Nem sequer era agora uma peça de pergaminho retangular bem definida. Não passava de uma superfície corroída, feita de pedaços precários, desajeitados, que mal e mal se mantinham juntos.

Essa, porém, era apenas uma parte do problema. Mesmo onde existia pergaminho, a escrita era tão fraca, tão misturada com manchas de bolor, que não havia nada a ser feito. A olho nu aquilo não era um palimpsesto de forma alguma. A primeira coisa que saltava aos olhos eram grandes bolhas de uma substância feia, enegrecida — os restos de mofo. Além disso, via-se — com dificuldade — o texto de cima, mas o texto subscrito desaparecera completamente. Peguei o fólio com todo o cuidado. Esse era um que eu não tiraria do protetor plástico. Iluminei-o com a lâmpada UV, mas nada além apareceu.

Bem, é isso aí, pensei na ocasião. Não faremos progresso algum com o *Stomachion*. Uma pena mas, pensando bem, não é um tratado importante de todo modo — e, mesmo que conseguíssemos fazer mais leituras, em que ajudaria afinal? O texto está fragmentário demais: nunca entenderemos o *Stomachion*; será mais proveitoso investir meu tempo em outra coisa.

Nisso tudo, eu estava meramente seguindo a postura tradicional. Heiberg conseguira ler apenas alguns fragmentos desse texto e não se arriscara a fazer nenhuma interpretação dele. Dijksterhuis, um grande estudioso de Arquimedes, escreveu um comentário cuidadoso sobre cada um dos tratados de Arquimedes, mas praticamente nada teve a dizer sobre o *Stomachion*; de fato dá para se notar uma crescente impaciência dele. Ele começou com uma espécie de especulação, ou seja "[o tratado] pode indicar que [Arquimedes] estudou o jogo de um ponto de vista matemático... [ele] discutiu algumas das propriedades do assim chamado Stomachion"; mas a seguir Dijksterhuis perde a confiança: "No fragmento grego, entretanto, não encontramos muito sobre essa investigação." E sua conclusão é: "Não é mais possível determinar se esse resultado foi o objeto almejado ou parte dele (e que parte) na investigação como originalmente anunciado."

A questão toda é que esse único bifólio do Palimpsesto é quase tudo que temos para nos guiar. Nele Arquimedes conclui seu tratado *Medida do círculo*. Ele começa então um novo tratado, cujo título (muito difícil de se ler) poderia ser algo como "*Stomachic*" ou "*Stomachion*". Há algumas palavras de introdução, depois uma única proposição simples e o início de uma outra. Ambas, obviamente, são meros prelúdios para a ação real do tratado. Nada de substancial matemática nos foi deixado. Em essência, quando o autor do Palimpsesto escolheu quais fólios do livro original de Arquimedes usar, ele jogou fora todo o *Stomachion*, com exceção desse único bifólio. E é fácil entender o porquê: o *Stomachion* era o tratado final do livro original de Arquimedes, e nós acabamos de ver um exemplo dessa importante regra dos manuscritos: *O final é que está sempre em pior estado*. O pergaminho em que o *Stomachion* foi escrito já devia estar em mau estado no século XIII, e assim esse tratado foi simplesmente descartado — não estava bom o suficiente nem mesmo para servir como pergaminho reciclado. O autor do Palimpsesto provavelmente raciocinou que esse pedaço de pele animal, em particular, não sobreviveria a uma nova raspagem.

Há algumas outras peças de evidência, sem as quais nossa posição seria ainda mais precária. Temos alguma evidência proveniente da Antiguidade referindo-se a um jogo, chamado Stomachion, ou "dor de barriga" — jogo supostamente tão difícil que revirava o estômago. (A dificuldade de juntar peças seria um tema constante sobre o *Stomachion* por sua história afora.) Envolvia catorze peças que deveriam ser unidas para formar um quadrado. O testemunho da Antiguidade teve muitas implicações sobre o jogo, inclusive sugerindo que não fora inventado por Arquimedes, mas que ele teria feito reflexões matemáticas sobre o mesmo. (Da mesma maneira, os matemáticos contemporâneos podem hoje usar o cubo de Rubik para apresentar idéias da Teoria de Grupos.) Tais reflexões matemáticas ficaram muito bem conhecidas na Antiguidade, tanto que o jogo chegou a ser chamado de "Caixa de Arquimedes" por alguns. Mas muito pouca gente examinou realmente o tratado. O único manuscrito grego contendo o texto do *Stomachion* a sobreviver, no ano de 1229, era o que estava na nossa frente — o livro original de Arquimedes servindo de base para o Palimpsesto. E assim foi que, em 1229, desfazendo-se do grosso do *Stomachion*, o autor do Palimpsesto jogou fora a única evidência que o mundo ainda tinha em grego.

Havia ainda mais uma peça para o quebra-cabeça. Assim como ocorreu com o Palimpsesto, essa evidência foi ignorada por anos. Nesse caso o obscurantismo resultou não dos reveses da sorte — como foi o do Palimpsesto — mas da negligência dos estudiosos. O manuscrito em questão estava à disposição para que todos o lessem, mas não foi lido por gerações simplesmente porque *muito poucos acadêmicos liam árabe.* Somente em 1899, um acadêmico alemão, Suter, deparou-se com um manuscrito árabe do século XVII que mencionava o "Stumashiun de Arquimedes".

É fato que muito da herança grega sobrevive somente em árabe (e boa parte dela ainda não foi publicada, devido à tal negligência dos estudiosos; é bem possível que haja mais trabalhos de Arquimedes extraviados, esperando ainda ser resgatados de despercebidos manuscritos árabes). Tais traduções para o árabe eram originalmente feitas nos centros de aprendizado árabes, como Bagdá, do século IX em diante. É bastante usual, entretanto, que as versões em árabe sejam muito distantes do ori-

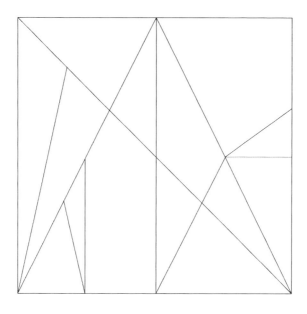

FIGURA 10.1

ginal. Os matemáticos árabes eram cientistas muito bons. Acrescentaram à matemática muitas coisas originais e que não estavam presentes na ciência grega. Por essa razão, eles com freqüência reescreviam suas fontes, reduzindo-as, reformulando-as etc. Claramente esse foi o caso do *Stomachion*. O manuscrito encontrado por Suter infelizmente não passa de uma redução árabe de uma pequena parte do texto original de Arquimedes. O manuscrito árabe tem um texto muito curto mesmo — da extensão de um par de fólios — que, reitero, nos fornece muito pouca informação. Mas discute um aspecto crucial: a construção do Stomachion, como um quadrado dividido em catorze peças. Baseados nesse texto, portanto, pudemos reconstruir de maneira precisa a forma do quebra-cabeça Stomachion (ver fig. 10.1). Trata-se de um famoso diagrama: todos que conhecem alguma coisa sobre o Stomachion estão familiarizados com a figura de um quadrado dividido em catorze peças, o principal formato do quebra-cabeça Stomachion. Era com isso que Arquimedes brincava. Assim, o modelo de Marasco tinha por finalidade ser essencialmente uma cópia de um diagrama existente em um manuscrito árabe do século XVII (com um certo pré-requisito — sobre o qual trataremos mais tarde).

Esse é, pois, o resumo do que tínhamos conhecimento: havia um tratado de Arquimedes que abordava um certo jogo, cujo objeto era construir algumas formas a partir de determinadas catorze peças. Era tudo o que sabíamos.

E, por outro lado, ninguém nem mesmo se incomodou em saber mais do que isso. Quando a venda do Palimpsesto foi realizada, todos repetiam com entusiasmo que poderíamos encontrar novas leituras de *O método*. Mas literalmente não se falava que poderíamos encontrar novas leituras do *Stomachion*. Esse tratado era o parente pobre, aquele de que todos se esqueciam — em parte porque havia sobrado muito pouco com que se pudesse trabalhar; mas, mais importante, porque imaginava-se que, afinal de contas, *não passava de um jogo*. Possivelmente, não estava à altura da relevância das questões maiores tratadas por Arquimedes, como o infinito e a aplicação da matemática ao mundo físico. Era a brincadeira de Arquimedes, um passatempo arquimediano. Pena que não soubéssemos mais a respeito, mas dava para sobreviver sem ele.

Era esse o sentimento geral — inclusive o meu — quando o Palimpsesto veio à tona. Assim foi que, relutante, conectei o disco rígido externo ao meu computador, imaginando o que as imagens em pseudocor poderiam me ensinar. O trabalho seria um osso duro de roer para pouco resultado. Mas vamos pelo menos tentar: em um momento ou outro, raciocinei, terei de examinar isso e, se o fizer agora, talvez tenha algo de interessante para comentar com o sr. Marasco quando lhe enviar uma nota de agradecimento.

Entendendo o Stomachion

Em princípio, havia esperança de que o texto que tínhamos nos forneceria algumas pistas. Não tínhamos mais do que um único bifólio grego, mas afinal era um bifólio crítico: o primeiro do tratado, que incluía, portanto, a *introdução*. Imaginávamos que a introdução daria uma idéia do

figura 10.2

objetivo do trabalho. Mas, apesar disso, a parte que Heiberg conseguira ler era terrivelmente fragmentária e obscura. Seu primeiro parágrafo estava mais ou menos completo e sua leitura era a seguinte:

> Como o assim chamado Stomachion tem uma variada teoria de transposição das figuras com as quais é formado, achei necessário: primeiro, especificar, em minha investigação a respeito da magnitude da figura inteira, cada uma das figuras em que é dividido por qual [número] é medido; e posteriormente também quais são os ângulos, considerados pelas combinações e somados juntos; tudo isso dito com o propósito de descobrir a montagem das figuras que surgiriam, quer os lados resultantes das figuras estivessem em uma linha quer estivessem ligeiramente fora dela, mas de tal forma a passar despercebido aos olhos. Pois considerações

FIGURA 10.3

como essas são intelectualmente desafiadoras; e, se estiver um pouco fora de linha, sendo ao mesmo tempo despercebido pela visão, as figuras que são compostas não devem por essa razão ser rejeitadas.

Talvez esse parágrafo seja obscuro, mas nos revela alguma coisa. Arquimedes examinará as medidas das várias peças que compõem o Stomachion. E também examinará os ângulos para verificar quais peças, juntadas, se encaixam combinadamente (para formar uma linha reta, isto é, perfazendo juntas 180 graus). Assim, o tratado é uma espécie de estudo das maneiras como as figuras do Stomachion podem ser juntadas.

Bem, aqui cabe uma consideração importante. As pessoas que mais influenciaram a interpretação de Heiberg sobre o *Stomachion* foram os gramáticos romanos do final do período imperial, os quais escreveram muitos séculos após a morte de Arquimedes. Ocorre que esse grupo de autores se afeiçoou a um certo clichê: comparar as muitas expressões que podem ser formadas com apenas umas poucas palavras às muitas maneiras pelas quais podem ser feitas diferentes figuras com apenas umas poucas formas básicas. Desse modo, diziam eles, seria possível juntar as peças do Stomachion para fazer um elefante, ou um guerreiro, ou um pássaro: as possibilidades eram ilimitadas (ver fig. 10.2).

Eis aqui então um sentido de variedade: as peças podem ser montadas em um jogo de criatividade livre. O que deve ser imediatamente enfatizado é que *não há limite* para o número de formas que se pode fazer dessa maneira. Isso porque, para fazer um elefante ou um guerreiro, as peças podem ser juntadas livremente, não necessariamente colocando um vértice junto ao outro. Na figura 10.3, temos um close do "elefante", e vemos como diversas peças estão colocadas "imprecisamente" umas junto às outras, sem que haja um encontro exato de seus vértices. Ora, se essa é a regra — que as peças podem ser juntadas umas às outras "imprecisamente" — está presente então a lógica do infinito. Pois isso significa que as peças podem *continuamente* ser colocadas ao longo de qualquer aresta. A peça X pode ser incluída na metade entre uma aresta e outra, ou a um terço, a um quarto, a um quinto... Há literalmente infindáveis maneiras de se posicionar uma peça junto da outra. O número de diferentes elefantes que podem ser feitos com catorze peças é literalmente infinito. Isso nos faz lembrar, uma vez mais, de quão onipresente o infinito é em matemática.

Heiberg, com seu enorme aprendizado, estava ciente desse clichê gramático romano. Assim foi que, ao passar do primeiro para o segundo parágrafo, ele imaginou ter uma idéia do que Arquimedes queria dizer: ele achou que Arquimedes estivesse se referindo à ilimitada pluralidade dos elefantes. A partir daí havia muito pouco que Heiberg pudesse ler — a escrita se tornara muito mais difícil — mas ele julgou que poderia reconstruir alguns traços com significado: "Assim é possível... muitos... com as mesmas formas... deslocados..." Arquimedes então dizia, pensou Heiberg, que havia elefantes e guerreiros a serem feitos, e muitos deles também.

Qual era o ponto disso? Heiberg não sabia, e nem tampouco nós ficamos sabendo, ao segui-lo. Pois se o ponto fosse o fato de haver muitos elefantes a serem unidos, não há qualquer pergunta interessante de matemática que possa ser feita sobre eles. Quantos desses elefantes e guerreiros há? Infinitamente muitos ou, mais bem colocado, tantos quantos se desejar. Que diacho buscava Arquimedes? Talvez, assim pensamos nós, ele estivesse apenas tecendo comentários aleatórios sobre a geometria das catorze formas. Nada de um tratado importante, com certeza.

Assim ainda pensava eu. Estava, porém, de bom ânimo estudando as imagens de meu disco rígido. A pseudocor funcionava. De fato, funcionava incrivelmente bem. O manuscrito tinha deteriorado demais desde que Heiberg o examinara e, ainda assim, com essa tecnologia, eu podia percorrer as linhas e, de vez em quando, ler o que estava escrito como se fosse à tinta. Em alguns lugares, era como se houvesse um toque de uma varinha mágica: examinava a imagem a olho nu e não via absolutamente nada, voltava-me para a imagem em pseudocor e era fácil de se ver o grego de Arquimedes na tela. Logo pude confirmar a leitura de Heiberg e a completei com alguns acréscimos para entender melhor o primeiro parágrafo. Ele não lera tudo o que havia ali, mas certamente captara o sentido, o que eu podia agora provar baseado no grego de Arquimedes.

Apesar disso, ainda não entendia onde Arquimedes queria chegar com tudo isso. Para ter uma idéia melhor, resolvi voltar atrás e ler o texto de Heiberg novamente, não importando o quanto valesse a pena. Esse é um passo normal na pesquisa: antes de mergulhar de cabeça na decifração do texto, é bom tentar entender um pouco mais, mesmo de forma imprecisa, para orientar a leitura. Desliguei, assim, o computador e peguei Heiberg, lendo primeiro o pouco que ele conseguira direto do grego e depois através do texto de Suter.

Só para me certificar de que eu estava seguindo esse texto, comparei o diagrama fornecido por Heiberg — o canônico do manuscrito árabe — com o modelo que agora tinha de Marasco. Certamente seria mais divertido trabalhar com o modelo do que com o diagrama!

Nesse momento fiquei enfezado com Marasco. O modelo dele não se casava diretamente com o diagrama. Alguma coisa estava errada — seria ele afinal um verdadeiro idiota que não conseguia nem ler um diagrama corretamente? Ou teria eu lido mal o diagrama? Examinei-o novamente, e comecei a me perguntar se talvez algo tivesse dado errado por acidente. Marasco talvez tivesse preparado o modelo a partir do diagrama correto e depois suas peças se misturaram devido a algum erro?

Mas, espere aí, refleti: será afinal possível se montar um quadrado juntando as peças em um outro arranjo que não o do diagrama original? Digo, certamente não há mais de uma maneira de se encaixar todas essas catorze complexas formas. Esse arranjo parecia bastante complicado... Mas, contudo, talvez haja uma outra maneira de se juntar essas peças.

Bem, isso teria de ser esclarecido. Eu já estava *curioso* agora. Reexaminei a figura, peça por peça. O modelo de Marasco *era* mesmo o diagrama original, com uma montagem diferente das peças do quadrado. Naturalmente, eu entendia agora: havia algumas maneiras pelas quais se podia rearranjar o diagrama. Certamente havia mais de uma maneira de se juntar as catorze peças num quadrado.

E então, de repente, minha garganta ficou seca.

Seria esse então o ponto de Arquimedes? — que havia muitas maneiras diferentes pelas quais *o mesmo quadrado poderia ser montado com as mesmas peças*? Seria empolgante demais... Deixe-me explicar por quê.

Combinações Improváveis

A importância dessa minha nova idéia — de que o objetivo do *Stomachion* talvez tivesse sido o de calcular o número de maneiras pelas quais poderia se formar um quadrado com o mesmo número de peças — foi que, finalmente aqui, chegava-se a um problema significativo. Não estávamos mais lidando com o mudar continuamente, infinitamente de muitos arranjos de elefantes e guerreiros. Deve haver um certo número finito de maneiras pelas quais o quadrado possa ser montado com as figuras dadas. Sempre imaginei que o número fosse 1 — isto é, minha intuição era que o diagrama aceito representasse a *única* maneira pela qual o quadrado pudesse ser montado. Agora, graças a Marasco, vi que essa minha intuição estava redondamente enganada. Ainda tinha de demonstrar que havia *muitas* maneiras (se houvesse somente um punhado delas, não seria um problema interessante para Arquimedes resolver). Também era preciso demonstrar que o número em princípio poderia ser calculado, que não envolvia um cálculo enorme acima dos meios de Arquimedes. Então deveríamos agora estudar, em termos matemáticos puros, o problema do quadrado do Stomachion: quantas maneiras há de se juntar as peças dadas em um quadrado? Também, é claro, deveria voltar agora ao disco rígido, ler mais do segundo parágrafo da introdução para ver se se encaixava na nova hipótese. Havia muito trabalho pela frente. Iríamos desvendar a pré-história da matemática combinatória.

A combinatória é na essência uma ciência simples: como o nome sugere, é o estudo de combinações. Suponha, digamos, que você queira fazer uma escolha; você tem três candidatos à presidência. Quantas combinações você tem? Obviamente, três. Complicando um pouquinho: imagine que você esteja escolhendo não um presidente, mas um par de cônsules, no estilo romano, de iguais poderes. Precisamos, portanto, escolher dois de três candidatos. Quantas opções temos? Pode parecer difícil à primeira vista, mas realmente a resposta, uma vez mais, é três: escolher dois de três é realmente o mesmo que escolher um de três, pois afinal a cada vez escolhemos um único candidato para *cair fora*. Escolher A e B é o mesmo que deixar de fora C; escolher A e C é o mesmo que deixar de fora B; e escolher B e C é o mesmo que deixar de fora A — e com isso esgotamos nossas opções.

Imagine agora que estamos selecionando cônsules de igual poder mas, desta vez, um presidente e um vice-presidente. Quantas opções temos? Isso é um pouco mais complicado. Essencialmente, cada uma das escolhas que fizemos acima bifurcam: cada um dos cônsules pode se tornar duas opções, de presidente e vice-presidente. Se escolhemos A e B, temos então dois pares de presidente e vice-presidente para formar com essa seleção — A como presidente e B como seu vice, ou vice-versa. Em suma, para cada escolha de cônsules, nós temos duas escolhas de um par de presidente e vice-presidente — em outras palavras, o número de opções passou a ser 3 x 2 = 6. São seis maneiras de escolher o par presidente e vice-presidente entre os três candidatos.

Tudo isso é muito elucidativo da natureza da combinatória. Em alguns sentidos, ela é mesmo uma ciência simples: muitas das questões, mesmo as mais interessantes, podem ser abordadas sem qualquer ferramenta complicada. Entretanto, há uma maior desvantagem relacionada: há muito poucos atalhos na combinatória. Não existe qualquer teoria surpreendente baseada em que se possa solucionar as questões facilmente. Pelo contrário, é quase como se, para cada novo problema, tivéssemos de inventar uma nova e engenhosa abordagem. A combinatória é uma ciência de uma engenhosidade infinda, de intermináveis quebra-cabeças e jogos.

Qual a sua origem? Essa questão em si tem sido um quebra-cabeça. Muitos estudiosos acreditam que ela emergiu de jogos. E foi assim também que deu origem à ciência da probabilidade. Isso se deu no século XVII, depois que os jogos de cartas foram introduzidos na Europa. Rapidamente, europeus de todos os cantos se ocuparam jogando cartas. Todos apostavam: qual será a próxima carta distribuída? Quando se apostam fortunas nas jogadas, sua mente se concentra em algumas questões muito bem definidas. Que probabilidade há de eu tirar um ás? Que probabilidade de pegar um curinga? As respostas a tais perguntas envolvem essencialmente análise combinatória. É necessário calcular quantas combinações de cartas são possíveis e depois quantas delas contêm um ás. Digamos que existam um milhão de combinações possíveis e 100 mil delas contêm um ás. Isso significa que as chances são de uma em dez de ser distribuído um ás. Vale apostar, se o retorno for acima de um para dez, de outro modo não vale.

Ora, é muito útil saber isso. No final das contas, o jogador que guarda na manga a combinatória está fadado a ganhar. Não que ele tenha maior probabilidade de ganhar cada aposta individual, mas ele tem certeza ao fazer suas apostas que, mais cedo ou mais tarde, acabará sendo o vencedor. Essa é precisamente a razão de os cassinos de Las Vegas serem prósperos: eles aplicam a ciência da combinatória contra pessoas que não sabem usá-la. Vence a ciência.

Fermat — mais bem conhecido pelo seu último teorema — e Pascal — mais bem conhecido por suas profundas observações teológicas — estão entre os primeiros a aplicar essa ciência. Não fizeram fortuna com suas apostas. (A evidência história indica que matemáticos — diferentemente dos cassinos em Las Vegas — não são muito bons na aplicação de seu conhecimento científico.) Em vez de enriquecer, eles criaram a ciência da combinatória, rapidamente usando-a para calcular as probabilidades de eventos, não somente em jogos de cartas, mas também em muitas outras esferas. Os cálculos de combinações revelaram ser muito mais do que um insignificante jogo: serviram de base para a ciência da probabilidade.

As probabilidades atuam agora como os pilares da ciência, razão por que a combinatória é tão importante. Aliás, os cientistas hoje acreditam que o universo é governado pela mecânica quântica — cuja natureza é essencialmente probabilística. Não há regras determinando que isto ou aquilo deva acontecer; a física meramente declara uma certa *probabilidade* da ocorrência de eventos. É famoso o fato de que Einstein discordava disso. Ele apaixonadamente se recusava a aceitar que "Deus jogasse dados". A evidência, por enquanto, parece sugerir que, dessa vez, Einstein estava errado.

Combinatória Antiga?

Há uma certa qualidade intrigante, intangível, na combinatória. É com freqüência uma ciência muito abstrata. Não se desenham diagramas com freqüência. O problema é analisado em sua cabeça, considerando as várias opções e possibilidades. O assunto é divertido — mas, de um modo geral, não é visual.

O fato é que essa natureza não-visual da combinatória faz um mundo de diferença. Já vimos muitos problemas diferentes discutidos por Arquimedes, mas, com toda a sua diversidade, pudemos também constatar que, em sua grande maioria, eles têm a ver com *geometria*. Afinal de contas, o diagrama era o instrumento chave para a matemática grega. Embora os matemáticos gregos tenham feito descobertas interessantes na, digamos, teoria dos números (por exemplo, demonstrando que há infinitamente muitos números primos), seu campo principal foi o da ciência visual, concreta — o da geometria. Como calcular quantas maneiras poderia haver para fazer certas seleções e combinações? Isso seria simplesmente abstrato demais, demais não-visual. E por essa razão não pensamos na combinatória como um campo que matemáticos gregos tendessem a encarar. A opinião geral era que problemas de cálculo puro não constituíam uma parte importante da matemática antes do século XVII.

Foi no verão de 2002, em Delfos, na mais recente reunião internacional de historiadores de matemática grega, que essa visão mudou, em seguida à fala de Fabio Acerbi. Fabio fez todo o curso de física até o doutorado, mas depois decidiu que esse não era seu campo, optando por ser professor do ensino médio para poder se concentrar em seu amor pelo mundo antigo. (Ele fez o curso secundário em uma escola pública italiana, em que se estuda não somente ciências, mas também grego e latim.) Logo ele produziu uma série de artigos, combinando seus dons matemáticos e lingüísticos em originais e inspirados estudos de matemática antiga. O primeiro deles a causar furor foi o apresentado em Delfos, sobre os números de Hiparco.

Aqui, novamente, estava uma questão à qual poucos prestaram qualquer atenção. Plutarco menciona (no decorrer de uma discussão filosófica que não vem ao caso) uma disputa antiga entre um filósofo e um matemático. O filósofo — o estóico Crisipo — disse certa vez que, pelas regras da lógica estóica, pode-se combinar dez asserções em mais de um milhão de maneiras. O matemático Hiparco reagiu, afirmando que o número correto seria ou 103.049 ou 310.954, dependendo de como o número viesse a ser definido — assim, de qualquer modo, Crisipo estava errado. Ora, Hiparco era um grande matemático e astrônomo. (Entre outras coisas, ele foi o primeiro a produzir um catálogo contendo todas as estrelas visíveis a olho nu — uma realização notável, sob qualquer padrão.) Mas essa é uma espécie de anedota restrita que não merece nenhuma atenção especial. E, na verdade, os historiadores da matemática nunca tentaram entender aqueles números.

De 2002 em Delfos, deixe-me voltar ao ano de 1994 — quando David Hough, um aluno de pós-graduação em matemática na Universidade George Washington, folheava um livro de combinatória. Ele se deparou com os números de Hiparco, mencionados como uma espécie de curiosidade. Ocorreu que ele ao mesmo tempo também consultava um manual de importantes números matemáticos. Esse manual continha, entre outras coisas, o que é conhecido como "os números de Schröder". O décimo número de Schröder era 103.049 — ou seja, igual ao número menor de Hiparco.

Ora, isso é uma coincidência, pensou Hough. Consultou então o autor do livro de combinatória, Richard P. Stanley, um professor de matemática do MIT, e, em 1997, eles publicaram uma pequena nota no *American Mathematical Monthly*, sugerindo que Hiparco poderia ter produzido uma análise combinatória verdadeiramente genuína. Lucio Russo, um historiador de matemática italiano, leu essa nota e sugeriu a Fabio Acerbi que deveria pesquisar o assunto. E no verão de 2002, Fabio tinha pronta a teoria de como o problema de Hiparco poderia ser definido e como os dois números — 103.049 e 310.954 — poderiam ser considerados as soluções corretas ao problema. Mais do que isso: ele conseguiu demonstrar, pelos meios disponíveis a um matemático antigo, como se chegou a isso.

Em essência, uma das possíveis interpretações de um número de Schröder é o número de maneiras em que uma seqüência de letras pode ser colocada dentro de parênteses: ou seja, os quatro caracteres abcd podem ser colocados dentro de parênteses de várias maneiras:

(a(bcd)), (ab(cd)), ((a)(b)(cd)) etc. ...

O terceiro número de Schröder é 11, isto é, há 11 diferentes maneiras pelas quais os quatro caracteres abcd podem ser colocados dentro de parênteses. (Esse número é surpreendentemente alto — como tão freqüente é o caso dos problemas de combinatória.) Acerbi mostrou que, de acordo com a lógica estóica, o problema de combinar dez asserções poderia ser visto como análogo àquele de colocar dez caracteres dentro de parênteses. E ele então desenvolveu um método para solucionar esse problema dentro dos meios de que Hiparco dispunha. Ele demonstrou, finalmente, que com uma condição extra (isto é, quando é admitido não somente "afirmar" asserções, mas também "negá-las"), o número se torna 310.954, confirmando o segundo número reportado por Plutarco.

Em Delfos, estávamos céticos de início. Tudo ia contra intuições nossas desenvolvidas a duras penas. Mas quanto mais examinávamos a evidência de Acerbi, mais ficávamos convencidos. Repetindo: os números não podem ser coincidência. Ninguém esbarra no décimo número de Schröder por mero acidente. A única maneira pela qual Hiparco poderia ter chegado àqueles números foi a que Acerbi usou — fazendo a matemática. Por isso, embora a breve menção de Plutarco não nos diga quase nada — ainda assim, é suficiente para provar, fora de qualquer dúvida, que a combinatória antiga existiu.

Era uma descoberta estarrecedora: o estudo de cálculo puro, da contagem do número de possíveis combinações, já havia sido inventado pelos gregos, e alcançou um alto nível de sofisticação à época de, no mínimo, Hiparco.

Hiparco viveu no século II, sendo talvez uns cinqüenta anos, ou mais, mais jovem do que Arquimedes. Diante dessa descoberta, porém, era bastante plausível supor que o próprio Arquimedes estivesse engajado em combinatória. Isso faria dele a primeira pessoa — até onde sabemos — a produzir um estudo de combinatória. Aliás, o que faria agora perfeito sentido histórico: Arquimedes estaria no primórdio de uma tradição que culminou no trabalho de Hiparco. As peças se encaixavam. Minha interpretação do *Stomachion* poderia deslanchar. Só para me certificar, enviei um e-mail a Acerbi — teria ele contato com alguém que já tivesse comentado que o *Stomachion* poderia ser um estudo de análise combinatória? — e voltei a trabalhar, febrilmente, na transcrição. Enviei também um e-mail a Nigel Wilson, alertando-o sobre a importância dos fólios 172-7 e pedindo que procurasse progredir ao máximo na leitura desses fólios. Eu sabia que precisava da expertise dele para confirmar minhas próprias suposições.

Enviei também um e-mail ao meu colega Persi Diaconis, do Departamento de Matemática de Stanford. Persi é um mágico-que-virou-matemático. Ele ainda gosta de fazer truques e uma de suas buscas favoritas é a aplicação da matemática a jogos. Ele é famoso por provar que se deve embaralhar *pelo menos sete vezes* um baralho para tê-lo completamente misturado. Mais recentemente, ele estudou o cara ou coroa de uma moeda (mostrando que afinal não é tão aleatório: cerca de 51 por cento das vezes as moedas realmente acabam caindo do mesmo lado em que foram lançadas). Ele gosta de todo tipo de combinações surpreendentes. Eu sabia que iria gostar de meu problema — e sabia também que ele era um combinatorialista ilustre. O mais importante é que era um amigo: ele não riria de mim por lhe fazer uma pergunta tão trivial. Assim, coloquei a questão para ele: de quantas maneiras se pode montar o quadrado do Stomachion?

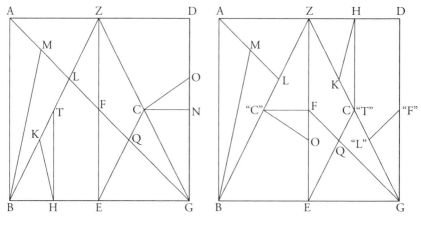

FIGURA 10.4

Juntando as Peças

A primeira resposta que recebi foi a de Fabio. Ele estava bastante seguro de que ninguém jamais aventara a possibilidade de que o *Stomachion* fosse um estudo combinatório, ressaltando (com toda a razão) que, até recentemente, ninguém havia considerado a possibilidade de que *qualquer* tratado antigo pudesse ser dedicado à análise combinatória. Respondi a ele de imediato, compartilhando as poucas leituras que havia feito e sugerindo que ele se juntasse a mim e Nigel Wilson na elaboração de um artigo sobre o *Stomachion*. Eu gostava do espírito de trabalho em equipe que tivéramos quando de uma publicação referente ao infinito e ao *O método*, e me aprazia a perspectiva de repetir a experiência — embora, nesse caso, a colaboração se daria somente por e-mail. Até esta data, Fabio não pousou ainda os olhos no bifólio físico do *Stomachion*.

    A equipe cresceria ainda mais. Eu não tive retorno de Persi por um bom tempo: sucede que ele não usa computador. Finalmente, deixei um recado para ele e, no dia seguinte, ele apareceu em meu escritório e me disse que estavam trabalhando no assunto. Ele havia passado o problema para seus alunos. A esposa dele, Susan Holmes — uma conceituada especialista em estatística — também fora fisgada pelo problema. Inúme-

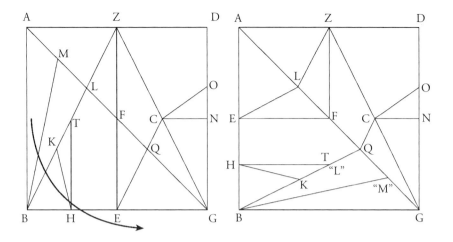

FIGURA 10.5 *Rotação R*

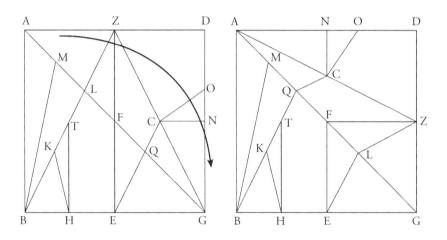

FIGURA 10.6 *Rotação R**

ros colegas, sabendo no que eu estava trabalhando, me enviavam e-mails com cálculos. Todos estavam tentando fazer combinações com as catorze peças e o quadrado. E não havia duas soluções iguais. Estava claro que o cálculo preciso era muito mais difícil do que parecia à primeira vista. Estávamos todos chegando a um acordo sobre a matemática do *Stomachion*.

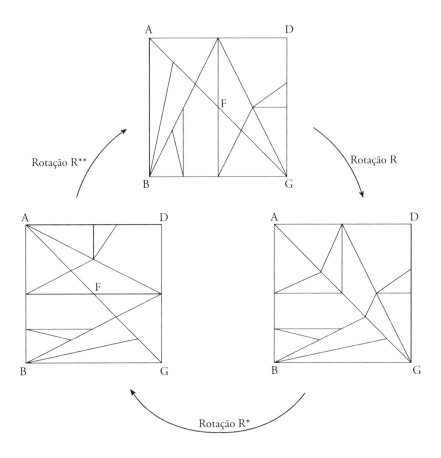

FIGURA 10.7 *As três rotações, R, R* e R**, combinadas, acabam cancelando uma a outra: voltamos ao quadrado original*

A maneira mais fácil de visualizar as várias possíveis combinações do quebra-cabeça Stomachion é pensar nelas como resultados de substituições e rotações. Isto é: suponha que consideremos o arranjo original do manuscrito árabe (ver fig. 10.4). Poderíamos pegar, digamos, o triângulo BZE (composto de quatro peças, ZLF, LFEHT, TKH, KHB) e substituir pelo triângulo ZDG (composto por três peças, ZDOC, ONC, NCG). O resultado seria um novo arranjo. Isto seria um exemplo de substituição. Vamos chamá-la de substituição S.

Ou, outra alternativa, poderíamos pegar o triângulo AGB (composto por sete peças, AMB, MLB, KHB, TKH, LFEHT, FQE, QEG) e rotacioná-lo em torno de um eixo imaginário passando pelos pontos F e B. O resultado seria um novo arranjo, como na figura 10.5. Este seria um exemplo de rotação. Vamos chamá-la de rotação R.

Isso seria mais fácil se pudéssemos contar todas as substituições e rotações possíveis e depois multiplicá-las para obter o número de possíveis arranjos. Esta, aliás, foi a abordagem que basicamente todos tiveram no início. Mas não funciona, porque há maneiras muito complexas pelas quais as várias substituições e rotações interagem. Para dar um exemplo rápido: uma vez que tenha sido aplicada a substituição S, não se pode mais aplicar a rotação R. A substituição S destrói a linha AG no triângulo ABG, deixando de existir um triângulo para ser rotacionado. E vice-versa: uma vez que seja aplicada a rotação R, não pode mais ser aplicada a substituição S, porque a rotação R acaba destruindo o triângulo ZBE: não existe mais ali um triângulo congruente com o de ZDG. Em resumo: há um padrão muito complexo segundo o qual substituições e rotações podem e não podem combinar. Assim, combinar substituições e rotações torna-se uma espécie de problema combinatório de segunda ordem, que se soma ao de juntar as catorze peças. Esse tipo de complexidade, com combinações e depois combinações-das-combinações, surge com muita freqüência na matemática discreta (ou finita).

Há ainda mais uma complicação. Vimos que algumas substituições e rotações excluem umas às outras; mas outras *anulam* umas às outras. Para observar isso, consideremos um caso bem simples. Uma possível rotação, como vimos, é a R: girando o triângulo ABG em torno do eixo imaginário FB. Uma outra possível rotação, naturalmente, é a que podemos chamar rotação R*: girando o triângulo AGD em torno do eixo imaginário FD (ver fig. 10.6). O que acontece se aplicarmos ambas as rotações, R e R*? Acabamos rotacionando todo o quadrado. Nada no arranjo interno mudou. Nesse sentido, as duas rotações se anularam. Pior ainda: se acrescentarmos uma outra rotação admissível, vamos chamá-la R**, em que nós na realidade rotacionamos o quadrado *inteiro* em torno do eixo imaginário DFB, então o efeito da combinação de três rotações R, R* e R** é se anularem: aplicando todas elas, voltamos exatamente ao ponto de partida (ver fig. 10.7).

Essa, reitero, é uma situação típica da matemática finita, do tipo estudado mais diretamente por um ramo da matemática conhecido como teoria de grupo. A teoria de grupo é, essencialmente, o estudo de várias maneiras pelas quais as permutações se somam ou se anulam umas às outras. Essa é a teoria demonstrada pelo cubo de Rubik, e acreditamos que também possa ser demonstrada pelo Stomachion. O simples jogo mostrou conter em si mesmo uma introdução à matemática finita.

Para nossos propósitos imediatos, porém, o que importou foi o seguinte. Uma simples multiplicação de todas as substituições e rotações admissíveis nos forneceria o que é conhecido como uma "contagem a maior" das soluções do Stomachion, por duas razões: algumas dessas substituições e rotações na realidade excluem umas às outras e não podem ser combinadas; enquanto outras combinações são admissíveis, mas depois acabam sendo anuladas. Há menos soluções do Stomachion admissíveis do que a simples multiplicação sugere.

Quantas soluções existem? Eu me sentia em suspense. Precisava que o número fosse alto o bastante: se no final houvesse umas vinte ou trinta soluções, seria um óbvio anticlímax. Arquimedes seguramente não teria se incomodado com um tratado desses a menos que o número fosse suficientemente grande.

As semanas passavam: os matemáticos ainda trabalhavam. Enquanto isso, eu ficava indo e voltando ao meu disco rígido, acrescentando alguns caracteres de cada vez à transcrição. Gradativamente, palavra a palavra, as coisas começaram a fazer mais e mais sentido. De certa forma, foram os matemáticos que mais me ajudaram na leitura. Pois o que ocorre é o seguinte: só se consegue fazer uma leitura uma vez que se tenha uma idéia do possível conteúdo do que se vai ler. Essa foi, acima de tudo, a razão de Heiberg não ter sido bem-sucedido na passagem do infinito de *O método* — ou na leitura do *Stomachion*. Ele não esperava ler algo sobre infinito real ou combinatória.

Comecei a entender o pequeno teorema que tínhamos, logo após a introdução. Os matemáticos elucidaram que uma grande simplificação provinha do fato de certas peças estarem "coladas juntas". Podia ser provado, geometricamente, que nenhuma substituição ou rotação jamais separária, por exemplo, as duas peças AMB, MLB. Não há meio legítimo em que as duas possam ser encaixadas no quadrado a menos que sejam coladas uma à outra ao longo do lado MB. Com efeito, então, é como se tivéssemos apenas uma peça — ALB — com a linha MB formando uma espécie de padrão decorativo, nada mais. Aplicando tal raciocínio em dois outros lugares — poderia ser demonstrado que o problema equivale a um quebra-cabeça com efetivamente onze peças, não catorze. Isso, aliás, era uma grande simplificação. E deixou claro que o primeiro pequeno teorema era provavelmente fazer uma contribuição a esse tipo de análise geométrica.

Melhor ainda, a análise da estrutura de substituições e rotações permitia entender o segundo e último parágrafo da introdução — aquele que Heiberg não conseguira ler. Finalmente agora eu podia oferecer uma leitura — leitura até mesmo endossada por Nigel Wilson. Isso era crucial: Nigel não estava a par das discussões matemáticas. Embora essas discussões fossem requisito para minha *própria* formulação do texto, era importante constatar que a leitura era aquela, mesmo sem qualquer conhecimento de matemática. E assim o texto que transcrevemos dizia:

> Por isso então, não há um pequeno número de figuras compostas a partir delas, devido a ser possível rotacioná-las em um outro lugar de uma figura igual e equiangular, transposta para assumir uma outra posição; e novamente também com duas figuras, tomadas juntas, sendo iguais e semelhantes a uma única figura, e duas figuras tomadas juntas sendo iguais e semelhantes a duas figuras tomadas juntas — então, como resultado da transposição, muitas figuras são criadas.

Ao que parece, Arquimedes estava discutindo precisamente esse fenômeno de rotações e substituições.

Mas, em um patamar ainda mais elementar, a coisa mais crucial para os estudiosos, nesse ponto, era que a nova leitura era inconsistente com a interpretação de "elefante e guerreiro". Esse tratado *não* era sobre quantas *diferentes* figuras poderiam ser compostas. Sabemos disso, agora, devido à repetida insistência na *congruência* das diferentes peças e combinações de peças. No que se refere ao movimento das peças — como se faz quando se cria um guerreiro ou um elefante — tal insistência é irrelevante. Mas é absolutamente pertinente se o objetivo é compor diferentes combinações *dentro do mesmo quadrado.* Essas diferentes combinações surgem precisamente do fato de se poder substituir uma peça pela outra (ou uma combinação de peças por outra) porque *as duas são congruentes.*

Estávamos assim confiantes de que o tratado de Arquimedes abordava o problema das combinações para construir o quadrado a partir das catorze peças dadas. Podíamos dizer ainda mais: a clara ênfase da introdução estava em um pequeno enunciado — que finalizava o primeiro parágrafo, e a partir do qual o segundo parágrafo seguia. Era como se esse enunciado afirmasse o ponto todo do tratado. Assim, o que Heiberg não conseguiu ler foi: "... Não há um pequeno número de figuras feitas delas..."

Era isso o que Arquimedes fazia nesse tratado: *contava um número grande.* A palavra chave — "número" — é de fato a mesmíssima palavra *plethos,* tão crucial na leitura da passagem de *O método* (no contexto da teoria da proporção abstrata, *plethos* é usualmente traduzida como "multitude", mas, no contexto baseado em contagem, a melhor tradução é "número"). Em ambos os casos, vemos Arquimedes, surpreendentemente, examinando números grandes: os do infinito, na passagem sobre o infinito, e os da combinatória, no *Stomachion.*

Mas era o número assim tão grande? Não sabíamos ainda. Eu sabia que os vários cálculos tentativos que as pessoas estavam produzindo inicialmente envolviam uma contagem a maior por causa dos problemas já citados. Quantos permaneceram então? Simplesmente não sabia. E à medida que os dias passavam, comecei também a me preocupar que meu problema, que de início me pareceu trivial demais, fosse de fato complicado demais. Se os matemáticos modernos demoravam para solucionar, talvez eu estivesse enganado em acreditar que Arquimedes tivesse tratado do assunto.

Finalmente rabisquei uma nota de agradecimento a Marasco, dizendo que era possível que o Stomachion fosse ainda mais interessante do que aparentava à primeira vista. Ele prontamente apareceu em Stanford. Sucede que Marasco era um executivo aposentado da indústria de com-

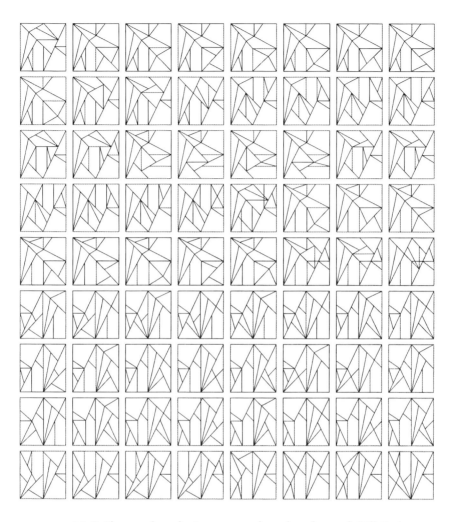

FIGURA 10.8 *Algumas das soluções encontradas pelo software de Bill Cutler*

putação, com doutorado em física. Ele entendia muito bem as dificuldades matemáticas e tinha, além disso, experiência comercial e contatos para sugerir um outro caminho para fazer o assunto progredir: divulgar a notícia entre os cientistas da computação, oferecendo uma pequena recompensa para o primeiro que surgisse com uma solução para o quebra-cabeça Stomachion. Ele considerou que 100 dólares estaria de bom tamanho e depois bancou esse valor, no que informalmente viria ser o Prêmio Stomachion Marasco.

Meus amigos matemáticos resolveram também se empenhar no assunto. Persi Diaconis e Susan Holmes já haviam recrutado um outro casal de renomados combinatorialistas, Ron Graham e Fan Chung da Universidade da Califórnia, San Diego. Há algumas semanas eles vinham conversando por telefone e e-mail, mas em dado momento decidiram que estava na hora de fazer uma abordagem mais prática. Persi e Susan foram a San Diego e, durante um final de semana prolongado, todos os quatro não fizeram outra coisa a não ser desenhar diagramas e estudar os princípios da combinatória implícitos no quebra-cabeça Stomachion. Ao final desses dias, tinham certeza de ter chegado à contagem final.

Simultaneamente, Bill Cutler, um cientista da computação de Illinois, havia descoberto uma maneira de definir o problema em termos de algoritmos computacionais. Ou seja, ele descreveu para o computador como criar um quadrado Stomachion e depois produziu um programa que vasculhou todos os arranjos potenciais. Muitos deles abortaram. Mas, contando os que *deram certo,* fez a contagem de todas as soluções reais para o Stomachion. Esse software foi o primeiro que chegou: Bill Cutler ganhou o prêmio Marasco!

A resposta era 17.152. Havia 17.152 maneiras diferentes de juntar as peças para montar um quadrado. Na figura 10.8, dá para ver uma parte impressa do programa produzido por Cutler. E dizer que eu ficara surpreso de deduzir que havia mais do que uma única solução!

Felizmente, os matemáticos também acharam o mesmo número. Embora não tivessem tido a primazia, fizeram uma contribuição extra que foi fundamental para nosso entendimento do problema. O software de Cutler baseava-se na contagem das possibilidades, uma por uma — processo que, em princípio, é factível somente pela máquina, obviamente não usada por Arquimedes. Os matemáticos, porém, chegaram ao número usando "lápis e papel", como teria feito o gênio (só que com papiro e cálamo). Não recorreram a computador algum em seu trabalho, nem a qualquer matemática poderosa que não estivesse disponível a Arquimedes. O que fizeram foi produzir um engenhoso "mapa" das possibilidades. As várias soluções para o quebra-cabeça foram organizadas em 24 "famílias" básicas, dependendo de um certo arranjo dos principais componentes. Dentro de cada uma dessas 24 famílias foi desenhada uma lista básica das possíveis soluções, com linhas conectando quaisquer duas soluções que pudessem ser transformadas umas nas outras por simples substituições ou rotações. Nesse ponto, o estudo havia produzido 536 soluções básicas. Finalmente, certas simples rotações, que não envolviam quaisquer substituições, puderam ser aplicadas independentemente de todo o resto, sendo que cada uma podia gerar, a partir de cada solução básica, 32 rotações, resultando nas 17.152 soluções encontradas pelos matemáticos.

Tínhamos agora cada coisa em seu lugar: o contexto histórico, graças principalmente ao trabalho pioneiro de Fabio Acerbi; a leitura, confirmada por Nigel Wilson; a solução matemática, produzida por um conceituado grupo de matemáticos e confirmada por um programa de computador; e sabíamos também que a solução era compatível com os meios disponíveis ao próprio Arquimedes. As peças se encaixavam: tínhamos um argumento irrefutável demonstrando que, com o *Stomachion*, dispúnhamos da mais antiga evidência existente da ciência da combinatória.

Isso se deu no começo de dezembro de 2003. Anunciei nossas novas descobertas em uma conferência em uma Princeton confinada pela neve. Gina Kolata, correspondente de ciências do *New York Times*, estava presente e, duas semanas mais tarde, estávamos todos na primeira página da edição de domingo do jornal. "No Quebra-Cabeça de Arquimedes, Um Novo Momento Eureca", dizia o título. E era mesmo. Ganháramos um novo entendimento de Arquimedes, bem como do processo de construção da ciência ocidental. Uma vez mais, reescrevêramos os livros de história. E fizéramos mais, algo mais precioso: por mero acidente, tropeçamos no jogo de Arquimedes.

11

Nova Luz sobre Assunto Antigo

O outono de 2003 pode ter sido o ponto alto para Reviel, mas foi o ponto baixo para os demais. A nova interpretação do *Stomachion* era empolgante, mas, mesmo que se olhasse para o Palimpsesto de 17.152 maneiras, depois de três anos e meio, ele ainda não estava completamente desmontado. E tampouco importava de quantas maneiras se examinassem as imagens, simplesmente não eram boas o suficiente — pelo menos não para o sr. B. Ele não estava satisfeito com o nosso progresso, e me disse isso com todas as letras. O que era pior, Reviel concordava com ele. Havia passagens nos fólios já fotografados que ele ainda não conseguia ler. E eram importantes. O primeiríssimo fólio do Palimpsesto, por exemplo, era *Corpos flutuantes*. Heiberg não o havia lido; nunca havia sido transcrito, e Reviel e Nigel não estavam fazendo grandes avanços. O maior desafio, sem dúvida, eram os fólios que continham falsificações. As imagens em pseudocor e ultravioleta pouco ajudavam nesses fólios. Também muito pouco progresso estava se conseguindo nas páginas do Palimpsesto que continham textos de outros manuscritos palimpsésticos. A pressão para decifrá-los aumentou mais um pouco depois que Hipérides foi descoberto, mas estávamos tendo pouco sucesso.

Disse a eles que ficaria satisfeito de procurar outras soluções. Estava mentindo. Eu estava exausto e realmente não achava que poderíamos nos sair melhor. Mike Toth me disse que não fazia sentido soltar uma nova Requisição de Propostas para todo o país. Desde 11 de setembro de 2001, muitos especialistas em imagem, esclareceu ele, estavam trabalhando, em lucrativos contratos do governo, no desenvolvimento de sistemas para localizar e identificar terroristas. Ele deveria estar por dentro, pensei. Mike e eu temos um acordo tácito: "sem perguntas, nem respostas". Não faço perguntas porque ele não pode respondê-las. Apenas manter o rumo era uma perspectiva desanimadora para mim, Abigail e Roger. As falsificações em especial pareciam inteiramente fora de nossas possibilidades. Eu não tinha idéia do que fazer.

Um Encontro de Intelectos

Era inevitável que partissem de Mike — conduzindo-me pela mão nesse momento — as alternativas para seguir adiante. Sua primeira idéia foi nos levar ao âmago do esforço da inteligência na CIA — aos mágicos de Langley. Mike até conseguiu que eu, um estranho, entrasse no centro de operações — um considerável feito tão pouco tempo depois dos ataques de 11 de setembro. Visitamos o museu com seu curador e conhecemos Charlie, o peixe-gato. Charlie realmente se parece com um peixe-gato e nada como um peixe-gato. Ele na realidade é um artefato mecânico e sua missão ainda é confidencial. Não há certeza de que será muito útil no Afeganistão ou no Iraque. Também vi um inseto, literal e figurativamente: uma libélula controlada remotamente para captar sons. Ao contrário de Charlie, ela nunca esteve em operação: seria muito fácil sair da rota devido ao vento. Ao deixar o museu, subimos por elevador até vários andares acima. Fui apresentado ao dr. Don Kerr, que era o diretor adjunto da CIA para Ciência e Tecnologia. Eu o presenteei com fotografias de *Corpos flutuantes* para pendurar nas paredes. Afinal, fora o governo que inventara a digitalização de imagem multiespectral. Depois disso, os especialistas em imagem passaram duas horas conversando e recebendo instruções dos experts da CIA que evidentemente sabiam muito mais do que lhes era permitido falar. Foi ótimo, mas não saímos de lá com a abordagem radical de que tanto precisávamos para resolver nosso problema.

Gerentes de programa são por vezes tachados de detalhistas sem imaginação. Não o meu. Dando uma guinada de 180 graus em relação aos recursos sigilosos, Mike resolveu tirar plena vantagem da imprensa. Arquimedes sempre achou seus amigos através da imprensa. Foi graças ao

Washington Post que Mike entrou em contato conosco e, também por meio dela, Keith, Roger e Bill tomaram conhecimento de que o manuscrito estava no Walters. O sucesso subseqüente do projeto garantiria mais tempo no ar. Alguns dias depois da publicação do artigo de Will Peakin no *Sunday Times*, tive um encontro com John Lynch da BBC, para um bate-papo e uma refeição rápida, na estação de trem Union Station, em Washington. Nessa ocasião John me contou que era sua a produção do programa relatando a história de Andrew Wiles, quem, por esforço só seu, demonstrara o Último Teorema de Fermat. Eu havia assistido e ficara maravilhado com esse programa. Concordei em fazer um documentário para a importante série científica da BBC, *Horizonte*. Liz Tucker foi a diretora de "*O Segredo de Arquimedes*", nome dado ao programa sobre o Palimpsesto. Ele foi ao ar em 14 de março de 2002 e atraiu 2,9 milhões de telespectadores — 13 por cento acima da audiência da concorrente UK naquela noite. O projeto para recuperar os textos de Arquimedes ficou então famoso no mundo todo. Seguramente, cientistas da imagem que fossem ambiciosos e de vanguarda gostariam de participar dessa empreitada. Vamos direto ao ponto, disse Mike, e façamos esses caras propor soluções ao problema de imagem mais complicado da história da ciência.

Mike me aconselhou a não desperdiçar o tempo alheio e menos ainda o meu. Eu não precisava me preocupar em enviar uma RDP completa — bastava um pequeno resumo de nosso problema; precisávamos ler um texto escrito em pele animal por volta do ano 970, apagado um pouco antes de 14 de abril de 1229, e sobrescrito e raspado novamente e coberto com pinturas. Quem respondesse ao desafio não precisaria preencher grandes propostas, apenas um breve resumo de 500 palavras. Àqueles que enviassem propostas confiáveis, eu daria uma boa amostra de nossos dados, com informações sobre como haviam sido coletados e processados, e diria que seriam bem-vindos para melhorá-los. Mike me alertou para deixar claro que não buscávamos experimentos científicos, e sim propostas objetivas que pudessem ser postas em prática em seis meses. E finalmente me disse para convidar os donos das dez melhores sugestões para uma conferência no Walters. Essa seria, ressaltou Mike, uma maneira eficiente de explorar uma variedade de novas abordagens, e de maneira rápida. Também não seria oneroso. E Mike insistiu no ponto de que não pagássemos nada a esses profissionais. Os melhores deles não viriam por dinheiro, mas pelo Arquimedes.

E eles vieram. Isso graças, e não em pequena parte, a Keith, Roger e Bill, que procuraram por todos que pudessem ajudar. Kirk Martinez, a quem Bill e Keith ficaram de visitar em Londres um ano antes, veio da Universidade de Southampton. Da Universidade de Rutgers, Bill recrutou o encantador professor de Química, Gene Hall, e de Bartlesville, Oklahoma, ele puxou Bob Morton e Jason Gislason, que trabalham na ConocoPhillips. Andy Johnston, que trabalhou no banco de dados de Arquimedes, trouxe John Hillman da Universidade de Maryland, e seu colega Bill Blass, da Universidade do Tennessee. Eles haviam feito imagens recentes da "Bandeira Estrelada". Abigail descobriu Emanuele Salerno. Emanuele veio de Pisa, representando o consórcio Easyreadit, uma parceria européia de processamento avançado de imagem, com representantes na Holanda, Itália, Reino Unido e França. Ela também contatou Mike Attas e Doug Golz, da Universidade de Winnipeg, Canadá. Finalmente, veio Uwe Bergmann, que é cientista do Centro de Aceleração Linear de Stanford, na Califórnia. Sua mãe, Ingrid, mora em Karlsruhe, Alemanha, e tem assinatura da revista *GEO*. Embora não soubesse muito sobre o trabalho do filho, quando este foi visitá-la, achou que ele talvez tivesse interesse em um artigo sobre o efeito placebo. Deixou então a revista em sua mesinha-de-cabeceira. Ele leu esse artigo e o da página seguinte também. Era uma matéria excelente, assinada por Katja Trippel, sobre o Palimpsesto de Arquimedes. Uwe foi fisgado. Achou que poderia ajudar e acabou nos enviando um e-mail na hora certa.

A conferência começou na quinta-feira, 1º de abril de 2004, data que considerei muito apropriada. Em meu ceticismo inquebrantável, pedi ao sr. B que participasse. Não queria tentar convencê-lo de algo em que pouco acreditava e provavelmente não entenderia. Se ele decidisse apoiar qualquer sugestão de um cientista, era importante que soubesse exatamente em que estava se metendo, em termos de tempo e dinheiro. Ele compareceu e viu o transcorrer da conferência. Cada um tinha um papel.

O meu era passar as bebidas. Foi uma atividade intensa. Não tínhamos tempo para gentilezas; queríamos clareza e propostas para tocar o projeto, e rápido. Os ânimos se inflamaram à medida que os eminentes cientistas defendiam suas próprias propostas e faziam críticas às dos oponentes, a seus equipamentos e sua competência. Nessas circunstâncias, servir as bebidas até que foi bem importante. Como sempre, eu tinha um generoso orçamento para hospitalidade, e as discussões se estenderam noite adentro. No domingo de manhã, o sr. B, Abigail, Roger, Mike e eu tivemos uma reunião fechada. Imediatamente o sr. B aprovou o financiamento de três novas abordagens para essa tarefa.

Novas Abordagens

DEREK

No sábado, 10 de fevereiro de 1996, Deep Blue, um supercomputador IBM, programado por Feng-Hsiung Hsu e Murray Campbell, derrotou o campeão mundial Gary Kasparov em um jogo de xadrez. Foi uma grande humilhação pública para a humanidade: os computadores não somente calculavam mais rapidamente do que os humanos; podiam ser melhor do que os melhores da espécie, e em seu próprio jogo. Será que um computador poderia adivinhar caracteres melhor do que Reviel Netz e Nigel Wilson? O sr. B achou que seria uma experiência interessante de se tentar. Reviel também achou. Pensei: ele quer, como Kasparov, derrotar o computador, e guardei o pensamento para mim. Mas que diabo! — não haveria prejuízo algum. Qualquer processamento informatizado teria a mínima interferência com a campanha em geral: nada envolveria o próprio manuscrito, pois o computador trabalharia melhor com as imagens em pseudocor já geradas. Em termos de fluxo de trabalho, Mike me assegurou que o Reconhecimento Óptico de Caracteres por computador era rápido como um sopro.

Três propostas impressionaram, mas todas pareciam demoradas demais para implementação dentro do período de tempo requerido. Mike, uma vez mais, surgiu com uma idéia para apressar o trabalho. Faríamos uma competição. O objetivo seria que os cientistas da imagem produzissem algo que pudesse ajudar Reviel a ler o texto. A máquina que mais se aproximasse da transcrição de Reviel de dois fólios designados em pseudocor venceria, e o sr. B pagaria 10 mil dólares ao vencedor. Bem, se você considera 10 mil dólares muito dinheiro ou não, depende de quem você seja. Para projetar uma máquina para Reviel, um professor poderia talvez não achar que fosse muito dinheiro. Ficou claro que não acharam, e nós não conseguimos máquinas deles. Mas para Derek Walvoord, um aluno de pós-graduação de Roger Easton, no Instituto de Tecnologia de Rochester, a quantia era significativa. Seis meses mais tarde ele entregou seu produto.

Derek se impôs a tarefa de identificar caracteres por comparação a um alfabeto conhecido. Sua máquina é eficaz e muito simples de operar. Funciona em qualquer PC. Basta acessar uma imagem em pseudocor do fólio com o qual se quer trabalhar e selecionar uma "Região de Interesse", normalmente um caractere parcialmente apagado. Executa-se então o software e a máquina esmiúça dados complexos, produzindo uma lista de caracteres em ordem de probabilidade. E faz outros trabalhos. Pode-se clicar em um teta meio indistinto, e a máquina exibirá um teta como o caractere que mais se aproxima dele. Incrível. O único problema no caso é, obviamente, que se sabia que era um teta. Afinal, as letras que se quer reconhecer são precisamente as que estão tão obscurecidas que o olho humano não consegue identificar.

A máquina de Derek foi carinhosamente apelidada de DEREK. DEREK era impressionante. Mas não era Deep Blue, e não conseguiu derrotar o computador de superneurônios existente no crânio de Reviel. De todo modo, mostrou-se promissor o bastante para que o sr. B desse o sinal verde para DEREK II. DEREK II é muito mais potente porque combina reconhecimento óptico de caracteres com uma abordagem estatística ao alfabeto grego e ao vocabulário de Arquimedes. Será muito útil para ajudar os especialistas a ver possíveis combinações de letras e palavras nas partes do texto que foram completamente destruídas pelo mofo. Ele está sendo testado no momento em que este livro vai ser impresso.

EL GRECO

Na conferência, foram apresentadas várias propostas para digitalização de imagem multiespectral. Poderíamos, em tese, ter convidado qualquer desses colaboradores para fotografar o Palimpsesto. Emanuele Salerno trabalhou duro com os dados que enviamos a ele, mas chegou à conclusão que com tais dados resultados melhores não poderiam ser obtidos. Como outros participantes, ele queria coletar mais dados. Virtualmente não há limite na quantidade de fatias que podem ser agregadas ao cubo de dados: fotografe com muitos comprimentos de onda e será chamado de fotógrafo hiperespectral. Mas o sr. B concluiu que não valia o investimento revisitar técnicas que já tínhamos tentado.

Bill Christens-Barry estava por dentro, é claro. Ele sabia que o sr. B não estava mais apostando muito em digitalização de imagem multiespectral. Mas Bill chegou à conferência com um método *muito* barato para enfrentar todos os problemas que os especialistas haviam encontrado nas primeiras experiências, embora o mesmo pudesse oferecer um cubo de dados com fatias mais precisas do que foi possível com o processamento "push-button" usado por Keith nas imagens em pseudocor. Ele expôs então sua idéia. Um ou dois anos antes, ele e Keith haviam estado na National Gallery, em Londres, para conhecer um aparelho de digitalização de imagem multiespectral chamado VASARI. Giorgio Vasari era um pintor italiano do século XVI, mas VASARI é um acrônimo para Visual Arts System for Archiving and Retrieval of Images (Sistema de Artes Visuais para Arquivamento e Recuperação de Imagens). Bill e Keith ficaram interessados no VASARI porque o aparelho não filtra a luz na frente da câmera. Pelo contrário, ele usa fontes de iluminação de comprimentos de onda muito especiais, evitando assim filtros em geral. Isso evitaria muito os problemas de posicionamento que tanto incomodaram os dois quando compilaram densos cubos de dados. O problema na ocasião foi que as fontes de luz de banda estreita de boa intensidade eram muito caras. Mas a tecnologia está em constante mudança e, em 2004, Bill se deu conta de que tinha uma maneira extremamente barata de gerar luz em comprimentos de onda específicos. Ele poderia usar diodos emissores de luz, conhecidos como LEDs. LEDs são as luzes encontradas em todo painel de carro e já há algum tempo. Mas somente em anos recentes tornaram-se disponíveis em vários diferentes comprimentos de onda. De tão baratos que são, os LEDs são quase descartáveis. A idéia de Bill era acoplá-los a cabos de fibra óptica e iluminar o pergaminho em vários comprimentos de onda de luz.

O sr. B. concordou em financiar a proposta de Bill, assim ele montou sua máquina e nós programamos o experimento para nossa última sessão de produção de imagem, no final de 2004. Roger trouxe a câmera científica monocromática do Instituto de Tecnologia de Rochester que usara com Keith nas experiências iniciais. Para obter a mesma resolução da câmera Kodak, foi necessário fazer quarenta imagens de cada fólio. A máquina de Bill parecia um instrumento maravilhoso, e Bill automatizara os controles para que pudesse tirar muito mais fotografias rapidamente. Os LEDs são fáceis de se integrar aos circuitos elétricos e não têm peças móveis, tornando a automação do sistema muito simples. Era a produção de imagem hiperespectral eficaz, a baixo custo. Embora a idéia derivasse do VASARI, o equipamento de Bill em nada se assemelhava àquele aparelho, e a tecnologia usada era diferente, por isso foi batizado de EL GRECO, alcunha do grande pintor Domenico Theotokopoulos, como uma referência ao texto grego que iria captar.

Ao usar EL GRECO, Bill evitou os problemas de registro que dificultaram as experiências iniciais, e contou com a iluminação de banda estreita de que precisava para refinar o fatiamento do cubo de dados. Ele concluiu que, para os dados de EL GRECO, a técnica pós-processamento mais efetiva era o algoritmo escrito por Keith para o processamento "push-button". De fato, muitas vezes, durante essa fase experimental, percebemos como esse processamento era eficaz na recuperação do texto de Arquimedes. As imagens obtidas com EL GRECO eram um pouco melhores do que as imagens normais que distribuíramos aos especialistas, e, o que é mais importante, com ele tivemos a oportunidade de definir nossos comprimentos de onda para os diferentes textos do manuscrito. A imagem normal em pseudocor funcionava melhor para o texto de Arquimedes do que para o de Hipérides e para o comentário de Aristóteles. Ao usar diferentes fontes de LED para os vários códices palimpsésticos, esperamos no futuro dar passos mais significativos.

EL GRECO foi um aprimoramento, mas a leitura através do ouro não era melhor do que a das técnicas normais que vínhamos usando. Para essa finalidade, precisávamos de uma tecnologia muito diferente.

RAIOS X

Gene Hall, professor de Química na Universidade Rutgers, chama a si mesmo de "Detetive de Papel", e especializou-se em identificar e datar todo tipo de falsificações, mas principalmente cartas e cédulas, pelo exame de sua composição química, usando a fluorescência dos raios X. Os raios X, como luz visível, consistem em fótons, mas seus fótons têm um comprimento de onda muito mais curto (centésimos de nanômetros, em vez das centenas de nanômetros em luz visível) e uma energia muito maior. O olho humano não consegue vê-los, mas outros detectores sim, podendo converter a informação de forma que possamos vê-la. Todos temos familiaridade com os raios X por causa dos dentistas. As imagens de nossos dentes, porém, são geradas por raios X transmitidos. Isto é, os raios X penetram através de nossa mandíbula e são recebidos por uma chapa emulsionada do outro lado. O interesse de Gene não é nesse tipo, e sim nos que não penetram, que interagem com o material que os bloqueia, fazendo com que esse material emita outros raios X em comprimentos de onda muito particulares. E esses raios X emitidos contêm informações críticas — quando se consegue obtê-las.

Esse é o ponto importante. Enquanto os fótons de luz visível fornecem informação de cor, os fótons dos raios X fornecem informações elementares porque interagem com átomos de forma diferente. No começo dos anos 1920, Niels Bohr e seus colegas imaginaram o átomo contendo um núcleo de prótons e nêutrons, e os elétrons seriam encontrados em torno desse núcleo, orbitando em camadas a várias distâncias dele. Essa talvez seja a idéia que você faz de um átomo; uma das últimas criações da física clássica que servirá a nosso propósito. Bohr rotulou cada camada com uma letra, sendo "K" a mais próxima do núcleo. (A razão para que essas distâncias fossem designadas por letras a partir do meio do alfabeto é que, quando os cientistas inicialmente investigaram a constituição do átomo, não tinham certeza de quantas camadas encontrariam, deixando espaço de cada lado da seqüência.) Fótons de luz visível interagem com elétrons encontrados nas camadas de Bohr mais externas: por estarem mais distantes do núcleo, é necessário menos energia para mudar o estado desses elétrons. Fótons de raios X de alta energia e ondas curtas interagem com os elétrons existentes na camada mais interna de Bohr, K, em que é preciso muito maior energia para mudar o estado do elétron. Na realidade, isso significa que esses fótons de raios X desalojam inteiramente os elétrons dessa camada. Entretanto, no mesmo momento em que esse elétron "na" camada K é desalojado, ele é reposto por um outro da camada seguinte, L. O elétron na camada L faz um salto quântico para a camada mais interna. Ao fazê-lo, ele perde muita energia e então emite um fóton de raios X. Ora, como os átomos de cada elemento têm um arranjo distinto de elétrons, o exato comprimento de onda dos raios X emitidos corresponde à diferença de energia dos elétrons envolvidos. Portanto, será específica para o elemento do átomo atingido pelos raios X incidentes. Quando se consegue detectar esses raios X emitidos, pode-se determinar de que elemento ele se originou.

A idéia de Gene é que seu instrumento seria capaz de detectar os fótons do raio X liberados pelo ferro na tinta dos textos palimpsésticos. A idéia era interessante, e ele a colocou em prática, em seu laboratório, por um curto período antes da conferência, usando uma folha falsificada do Palimpsesto; mas os resultados não foram conclusivos.

Um outro participante da conferência estava convicto de que a idéia de Gene era boa. O nome dele é Bob Morton, um cientista pesquisador da companhia de petróleo ConocoPhillips. Bob não é normal. Pelo menos sua psicóloga infantil não o achava. Ele não tem um QI porque, segundo relato dela, ele não pertence à população para a qual o teste foi desenvolvido. Ele é uma das pessoas mais preocupantes, engraçadas e inventivas que já conheci, e digo isso sem jamais ter estado em uma de suas lendárias festas de 4 de julho em Bartlesville, Oklahoma. Ele compareceu à conferência com um assessor, Jason Gislason, que serviu de seu intérprete até que nos acostumássemos a ele. A apresentação de Bob foi, honestamente, espantosa. Não era nada sobre Arquimedes; era sobre fósseis. Usando a mesma máquina que Gene, Bob havia examinado fósseis do famoso Burgess Shale. Ele fez um mapeamento da distribuição dos elementos nos fósseis. Mais do que isso, ele mapeou a composição elementar da pedra ao lado de ossos fossilizados, para poder determinar a constituição química do tecido mole do fóssil. Ele denominou os resultados de EXAMS — "Elemental X-ray Area Maps" (Mapas Planos de Elementos em Raios X). As imagens feitas por ele desses fósseis eram de longe muito mais nítidas do que fotografias normais. Sua última imagem roubou a cena. Ele a chamou de SEXI — "Stereo Elemental X-ray Image" (Imagem Estéreo de Elementos em Raios X). Era uma imagem em 3-D do fóssil *Marrella splendens*, feita a partir de vários EXAMs, em silicone, ferro e potássio. Ele a fizera tirando dois EXAMs de cada fóssil em ângulos pouca coisa diferentes — na realidade, 7,5 graus, que é a diferença de ângulo em que nossos dois olhos vêem o mesmo objeto a uma distância de 1,28 metro. Ele então sobrepôs as duas imagens e as codificou com cor para que pudessem ser vistas separadamente com o uso de óculos 3-D. O resultado foi espantoso. Não somente se via o fóssil de maneira impressionante, como também sua composição elementar. Não é para menos que, não apenas eu como o sr. B também, quisemos Bob e Jason na equipe de imagem de Raios X.

Tanto Gene como Bob usaram EDAX Eagle II, um instrumento de imagem de microfluorescência de raios X. Dentro de uma câmara, fica um palco X-Y (uma plataforma móvel calibrada), controlada por computador. Essa estativa movimenta a amostra sob um tubo de geração de raios X e um detector de raios X. O software na máquina EDAX é muito inteligente. O detector na realidade capta uma ampla gama de raios X. O resultado é um cubo de dados de informações análogas às coletadas pelos fotógrafos de imagens multiespectrais. Entretanto, como é um cubo de dados de raios X, seu conteúdo é informação elementar e não de cor. Conforme a amostra é escaneada, o computador automaticamente gera EXAMs extraídos do cubo de dados, cada um dos quais exibe a distribuição de um elemento em particular através da área escaneada. As sondas EDAX custam umas poucas centenas de milhares de dólares. O sr. B queria comprar um aparelho desses, mas achamos mais prudente primeiro testá-lo melhor. Entramos, assim, em contato com o pessoal da EDAX, especificamente com Tara Nylese e Bruce Scruggs, consultando-os se poderíamos ir até seus escritórios em Nova Jersey, por uma semana, para testar a máquina com dois fólios do Palimpsesto. E assim Abigail, Bob Morton, Gene Hall e eu nos encaminhamos para lá, sendo recebidos de portas abertas por Tara, Bruce e toda a equipe da EDAX.

Levamos o mais difícil de todos os desafios, o fólio 81, e nossa intenção era fotografar seu lado direito. Não era uma parte particularmente importante do Palimpsesto: continha texto de *Equilíbrio dos planos*, já bem conhecido pelo Códex A. Estava também em boas condições físicas, mas quase inteiramente coberto por uma falsificação. Nossos primeiros escaneamentos não tiveram muito sucesso. Mas, em conversa com Bruce, Bob e Gene, refinamos nossos parâmetros: dobramos nosso tempo de contato (que é a quantidade de tempo em que o detector permanecia sobre uma área em particular), a fim de que pudéssemos pegar um sinal maior; aumentamos nossa resolução (que é a granularidade da imagem registrada em pontos por polegada) e reduzimos mais a área que escaneríamos: concentramo-nos apenas em uma linha em que acreditamos poderia estar o texto de Arquimedes. Quinze horas depois, tínhamos todo um maço de mapas. Um grande número deles continha elementos das falsificações. Tínhamos um mapa dourado — vazio em todo o fólio — um mapa em zinco, um em bário e um em cobre, todos traziam à luz partes da falsificação. Mas tínhamos também um mapa em ferro. Eu o enviei por e-mail a Reviel: ele poderia ler as palavras: *para eutheian*. Nós as havíamos lido através do ouro.

Houve somente um complicador. Em quinze horas, havíamos escaneado meia linha do texto de Arquimedes. Em qualquer fólio falsificado, havia aproximadamente 35 linhas de texto. Se trabalhássemos em todas as quatro falsificações, levaríamos 4.200 horas. Bob sempre me alertara que tempo era o maior fator na produção de imagens em raios X. Se fôssemos em frente, eu já estaria aposentado ao término desse processo.

Tempo de Feixe

A conclusão era óbvia: como não dispúnhamos de tempo, precisávamos de uma fonte mais ativa para nossos raios X. Foi quando Uwe Bergmann nos mostrou seu material. Ele fez uma apresentação durante a conferência, afirmando que o texto de Arquimedes poderia ser recuperado com o uso de raios X. Mas, enquanto a proposta de Gene e Bob foi fazer o trabalho em uma máquina EDAX Eagle, que é do tamanho de um pequeno refrigerador, a de Uwe Bergmann propunha usar uma máquina do tamanho de um campo de futebol — o SPEAR (Stanford Positron Electron Accelerating Ring), que é parte do Centro de Aceleração Linear de Stanford, ou SLAC, na Califórnia. O SPEAR foi construído como um desintegrador de átomos — mais tecnicamente, um síncrotron, que é um acelerador oval de partículas. As partículas, elétrons e seus equivalentes de carga positiva, pósitrons, são aceleradas até muito, muito próximo à velocidade da luz. Os elétrons viajam em torno do anel em uma direção e os pósitrons na direção oposta. Quando colidem, criam novas partículas e os físicos de partículas analisam o resultado. Foi em um SPEAR que Burton Richter descobriu o quark charm, em 1974, e Martin Perl, o lépton tau, em 1976. Muito legal. Tão legal que fiquei bastante determinado a levar o Arquimedes até ele, mesmo que isso significasse cruzar os Estados Unidos.

O SPEAR não é mais usado como desintegrador de átomos e, de todo modo, não queríamos que partículas que viajavam a 99,999999986 por cento da velocidade da luz atingissem Arquimedes. Queríamos, isso sim, atingi-lo com a própria luz; hoje o SPEAR é usado como o maior bulbo de luz do mundo. Para explicar melhor, vamos voltar a duas das famosas Leis do Movimento de Isaac Newton. A primeira diz que todo objeto em estado de movimento uniforme tende a permanecer nesse estado a menos que uma força externa seja aplicada a ele. Ora, apesar de os elétrons no síncrotron viajarem em uma velocidade uniforme (extremamente alta), seu estado de movimento não é uniforme; eles não viajam em uma linha reta. Na realidade, eles são desviados por magnetos muito poderosos. A terceira lei afirma que para cada ação há uma reação igual e oposta. O que acontece então quando há um súbito desvio de elétrons altamente carregados de energia? Qual é a reação? Bem, a radiação eletromagnética — em grande quantidade, emana do anel como tomates pululando da caçamba de um caminhão ao virar uma esquina em alta velocidade.

Para os físicos de partículas, essa radiação do síncrotron significava energia desperdiçada, um inconveniente subproduto do processo de desintegração do átomo. Mas um dia, em meados dos anos 70, alguém reuniu coragem para perguntar aos físicos de partículas se eles literalmente poderiam "abrir a torneira" do anel e capturar a radiação sincrotrônica por ele emitida. Por vários anos no SPEAR, cientistas de raios X aproveitaram-se, como parasitas, da radiação sincrotrônica provida pelo anel, cuja finalidade básica era servir aos desintegradores de átomos. Mas, finalmente, houve um avanço da física de alta energia para máquinas ainda maiores e, desde 1990, o SPEAR se dedica à geração de radiação sincrotrônica. O feixe dos raios X sincrotrônicos é intenso (ou seja, contém uma quantidade incrível de fótons), colimado (ou seja, todos os fótons visam a mesma direção) e polarizado (ou seja, o campo eletromagnético de todos os fótons oscila em um plano bem definido). Em outras palavras, há um exército colossal de raios X, todos marchando ao mesmo toque de tambor, e o pesquisador pode ditar o ritmo. O Laboratório de Radiação Sincrotrônica de Stanford é uma das mais avançadas fontes de luz do mundo. Hoje em dia, mais de cinqüenta síncrotrons estão em operação globalmente e há muitos outros em construção. Seus nomes são BESSY, Boomerang, Diamond, Soleil, SPring-8 e SPEAR3 — a mais recente atualização do anel no Laboratório de Radiação Sincrotrônica de Stanford.

Várias "linhas de feixe" saem do síncrotron para pequenos laboratórios independentes. A nós foi designada a linha 6-2. Muitas delas têm duas cabanas, assim enquanto um experimento está sendo feito, outro pode ser montado: não há tempo ocioso no SSRL, porque o tempo de feixe, é uma commodity preciosa. As cabanas são revestidas de chumbo e, enquanto um experimento estiver sendo executado, ninguém pode entrar nelas. Não é lá uma boa idéia ser atingido por radiação. Assim, então, ao se conseguir tempo de feixe no SSTL, tem-se: uma linha de feixe e uma cabana. A sonda EDAX Eagle é uma máquina comercial, projetada para uma grande variedade de aplicações, com muito software envolvido; o síncrotron é apenas uma fonte de luz. Uwe teve de construir a máquina.

Ao contrário da máquina EDAX, que emite raios X em muitos comprimentos de onda diferentes, Uwe pôde ajustar precisamente o feixe ao melhor comprimento de onda para visualizar ferro ou outro elemento qualquer. Uwe e Abigail convocaram Greg Young, do Instituto de Conservação Canadense, para fazer exaustivos testes em um antigo documento em pergaminho de Abigail para certificar-se de que o experimento não causaria danos ao pergaminho. Após realizar esses testes, Uwe concluiu que poderia aumentar a intensidade do feixe no comprimento da onda que respondia ao ferro. Uwe atenuou o feixe com o uso de filtros especialmente projetados. Ele fez o ajuste fino com um filtro da Reynolds Wrap (ou Bacofoil), o qual, me assegurou, era muito bom para o trabalho. Ele projetou uma estativa (palco X-Y) e calculou cuidadosamente a distância entre a amostra e o detector. Ele construiu uma cabine de umidade para que a umidade fosse constante e o fólio do Palimpsesto não mudasse de formato enquanto a varredura fosse executada. Todos os computadores e estações de trabalho foram posicionados fora da cabana. Cada um dos vários computadores fazia coisas diferentes: um registrava a posição do feixe; outro a posição da amostra na estativa — se ela parasse de se mover, o experimento seria automaticamente encerrado para não danificar o pergaminho. Um outro computador registrava os dados na varredura, e um último computador era usado para converter os arquivos em um formato que pudéssemos usar no software de pós-processamento e que pudéssemos distribuir aos especialistas. Para ajudá-lo, Uwe contou com Martin George para fazer o software para os computadores, o qual tinha de corresponder a dois critérios muito distintos: tinha de ser bastante avançado para capturar os dados e bastante simples para que eu o usasse. Abigail, Mike e eu teríamos de nos revezar com Uwe nas varreduras, ficando de olho no Palimpsesto e inclusive fazendo pequenos ajustes no feixe. Se fosse bem simples para mim, Mike e Abigail não teriam qualquer dificuldade. Mas acredite em mim, isso significa simples mesmo. A razão por que tínhamos de usá-lo é que o experimento seria executado por sete dias, durante 24 horas por dia e teríamos de nos alternar em turnos.

O aspecto não era o de uma estrutura profissional. Dentro da cabana, havia peças da maquinaria espalhadas por todo lado; fora dela, parecia um depósito de tranqueiras eletrônicas. Mas logo percebi que é assim mesmo que funcionam as operações profissionais sérias, porque não é a aparência que importa e, basicamente, as máquinas novas foram projetadas para a cada dia fazer, neste lugar extraordinário, muitas operações diferentes.

A estimativa de Uwe era que o escaneamento de uma das duas colunas do fólio 81r, a página falsificada, demoraria trinta horas — aproximadamente dezessete vezes mais rápido do que na máquina EDAX. Abigail colocou o fólio na estativa e a varredura começou. Era hipnotizante. Ela ia e vinha e lentamente, e o mapa em ferro começou a aparecer, trazendo o texto de Arquimedes. Precisávamos prestar atenção constante a qualquer desaparecimento de sinal, conforme fosse mudada, de tempos em tempos, a posição e força do feixe (os elétrons eram reabastecidos três vezes ao dia). Se mudasse, tínhamos de "cutucar" o feixe. Não podíamos rastrear grandes seções porque os arquivos resultantes ficariam grandes demais. Mike então escreveu para mim o guia do idiota para o síncrotron e o grudou em um computador. É o mais perto que cheguei de código de computador: "Apertar PARAR; Abrir cabana; Ligar luz; Verificar umidade; Verificar ARCHIE; Desligar a Luz; Fechar cabana; Pressionar o botão de SEGURANÇA, Apertar SAÍDA DE PLOTTER; Apertar SAÍDA DE RASTER; Verificar salvar ARQUIVO no Dir/*.*; Selecionar RASTER; Apertar VOLTAR; Mudar coordenadas XY; Apertar APLICAR; Pressionar o botão do OBTURADOR 3; Selecionar RASPLOT; Escolher pixel 1; Apertar COMEÇAR."

Depois de trinta horas tínhamos uma coluna de texto para mostrar a Reviel. E Reviel a leu: atingíramos nosso objetivo. Asseguramos a Uwe que voltaríamos, e, quando o fizéssemos, traríamos as páginas de texto mais importante, que continham os mais difíceis desafios.

Março 2006

Retornamos ao SLAC, por duas semanas, em março de 2006. Dessa vez, levamos mais gente. Mas não era somente de pessoal que precisávamos para equipar o feixe, precisávamos também de talentos: Uwe pôde despender todo o seu tempo otimizando o experimento que só ele entendia; Bob contribuiu com seus anos de experiência na produção de imagem com fluorescência de raios X; Keith e Roger compareceram para processar as imagens; Jennifer Giaccai, a cientista de conservação do Walters, juntou-se a Abigail. E Mike e eu estávamos lá para dar uma mão no que fosse possível.

Desta vez, também, levamos a primeira página do manuscrito. Essa foi a página que Reviel e Natalie primeiro reconheceram como sendo de *Corpos flutuantes*, em abril de 2001, a que continha a inscrição da data de 14 de abril de 1229, feita pelo escriba do livro de orações. A página estava um verdadeiro lixo e as imagens em pseudocor não haviam revelado nada.

A partir do momento que começou a varredura da imagem, ficou claro que alguma coisa extraordinária estava acontecendo. O pergaminho chamuscado, manchado e corroído que estava na cabana aparecia na tela como uma densa rede de caracteres gregos. Eu sabia que estávamos vendo, pixel por pixel, linha a linha, no síncrotron de Stanford, um mapa de ferro na página que nos daria a até então desconhecida versão em grego de *Corpos flutuantes*. Keith Knox enviou as primeiras imagens para Reviel por e-mail, e recebeu a seguinte resposta:

De: Reviel Netz
Enviada: Seg 13/03/2006 00:32
Para: Keith Knox
Cc: Nigel Wilson; Mike Toth; Uwe Bergmann; Roger Easton; William Noel
Assunto: fólio 1v col.1

Obrigado, Keith, pelas imagens.
É sensacional a fluorescência dos raios X na 1v col. 1. Anexo a transcrição das linhas 2-11. Depois de muito trabalho, eu tinha conseguido espremer umas 3,5 linhas da imagem em pseudocor, mas agora de fato li, até com certa facilidade, todo o texto, observando também alguns erros feitos na minha leitura anterior.
Reviel.

Essa folha é parte da longa proposição final de *Corpos flutuantes*, que é, por unanimidade, a proposição mais complexa escrita por Arquimedes. Ela se refere às condições sob as quais uma seção cônica, de aparência um tanto similar ao casco de um barco, fica ou não estável se imersa em água. O texto difere bastante da transcrição em latim feita por Heiberg baseada em Moerbeke, e aparece um grupo de diagramas onde não se podia imaginar. Esse único texto sobrevivente, em grego, de *Corpos flutuantes* foi revelado em 13 de março de 2006, 777 anos depois de ter sido apagado e sobrescrito.

O Doador

O cólofon do qual John Lowden com tanta perícia tirara a data 14 de abril de 1299, em que o escriba do livro de orações datara seu trabalho, também estava nessa mesma página. Enviei o seguinte e-mail:

> A todos: Anexamos duas imagens da seção inferior do f. 1v.
> "Antes" se refere à que foi tirada quando o Palimpsesto chegou
> ao Walters. A "depois" foi tirada hoje no SLAC: é uma imagem
> com fluorescência de raios X; após a conservação feita por Abigail
> Quandt. Ela contém alguns textos escritos em 14 de abril de 1229.
> Será que alguém pode agora nos dar mais alguns detalhes?

Meu amigo Georgi Parpulov foi o primeiro a responder:

> **De:** Georgi Parpulov
> **Enviada:** Ter 14/03/2006 4:39
> **Para:** William Noel
> **Assunto:** cólofon
>
> Olá, Will,
> + [Isto] foi escrito pela mão do presbítero John Pogonatos (?)
> no 14º dia do mês de abril, um sábado, do ano 6737, indicação 2.
> Aguarde notícias de Nigel Wilson: ele conseguirá
> ler isso com muito maior precisão.

Antes de receber notícias de Nigel, recebemos de John Lowden:

De: Lowden, John
Enviada: Qui 16/3/2006 10:31
Para: William Noel; Georgi Parpulov; Nigel Wilson, Reviel Netz
Assunto: RE: cólofon

Acabo de receber este ao voltar de Dublin. É espantosa a melhora da legibilidade.
A primeira impressão é que o nome (refinando GP) é Iw(annou) iere(os) tou Murwna.
Eu verificaria Ioannes Myronas iereus como escriba.
Talvez devesse verificar primeiro e comunicar depois!
(muito apressado?)
    John

E finalmente então, no domingo, recebemos a confirmação de Nigel:

De: Nigel Wilson
Enviada: Dom 19/03/2006 7:32
Para: William Noel; Georgi Parpulov; John Lowden; Reviel Netz
Assunto: Re: cólofon

Caros Will, John, Reviel e demais,
    Concordo com a sugestão de John e que Myronas é provavelmente o nome; a última letra poderia ser alfa e é acentuada. Pedi a um aluno grego para verificar nas listas telefônicas se ainda existe o nome na Grécia. (Mylonas é bem comprovado.)
Com os melhores votos,
    Nigel

Aí está então. O caso está quase encerrado. Finalmente, sabemos quem preservou os textos de Arquimedes, de Hipérides e dos demais. O padre Ioannes Myronas terminou seu trabalho em 14 de abril de 1229. Como em todas as histórias de detetive, precisamos de um motivo. Naquele ano, 14 de abril foi véspera do domingo de Páscoa. Por tradição, nesse dia as pessoas faziam doações a instituições religiosas para a salvação de suas almas. Que doação extraordinária fez Ioannes. Ele não se redimiu apenas. No dia do aniversário da ressurreição de Cristo, Ioannes Myronas deu ao mundo seu mais importante palimpsesto e salvou os segredos de Arquimedes.

EPÍLOGO
"O Vasto Livro do Universo"

Jornada dupla para Arquimedes

Este não é um trabalho universitário típico. O Palimpsesto de Arquimedes parece insistir em ser ímpar, e o projeto para decifrá-lo tem poucos paralelos. É notável o quanto se alcançou em menos de dez anos, e quase tudo por guerreiros de fim de semana, reunidos pela vibração e glória de se trabalhar por Arquimedes. Todos tínhamos nossos empregos diários. Will Noel cuidava da exposição de manuscritos no Walters, eu lecionava ciência grega em Stanford, enquanto Roger Easton lecionava ciência da imagem em Rochester, e Nigel Wilson estava editando os trabalhos de Aristófanes para a série de textos clássicos de Oxford. Não sei ao certo que tipo de atividade Mike Toth exerce. Na realidade, somente uma pessoa assumiu o Palimpsesto como trabalho diário — o que ressalta a prioridade dos estudos do manuscrito. Abigail Quandt deixou de lado a maior parte de suas obrigações para se concentrar, dia após dia, na desmontagem e conservação do manuscrito. Suas mãos eram as mais ocupadas.

E todos nós o fizemos por uma simples razão: nossa admiração por um indivíduo que viveu, cerca de 2.250 anos atrás, em uma ilha triangular no meio do Mediterrâneo. Termos conseguido fazer tanto por ele deve-se, em minha opinião, a três pessoas, merecedoras de nossos agradecimentos.

O Patrocinador

Que tanto tenha sido realizado em um prazo tão rápido é, antes de mais nada, um tributo ao dono do Palimpsesto. A equipe de acadêmicos e cientistas que trabalham no projeto têm algo que é, em nossos dias, muito raro: nosso trabalho é comandado por um *patrocionador rico*. Houve uma época em que isso era normal. A ciência em Alexandria, assim como em Siracusa, foi incentivada sob o patrocínio dos reis helenistas. Sem dúvida, um mecenas patrocinou o manuscrito de Arquimedes no século X. Muitos artistas e acadêmicos renascentistas trabalharam para patronos ricos. Entretanto, desde pelo menos a Idade Média, a busca do saber sempre se deu dentro de instituições públicas. A igreja é o exemplo mais notório, e é graças a ela que a maioria dos manuscritos sobreviveu. Atualmente, a maior parte deles, inclusive os mais importantes do mundo, é mantida por outro tipo de instituição pública — o Estado ou suas universidades. Havia a princípio um sentimento generalizado de que o manuscrito deveria pertencer ao público. Provou-se que estávamos enganados. Fazendo um retrospecto, foi um golpe de sorte que o manuscrito acabasse em mãos particulares. Nenhuma instituição pública teria agido de maneira tão flexível, com tal generosa e coerente aplicação de recursos. Pense um pouco: o dono fez algo um tanto deplorável. Confiou o Palimpsesto a Will Noel, que nesta altura é um expert mundial no assunto, mas que há oito anos não sabia distinguir Arquimedes de Pitágoras. O dono então mais ou menos disse a Will Noel que fizesse o que achasse melhor com o manuscrito, e de maneira implícita se comprometeu a bancar o que fosse necessário. (Digo "de maneira implícita" porque, me disseram, ele não é um homem de muitas palavras.) Foi uma decisão sábia. Tivesse o manuscrito sido alojado numa universidade, a política acadêmica de pesquisa teria sido muito mais difícil, e cada despesa durante o processo precisaria ser reportada de maneira muito mais enfadonha, fortuita e demorada. Em suma, o dono poupou-nos as desvantagens das instituições públicas. Não que a instituição particular seja, em princípio, preferível. Na minha opinião, proprietários particulares não são, em geral, a melhor opção de custódia para tesouros mundiais. Lembremos que foi a Igreja Grega que salvou o manuscrito por um milênio — e foi em mãos particulares, ao longo do século XX, que ele quase foi destruído. Tivemos sorte com o atual dono. Ele não apenas agiu bem com Arquimedes, ele fez tudo o que pôde.

O Filólogo

Não conheço o dono do Palimpsesto muito bem. Will Noel, sim: quase diariamente eles se correspondem por e-mail, discutindo os próximos passos do Projeto Palimpsesto. Minha correspondência diária é ainda mais virtual. Está toda em minha cabeça. E é com um outro grande benfeitor do projeto, sem o qual, reitero, tudo isso teria sido impossível. Em meus pensamentos, sempre converso com Johan Ludwig Heiberg.

Da primeira a última página do livro, ele foi vítima de nossas críticas — as lacunas que deixou, as interpretações falsas, os diagramas com que nunca se preocupou. Chegou a hora da verdade: sem Heiberg, nunca teríamos feito o que fizemos. Olhamos para o texto e de início vimos um emaranhado de traços sem sentido. Interpretamos alguns dele. Conjecturamos sobre o sentido. Não chegamos a nada. E então verificamos Heiberg e, pasmem, ele entendera o sentido e lera até mesmo mais do que aquilo! Só então, olhando novamente a página, vimos os traços que ele legara com sua leitura. E assim, finalmente, tendo por base Heiberg, podemos prosseguir e completar suas leituras.

O projeto de transcrição foi mais ou menos como uma expedição a uma ilha perdida. A gente acredita estar vendo o que ninguém jamais viu. E daí, muitas vezes, a mesma estranha experiência: de repente, *a gente se dá conta de que um explorador anterior — Heiberg — já havia estado lá.* Eu ficava eufórico ao ver símbolos de círculos emergirem do tratamento feito por Abigail no Palimpsesto. Conforme apareciam, eu acreditava que fossem inéditos. Mas não eram: Heiberg também os havia visto e feito observações sobre eles em sua edição crítica. Repetidas vezes, Heiberg me pegou de surpresa.

Coloquemos da seguinte maneira. Há uma longa tradição de leitores de Arquimedes, desde acadêmicos como Hero de Alexandria, Eutócio de Ascalon e Leo, o geômetra de Bizâncio, até os de nossos dias. Ninguém dessa tradição jamais disputará a autoridade de Heiberg. Tivemos sorte demais de que tenha sido ele, e não outra pessoa, que esteve em Istambul, em 1906, para estudar o manuscrito naquele breve período histórico. Heiberg, quase que sozinho, salvou o texto de Arquimedes. Somente graças à mais moderna tecnologia é que agora podemos avançar além dele. E quanto a isso, penso, devemos ser gratos ao próprio Arquimedes.

As Ferramentas do Fundador

Iniciei o livro dizendo que Arquimedes foi o cientista mais importante que já existiu. Agora podemos constatar como: nas ferramentas que ele criou — e na maneira como a ciência posterior se desenvolveu nos moldes de sua ciência. Arquimedes, mais do que ninguém, determinou a história do cálculo — o estudo essencial para a medição de curvas — e também foi, inacreditavelmente, o fundador da combinatória, a ciência subjacente à nossa teoria da probabilidade. Ambos — o cálculo e a teoria da probabilidade — são a base da ciência da imagem contemporânea. Os cientistas da imagem que trabalharam no Palimpsesto aplicaram uma ciência fundamentalmente arquimediana.

Para ilustrar, concentro-me agora em uma ferramenta relativamente padrão usada por esses cientistas: a equalização das curvas de probabilidade. Enquanto padrão, é uma introdução útil porque destaca o principal conceito da ciência da imagem, ou seja, o da *informação*.

O termo "informação" foi mencionado com freqüência neste livro. Discutimos a evolução de um tipo de armazenamento de informação para outro e o impacto causado pelas mudanças da tecnologia da informação na transmissão do conhecimento. É hora de abrir o jogo e explicar que "informação" não é nenhuma espécie de conceito vago, metafórico. Informação é um termo técnico, que tem uma clara, ainda que sutil, definição matemática. Mais importante, na ciência contemporânea, a informação pode ser *medida*.

A intuição fundamental pode ser assim articulada. Olhamos para um arranjo de números e perguntamos: "Qual é a previsibilidade dele?" Suponhamos que seja algo como:

255, 255, 255 ... 255

isto é, todos os números são 255. Há uma clara intuição de que ele seja muito previsível e também nada informativo. Por outro lado, um arranjo como

127, 45, 254, 11, 6, 189 ... 39

é muito menos previsível e, portanto, contém mais "informação".

Examinemos de novo esses arranjos:

255, 255, 255 ... 255   127, 45, 254, 11, 6, 189 ... 39

O que significam eles em termos de ciência de imagem? Como já foi explicado por Will Noel, os cientistas da imagem não pensam em imagens como rostos ou flores. Pensam em imagens como matrizes bidimensionais (às vezes, de muitas dimensões) de valores inteiros. Cada um dos números inteiros no arranjo representa as propriedades de um pixel; o mais comum é que considerem o nível cinza de um pixel em uma fotografia preto-e-branco. Na foto preto-e-branco, a cada pixel é designado um nível de cinza, que geralmente varia de 0 (menos luz — isto é, preto) a 255 (mais luz — isto é, branco). O arranjo 255, 255, 255 ... 255, portanto, está correlacionado a uma imagem vazia — que é totalmente branca. O arranjo 127, 45, 254, 11, 6, 189 ... 39, por outro lado, está associado a um complexo padrão de luz e sombra. A imagem completamente vazia é absolutamente previsível (totalmente branca), portanto, nada informativa; o complexo padrão de luz e sombra é muito menos previsível e, portanto, muito mais informativo também.

Nesse ponto, pode ser matematicamente demonstrado que: a imagem mais informativa é aquela em que todos os níveis de cinza são igualmente prováveis.

Isto é: na imagem completamente em branco, o mais provável é um único nível de cinza — o totalmente branco; todo o resto não tinha probabilidade alguma de ocorrer. No complexo padrão de luz e sombra, porém, todos os níveis de cinza são igualmente prováveis. E essa é a razão matemática subjacente do padrão de luz e cinza ser o mais informativo.

O objetivo da ciência da imagem é fazer imagens o mais informativas possível — para que, por exemplo, acadêmicos possam usá-las para ler as palavras de Arquimedes. O resultado matemático acima sugere de maneira implícita uma possível aplicação tecnológica: a fim de criar uma imagem mais informativa, vamos equalizar sua distribuição de probabilidades. Devemos tentar fazer com que todos os níveis de cinza sejam igualmente prováveis.

Como fazer isso? Precisamos de uma nova conceitualização matemática. Retornamos à imagem e a consideramos não como um mero arranjo de números, mas, sim, como uma curva. Desenhamos uma matriz bidimensional com os familiares eixos x e y; x na horizontal e y na vertical. O eixo x corresponde aos possíveis níveis de cinza — indo de 0, o preto total, até 255, o branco total. Para cada um dos 256 níveis de cinza, desenhamos no vetor y o número de vezes que ocorre. Assim, por exemplo, a imagem completamente em branco tem uma aparência muito simples em tal matriz: todas as posições estão vazias, com exceção de uma única coluna comprida no 255, na extremidade direita do eixo x (ver fig. 12.1). Um padrão complexo de luz e sombra, por outro lado, tem uma aparência mais complexa (ver fig. 12.2).

Para simplificar um pouco: muitas imagens aparecem como uma espécie de curva normal, com muitos pixels no centro entre preto e branco e o resto distribuído de modo menos provável (mais preto ou branco) à medida que nos afastamos do centro.

Lembre-se agora: nosso alvo — de fazer a imagem o mais informativa possível — é fazer a distribuição de probabilidades *o mais igual possível*. Isso significa que, como a imagem mais informativa aparece como uma curva "uniforme", ou melhor, como um retângulo — em que todos os níveis de cinza ocorrem igualmente com freqüência (ver fig. 12.3) — queremos pegar uma curva como a de sino na figura e transformá-la em uma forma uniforme, retangular.

A ciência arquimediana mais uma vez presta sua colaboração. Pois essa operação — a transformação de uma curva de sino em retângulo — não passa da medição de um objeto curvilíneo por um retilíneo. Quando Arquimedes media suas parábolas, demonstrando como eram iguais a

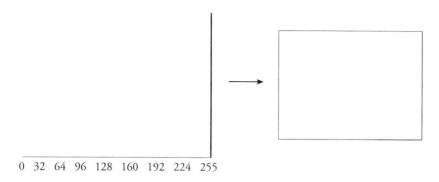

FIGURA 12.1 *Uma distribuição de pixels em que todos os pixels têm o nível 255 de luz corresponde a uma imagem completamente vazia*

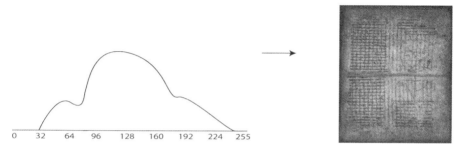

FIGURA 12.2 *Uma imagem normal tem associada a ela uma curva cujo formato é,* grosso modo, *semelhante ao de um sino*

dois terços de um dado retângulo, ele fazia *exatamente* o tipo de operação que precisamos fazer agora. (De fato, algumas das curvas que precisamos medir podem tomar a forma de uma parábola.) E o que os cientistas contemporâneos fazem, nesse ponto, é aplicar as ferramentas de cálculo — isto é, da ciência que derivou da medição de objetos curvilíneos de Arquimedes — a fim de "aplanar" a curva corretamente.

Aplicamos a teoria da probabilidade para desenvolver a noção de "informação" e descobrir que a imagem mais informativa está associada a uma igual distribuição de probabilidade de níveis de cinza. Aplicamos depois o cálculo para transformar a curva da real distribuição de probabilidades na forma "plana" desejada, associada à igual distribuição de probabilidades. O resultado final foi nem mais, nem menos a aplicação simultânea da probabilidade e do cálculo. Esse é apenas um exemplo do

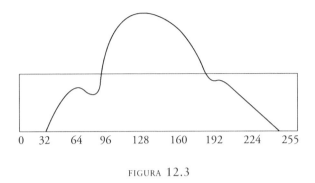

FIGURA 12.3

que os cientistas da imagem fazem, mas também um exemplo representativo (se desejar, *informativo*) — embora, naturalmente, processar as imagens usadas para ler o Palimpsesto tenha demandado muito mais do que isso. Mas esse é precisamente o tipo de técnica matemática que foi aplicada. A ciência da imagem é feita de probabilidade e cálculo. Assim, sem Arquimedes, não teríamos a ciência para fazer a leitura dele.

A Ciência Moldada por Arquimedes

Ainda mais importante do que o conteúdo da ciência de Arquimedes foi seu espírito — sua marca para a ciência. Afinal de contas, sua combinatória estava perdida — quando, em 1229, Ioannes Myronas decidiu não usar todo o pergaminho à sua frente e, sim, uma única folha do *Stomachion*. Foi preciso que matemáticos do século XVII reinventassem a ciência da combinatória e então criassem a probabilidade. Eles o teriam feito mesmo que Arquimedes não tivesse escrito o *Stomachion*. Apesar disso, sem o exemplo de Arquimedes, duvido que tivéssemos o tipo de ciência que temos hoje. Podemos conferir como tudo remonta à invenção do gênio de aplicar modelos matemáticos, abstratos, ao mundo físico.

Vamos tomar como nosso ponto de partida, uma vez mais, a noção matemática de *informação*. Não somente a ciência da imagem — as ciências da computação, assim como muitas outras disciplinas da revolução digital, são todas essencialmente baseadas nesse conceito. No que se refere a conceitos matemáticos, esse é muito recente: foi introduzido em 1948 por um matemático chamado Claude Shannon, que trabalhava nos Laboratórios Bell. Investigando sobre o que fazer para que as linhas telefônicas funcionassem melhor, ocorreu a ele que poderia haver uma teoria matemática associada à quantidade de informação que viajava por tais linhas. Sua inspiração brotou diretamente da física, e o conceito de informação, conforme descoberto por Shannon, é basicamente um conceito da física matemática.

O que Shannon fez foi pegar o conceito de *entropia*, definido na física matemática, e aplicá-lo ao fluxo de informações nas (digamos) linhas telefônicas. O que é entropia? É a medida de quão "provável" é um dado estado físico. Um estado físico pode ser muito provável, nesse caso sua entropia é alta; ou muito improvável, nesse caso sua entropia é baixa. Podemos entender, portanto, até onde foi a inspiração de Shannon: informação é (simplificando um pouco) *entropia reversa*.

Uma das mais profundas observações já feitas pela ciência é que — prenda a respiração — *coisas prováveis acontecem com maior freqüência*. Assim, com muita freqüência, os sistemas físicos passam de estados improváveis — com baixa entropia — para os mais prováveis — com alta entropia. Com o tempo, a *quantidade de entropia no universo deve aumentar* (ou, como podemos definir depois de Shannon, *a quantidade de informação no universo deve diminuir* — razão também por que a recepção em nossos telefones celulares é tão ruim). Falo sério quando digo que essa é uma das mais profundas observações já feitas pela ciência. É um belo exemplo de como, pelo puro poder do pensamento, podemos concluir sobre como o universo *deve* se comportar. Que coisas prováveis acontecem com maior freqüência é uma tautologia; e, devido a essa tautologia — à qual chegamos somente pelo puro pensar —, podemos entender também que *a quantidade de entropia no universo deve aumentar*. Conhecida como a segunda lei da termodinâmica, essa é considerada uma das mais fundamentais descobertas da física.

Isso se torna especialmente significativo no momento em que podemos calcular quais sistemas físicos têm maior ou menor entropia. Essa foi a razão de o conceito de entropia ter sido introduzido em primeiro lugar, em 1872, por um físico alemão chamado Boltzmann. Ele criou uma abordagem matemática para medir a quantidade de entropia de um estado físico, podendo demonstrar, em particular, o seguinte. Suponhamos que tomemos como sistema físico um certo gás, composto de muitas moléculas. Boltzmann conseguiu demonstrar que, em média, quanto mais rápido as moléculas de gás se movessem, menos entropia teria o sistema; ou que, quanto mais devagar, em média, elas se movessem, mais entropia o sistema teria. Em resumo, Boltzmann conseguiu demonstrar que a maior entropia está associada ao movimento mais lento de moléculas. Baseado na segunda lei da termodinâmica — que demonstra que a entropia tende a aumentar —, ele também conseguiu demonstrar que os gases tendem finalmente a se movimentar de estados mais rápidos para mais lentos.

Ora, também por uma convenção, aquilo que chamamos de "calor" é realmente uma medida da velocidade das moléculas do sistema físico. Um sistema "quente" é, na realidade, aquele em que as moléculas se movem mais rápido; um sistema "frio", aquele em que elas se movem mais devagar. E assim Boltzmann demonstrou, com base na segunda lei da termodinâmica, que todos os sistemas tendem, com o tempo, a ficar *mais frios.*

Isso é mágico — garantindo um lugar no panteão perto de Arquimedes. Boltzmann demonstrou, em 1872, que *tudo tende, finalmente, a ficar mais frio*. Mas a comparação com Arquimedes tem mais sustentação ainda.

Por que Boltzmann criou sua teoria matemática em 1872? Porque o comportamento do calor era o problema científico de urgência dessa época. Muito da ciência já havia sido entendido em termos matemáticos — mas não o calor. Nos dois séculos anteriores a Boltzmann, os cientistas se dedicaram com afinco ao avanço das conquistas de Newton. Com fundamentos puramente matemáticos, Newton determinou o comportamento dos planetas. O universo era feito de pontos — centros de gravidade — que exerciam a força da gravidade uns nos outros. Essa foi uma teoria unificada do movimento, na qual tudo se reduzia às ferramentas básicas da geometria e cálculo. A teoria foi publicada em 1687, na obra *Principia* de Newton. A partir de 1687, todos os cientistas tentaram imitar a realização de Newton — produzir teorias matemáticas às quais vários fenômenos físicos pudessem ser reduzidos. No começo do século XIX, a eletricidade seguiu a gravidade, sendo analisada por técnicas matemáticas de certa forma comparáveis às do próprio Newton. Por volta de 1872, o principal fenômeno físico que ainda resistia ao tratamento matemático era o calor. Boltzmann, em seu estudo, fez uma contribuição fundamental para a matematização da ciência física. Ele basicamente completou o programa de Newton.

Só que não era o de Newton — era o de Arquimedes, como Newton seria o primeiro a admitir. Ele próprio era, em 1687, herdeiro de uma longa tradição. Seu grande predecessor foi Galileu; tanto Newton como Galileu aspiravam, acima de tudo, devolver a ciência a seu auge arquimediano. Desejavam pegar as ferramentas matemáticas de Arquimedes e fazer com que deduzissem o máximo possível da física. O programa newtoniano de reduzir sistemas físicos a representações geométricas, obedecendo a leis matemáticas, foi todo calcado no modelo arquimediano. Assim é que, sem Arquimedes, não teria havido nem Galileu nem Newton. Tampouco Boltzmann ou Shannon, no que se refere ao assunto. Ou a ciência da imagem contemporânea.

O *"Vasto Livro"*

"A filosofia está escrita neste vasto livro, continuamente aberto diante de nossos olhos (quero dizer, o universo). Mas ele não pode ser compreendido a menos que primeiro se tenha aprendido a compreender a língua e reconhecer os caracteres em que está escrito. Ele está escrito na linguagem da matemática e os caracteres são triângulos, círculos e outras figuras geométricas. Sem estas, é impossível para nós humanos compreender uma única palavra dele, e ser privado delas é vagar em vão por um labirinto escuro."

Assim escreveu Galileu, em 1623, recobrando o espírito da ciência de Arquimedes. Essa metáfora do vasto livro do universo ainda persiste. Nós realmente pensamos no universo como um "livro" cujos segredos tentamos desvendar; e também usamos a matemática para fazê-lo. A importância de Arquimedes para a história da ciência está em ele ter mostrado como tal metáfora poderia literalmente funcionar. O livro do universo foi primeiro decifrado por ele — e descobriu-se que estava escrito na linguagem da matemática.

Em 1623, quando Galileu escreveu as palavras acima, todos os manuscritos de Arquimedes já não existiam. O Códex B havia sido perdido em algum momento do século XIV; o Códex A, no século XVI, provavelmente quando Galileu ainda era criança. Somente uma cópia subsistiu — mas estava sumida. Os monges que a usaram nunca aprenderam a ler triângulos, círculos e outras figuras geométricas.

Em 1687, quando a obra *Principia* de Isaac Newton foi publicada, esse códex — ou seja, o Palimpsesto de Arquimedes — ainda estava na Terra Santa, mas ignorado. Estava a mundos de distância desse cientista britânico, enclausurado em seu alojamento na Faculdade Trinity, em Cambridge.

Em 1872, quando Ludwig Boltzmann publicou seu estudo sobre a segunda lei da termodinâmica, o Palimpsesto já estava em Istambul. Estava prestes a ser descoberto, embora por breve período, por Heiberg. Por volta de 1948, estava novamente perdido. É provável que, quando Shannon criou sua definição matemática de informação, ele já se encontrasse danificado em algum apartamento parisiense.

Cinqüenta anos depois, ele voltou à cena. E aí a ciência estava pronta. Fechava-se o círculo da ciência inspirada por Arquimedes para que se conseguisse recuperar quase todas as suas palavras. E agora, finalmente, conhecemos a real estatura do homem.

Há que se acrescentar uma palavra final de cautela. Reiteramos que ainda não descobrimos tudo. Existem algumas lacunas em nossa leitura. Mas continuamos otimistas. Mesmo agora, enquanto escrevo, estudando as mais recentes imagens de páginas falsificadas do SLAC, vejo que a transcrição de Heiberg, mesmo da proposição 1 de *O método*, precisa de considerável revisão. A ciência inspirada por Arquimedes nunca se acomoda. O processo é infindo: ela recua um passo da realidade física para avaliar seus fundamentos matemáticos e, dessa maneira, mais e mais é sempre descoberto. A ciência arquimediana continua fazendo avanços; com o tempo, chegará ao patamar de Arquimedes.

AGRADECIMENTOS

A leitura do Palimpsesto de Arquimedes foi uma empreitada muito mais complicada do que a narrativa contida nestas páginas pode indicar. Na verdade, não conhecemos todas as pessoas que ajudaram no projeto. Citar apenas algumas poderá excluir muitas, mas a contribuição de alguns foi tão substancial que não podemos concluir o livro sem mencioná-los. Cientes de que esta lista está incompleta, desejamos, de toda forma, estender nossos agradecimentos a todos que de maneira tão generosa prestaram sua colaboração. Uma grande parte do trabalho foi feita à noite, em fins de semana e durante férias, e não podemos deixar de agradecer também às muitas viúvas e órfãos do projeto, particularmente Carol Christens-Barry, Dale Stewart, Daniel e Donald Potter, Elisabetta Gaiani e Sofia Bergmann, Hanneke Wilson e Lucretia Toth. Devemos profunda gratidão a Uwe Bergmann, Serafina Cuomo, Patricia Easterling, Roger Easton Jr., László Horváth, Geoffrey Lloyd, Abigail Quandt, Ken Saito e Nigel Wilson, por seu suporte de especialistas na redação deste livro. Todos os eventuais erros de fato e interpretação são nossos. Muitos amigos nos ajudaram a ter uma maior clareza, incluindo Richard Ash, Christopher Collison, Charlie Duff, Susan Elderkin, Guy Deutscher, Richard Leson, Amanda Mann e Jean-François Vilain. O sucesso depende de um bom editor, e nós contamos com a maravilhosa Francine Brody, da Weidenfeld and Nicolson.

Gerência e Administração

- Ken Dean
- Barbara Fegley
- Griffith Mann
- Amy Mannarino
- Kirstin Lavin
- Richard Leson
- Joan Elisabeth Reid
- Harold Stevens
- Mike Toth
- Gary Vikan
- Lynn Wolfe

Conservação e Tratamento

- Kevin Auer
- George Chang
- Jane Down
- Gil Furoy
- Jennifer Giaccai
- Paul Hepworth
- Erin Loftus
- Amy Lubick
- Maureen McDonald
- Mike McKee
- Elizabeth Moffatt
- Elissa O'Loughlin
- Abigail Quandt
- Jane Sirois
- Scott Williams
- Gregory Young
- Anthea Zeltzman

Ciência e Tecnologia da Imagem

- Allyson Aranda
- Mike Attas
- Uwe Bergmann
- Bill Christens-Barry
- David Day
- Charles Dickinson
- Roger Easton Jr.
- Alex Garchtchenko
- Martin George
- Jason Gislason
- Douglas Golz
- Gene Hall
- Tom Hostetler
- Keith Knox
- Matthew Latimer
- Bob Morton
- Nick Morton
- Tara Nylese
- Emmanuel Salerno
- Bruce Scruggs
- Derek Walvoord

Tecnologia de Informação e Dados

- Martina Bagnoli
- Diane Bockrath
- Doug Emery
- Cathleen Fleck
- Andy Johnston
- Joe McCourt
- Carl Malamud

ACADÊMICOS

Fabio Acerbi
Colin Austin
Chris Carey
Persi Diaconis
Patricia Easterling
Mike Edwards
Zoltán Farkas
Eric Handley
Jud Herrman
László Horváth
Susan Holmes
John Lowden
Gyula Mayer
Henry Mendell
Stephen Menn
Tamás Mészáros
Stefano Parenti
Georgi Parpulov
Erik Petersen
Marwan Rashed
Peter Rhodes
Ken Saito
Robert Sharples
Richard Sorabji
Natalie Tchernetska
Stephen Todd
Nigel Wilson
David Whitehead

OUTRAS LEITURAS

Os interessados em saber mais sobre o Palimpsesto de Arquimedes, sua digitalização, conservação e estudos acadêmicos, devem visitar o website www.archimedespalimpsest.org e seguir os links. Esperamos disponibilizar, e já começamos a fazê-lo, todos os nossos dados neste site: www.archimedespalimpsest.net. Além disso, os leitores talvez queiram consultar as seguintes publicações (em inglês):

ENCICLOPÉDIAS

Gillispie, C. C. (ed.), *Dictionary of Scientific Biography* (Nova York, 1975).

Hornblower, S. e A. Spawforth (eds.), *Oxford Classical Dictionary* (Oxford, 1996).

The Catholic Encyclopedia, em www.newadvent.org.

MATEMÁTICA ANTIGA

Recomendamos que os interessados em conhecer mais sobre a ciência grega antiga comecem pelos livros abaixo, de leitura mais palatável:

Lloyd, G. E. R., *Early Greek Science: Thales to Aristotle* (Londres, 1970).

———, *Greek Science after Aristotle* (Londres, 1973).

Os interessados mais especificamente nas realizações da geometria grega devem começar por:

Knorr, W. R., *The Ancient Tradition of Geometric Problems* (Nova York, 1986).

ARQUIMEDES

O melhor livro geral sobre as realizações científicas de Arquimedes provavelmente ainda permanecerá por muitos anos:
Dijksterhuis, E. J., *Archimedes* (1956; edição revista, Princeton, 1987).

Uma publicação em três volumes, escrita em grego, com tradução e introdução em latim. Pode ser de difícil leitura. Ainda assim, achamos que deveríamos incluí-lo, uma vez que nos referimos a seus dois autores com muita freqüência:
Heiberg, J. L., *Archimedes, Opera Omnia* (Leipzig, 1910-15).

Os interessados na história do cálculo antigo e seus conceitos devem ainda ler:
Boyer, C. B., *The History of the Calculus and its Conceptual Development* (Nova York, 1959).

HIPÉRIDES

Os discursos de Hipérides, conhecidos antes de serem descobertos no Palimpsesto de Arquimedes, estão editados com uma tradução na Biblioteca Clássica Loeb:
Burtt, J. O., *Minor Attic Orators*, vol. II (Cambridge, MA, 1954).

TRANSMISSÃO MANUSCRITA DOS CLÁSSICOS

Para a transição do rolo ao códex:
Roberts, C. H. e T. C. Skeat, *The Birth of the Codex* (Londres, 1983).

Para os interessados em escritos gregos, os seguintes são boas introduções:
Barbour, R., *Greek Literary Hands AD 400—1600* (Oxford, 1981).
Easterling, P. e C. Handley (eds.), *Greek Scripts: An Illustrated Introduction* (Londres, 2001).
Metzger, B. M., *Manuscripts of the Greek Bible: An Introduction to Greek Palaeography* (Nova York, 1981).

Para uma ampla pesquisa sobre a história da escrita, os leitores podem tentar:

Sirat, C., *Writing as Handwork: A History of Handwriting in Mediterranean and Western Culture* (Turnhout, 2006).

Há muitos estudos técnicos sobre a elaboração de manuscritos. Um texto básico e útil, com bibliografia, é:

Brown, M. P., *Understanding Medieval Manuscripts: A Guide to Technical Terms* (Malibu, CA, 1994).

Embora não contenha nada de relevante para Arquimedes, mas, sim, para leitores que queiram saber mais sobre o maravilhoso mundo dos manuscritos medievais, a melhor introdução geral disponível é:

De Hamel, C., *A History of Illuminated Manuscripts* (Londres, 1987).

Para os interessados na transmissão de textos antigos até a era da impressão, são indispensáveis:

Reynolds, L. D. e N. G.Wilson, *Scribes and Scholars*, 3ª ed. (Oxford, 1991).

Wilson, N. G., *Scholars of Byzantium* (Londres, 1983).

Um importante feito acadêmico, focado na história do texto de Arquimedes na Europa de fala latina, é:

Clagett, M., *Archimedes in the Middle Ages* (Madison, WI, 1964-84).

DIGITALIZAÇÃO E PROCESSAMENTO DE IMAGEM

Roger Easton recomenda:

Baxes, G. A., *Digital Image Processing: Principles and Applications* (Nova York, 1994).

Falk, D. R., D. R. Brill e D. G. Stork, *Seeing the Light: Optics in Nature, Photography, Color, Vision, and Holography* (Nova York, 1986).

Sobre fontes avançadas de luz, como o Centro de Aceleração Linear de Stanford, consulte: http://www.lightsources.org.

O PALIMPSESTO

As principais publicações sobre o Palimpsesto de Arquimedes, desde setembro de 1998, estão relacionadas a seguir, em ordem alfabética, por autor:

Christens-Barry, W. A., J. R. Bernstein, e M. Blackburn, "Imaging the Third Dimension of the Archimedes Palimpsest", *Proceedings of IS & T PICS Conference* (Montreal, 2001), pp. 202-5.

Christie's, Nova York, "The Archimedes Palimpsest", sale catalogue 9058, quinta-feira, 29 de outubro de 1998.

Down, J. L., G. S. Young, R. S. Williams e M. A. MacDonald, "Analysis of the Archimedes Palimpsest", in V. Daniels, A. Donnithorne e P. Smith (eds.), *Works of Art on Paper, Books, Documents and Photographs*, The International Institute for Conservation, Contributions to the Baltimore Congress, 2-6 de setembro de 2002 (Londres, 2002), pp. 52-8.

Easton, R. L., Jr., e W. Noel, "The Multispectral Imaging of the Archimedes Palimpsest", *Gazette du Livre Médiévale*, 45, 2004, pp. 39-49.

Handley, E., "Eureka? The Conservation, imaging and study of the Archimedes Palimpsest", folheto da exibição, Trinity College, Cambridge, 21-2 e 25-9 de julho de 2005.

Knox, K., C. Dickinson, L. Wei, R. L. Easton, Jr, e R. Johnston, "Multispectral Imaging of the Archimedes Palimpsest", *Proceedings of IS & T PICS Conference* (Montreal, 2001), pp. 206-10.

Lowden, J., "Archimedes into Icon: Forging an Image of Byzantium", in A. Eastmond e L. James (eds.), *Icon and Word: The Power of Images in Byzantium* (Londres, 2003), pp. 233-60.

Netz, R., *Archimedes: Translation and Commentary, with a Critical Edition of the Diagrams and a Translation of Eutocius' Commentaries*, vol. I: "The Sphere and the Cylinder" (Cambridge, 2004).

———, *Archimedes: Translation and Commentary, with a Critical Edition of the Diagrams and a Translation of Eutocius' Commentaries*, vol. II: "Advanced Geometrical Works" (Cambridge [no prelo]).

———, *Archimedes: Translation and Commentary, with a Critical Edition of the Diagrams and a Translation of Eutocius' Commentaries*, vol. III: "The Mathematical-Physical Works" (Cambridge [no prelo]).

———, "Archimedes and Mar Saba: a Preliminary Notice", in J. Patrich (ed.), *The Sabaite Heritage: The Sabaite Factor in the Orthodox Church: Monastic Life, Liturgy, Theology, Literature, Art and Archaeology* (2002), pp. 195-9.

———, "The Origin of Mathematical Physics: New Light on an Old Question", *Physics Today*, junho de 2000, pp. 31-6.

Netz, R., F. Acerbi e N. Wilson, "Towards a Reconstruction of Archimedes' Stomachion", *Sciamus* 5, 2004, pp. 67-99.

Netz, R., K. Saito e N. Tchernetska, "A New Reading of Method Proposition 14: Preliminary Evidence from the Archimedes Palimpsest (Part 1)", *Sciamus* 2, 2001, pp. 9-29.

———, "A New Reading of Method Proposition 14: Preliminary Evidence from the Archimedes Palimpsest (Part 2)", *Sciamus* 3, 2002, pp. 109-25.

Noel, W., "The Archimedes Palimpsest, Old Science Meets New Science", *Proceedings of IS & T PICS Conference* (Montreal, 2001), pp. 199-201.

Parenti, S., "The Liturgical Tradition of the Euchologion 'of Archimedes'", *Bollettino della Badia Greca di Grottaferrata*, IIIs. 2 (2005) (mas na verdade 2006), pp. 69-87.

Quandt, A., "The Archimedes Palimpsest: Conservation Treatment, Digital Imaging and Transcription of a Rare Mediaeval Manuscript", in V. Daniels, A. Donnithorne e P. Smith (eds.), *Works of Art on Paper, Books, Documents and Photographs*, The International Institute for Conservation, Contributions to the Baltimore Congress, 2-6 de setembro de 2002 (Londres, 2002), pp. 165-70.

Tchernetska, N., "New Fragments of Hyperides from the Archimedes Palimpsest", *Zeitschrift für Papyrologie und Epigraphik*, vol. 154, 2005, pp. 1-6.

Wilson, Nigel, "Archimedes: the Palimpsest and the Tradition", *Byzantinische Zeitschrift*, 92, 1999, pp. 89-101.

———, "The Archimedes Palimpsest: A Progress Report", in "A Catalogue of Greek Manuscripts at the Walters Art Museum and Essays in Honor of Gary Vikan", *Journal of the Walters Art Museum*, 62, 2004, pp. 61-8.

———, "The Secrets of Palimpsests", *L'Erasmo*, 25, 2005, pp. 70-5.

———, *Archimedes' "On Floating Bodies" I.1-2*, editado com tradução inglesa (Oxford, 2004).

Young, G., "Quantitative Image Analysis in Microscopical Thermal Stability Measurements", Canadian Conservation Institute Newsletter, 31 de junho de 2003, pp. 10-11.

ÍNDICE REMISSIVO

π 9, 64, 80

abreviações 119, 120, 121
Acerbi, Fabio 255, 256-257, 258, 267
Agência Central de Inteligência (CIA) 270
Alberti, Leon Battista 128
Alexandre, o Grande 76, 235, 236
Alexandria 47, 48, 75-78, 81, 82, 290
Amônio 81
análise dos componentes principais 218-219
Antêmio de Trales 84
aproximação de curvas 35
Arenário, O 43, 64, 87
Aristóteles 35, 127, 235, 236, 237
arqueação 78
Arquimedes 9-10, 12, 35-71, 73-74
    centros de gravidade 145-146, 147, 148-153
    Constantinopla 83
    diagramas 102-107, 108-109, 113-117
    infinito 60, 61, 191, 192, 206-211
    influência na ciência 35-37, 292, 296-299, 300
    lei do equilíbrio 61, 154-155
    Leonardo da Vinci 129-130
    manuscritos minúsculos 86-87
    Método, O 74-78, 92, 145-146, 163, 192-196, 208-211
    parábolas 157-161
    Renascença italiana 128-129
    sobrevivência de manuscritos 80-82, 87-88, 93
    Stomachion 241-267

túmulo de 70-71, 84, 97, 100, 113-115
volume de um corte cilíndrico 194-205, 207-208
Arquitas 47
Ars Eudoxi 116, 117
artimanhas 46, 62
Atenas 140, 235, 236-237
átomos 277-278
Attas, Mike 272

Basílio I 85, 88
Bergmann, Uwe 272, 280, 283, 285
Bernstein, Joanna 220
Biblioteca da Universidade de Cambridge 29, 137
Biblioteca da Universidade de Duke 141, 173
Biblioteca de Huntington 175
Biblioteca Nacional da Grécia 140
Biblioteca Real da Dinamarca 171
Bibliotheca 86
Bibliothèque Nationale 141, 173, 175
Blass, Bill 272
Bohr, Nielz 276-277
Boltzmann, Ludwig 298, 299, 300
Brunelleschi, Filippo 128
Buonarotti, Michelangelo 128, 165

"Caixa de Arquimedes", ver *Stomachion*
cálculo 9, 37, 49, 60, 145, 292
    ciência da imagem 295
    Newton 36, 60, 62, 163
    princípios da soma 209
Calímaco de Cirene 77, 80

calor 298

câmeras 216, 217, 219-220, 229-230, 276

Cantor, Georg 60

Carey, Chris 236

casos judiciais 12, 73, 142-143

catapultas 67-69

Cauchy, Augustin Louis 60

Centro de Aceleração Linear de Stanford (SLAC) 272, 281, 284-285, 300

centros de gravidade 9, 35, 61, 145-153
    Leonardo da Vinci 129-130
    parábolas 161, 162

Choniates, Nicetas 9, 126

Christens-Barry, William A. (Bill) 32, 213-214, 219-220, 272
    EL GRECO 276
    problemas de digitalização 222-224, 226
    processo de digitalização 228, 230
    VASARI 275

Christie's 11-14, 40, 73, 142-143

Chung, Fan 266

CIA ver Agência Central de Inteligência

Cícero 70, 97

ciência 45, 46-47, 64, 95, 153, 210
    contato intercultural 48
    diagramas 97-98, 121
    equações 96, 97-98, 121
    especulação 148
    infinito 191
    influência de Arquimedes 35-37, 292, 296-299, 300
    notações abreviadas 121
    patrocínio helenístico 290
    probabilidades 254
    reprodução de imagem 292-296
    ver também física

círculos
    π 64
    enquadrando 49
    túmulo de Arquimedes 114

Clagget, Marshall 128

Códex A 0, 87-88, 103
    diagramas 105, 106-107

edição de Heiberg 139
    perda de 300
    Renascença italiana 127-128

Códex B 10, 87, 88
    edição de Heiberg 139-140
    perda de 300
    Renascença italiana 127-128

Códex Sinaítico 138, 239

códices 78-80, 79, 81, 82, 86, 89

cólofon 186, 286-288

combinatória 62-65, 251-258, 261, 262-264, 292, 296

cones 100-101, *100*, 156, 189-190
    ver também parábolas

cones isósceles 100-101, *100*

conóides 52, *53*

Conóides e esferóides, sobre 49, 52, 87, 204, 205

Conon 48

conservação 24, 165, 180-184

Constantinopla 83-87, 239
    descoberta de Heiberg do Palimpsesto 138-139
    manuscritos do Methochion mudaram de 140
    pilhagem de 9, 125-127
    volta do Palimpsesto para 138
    Wilson em 137

Corpos flutuantes 12, 22, 61, 87, 92, 269
    acadêmicos da Renascença 128
    análise de imagens digitais 232-233
    inexistência do momento Eureca 42
    Leonardo da Vinci 129
    orações escritas sobre 132
    seções despercebidas por Heiberg 185-186, 232
    varredura por raios X 285-286

correspondência um-a-um 209

corte cilíndrico 194-205, 207-208

Crisipo 255

Croly, George 134, 135

cruzadas 239-240

cubo de Rubik 244, 262

cubos de dados 218, 220, 279
Cutler, Bill *265*

Dean, John 73, 74, 83, 125, 133-138, 143
definição de palimpsesto 22
Demóstenes 236
DEREK 273-274
Diaconis, Persi 257, 264
diagramas 29, 39, 75, 97-117, 122-123
    beleza dos 113-116
    imagem digital 221
    publicações de Heiberg 139
    representações esquemáticas 109,
        111, 112-113
    The Works of Archimedes 233
Digitalização *ver* tecnologia da imagem
Dijksterhuis, E. J. 243
Diodos Emissores de Luz (LEDs) 275-
    276
Diondas 236
dono do Palimpsesto ("sr. B") 19-24, 27,
    167, 171, 224, 269, 272-273, 290-291
Dositeu 45, 48, 61

Easterling, Patricia 29, 31, 39-40, 137, 236
Easton, Roger 32, 213-214, 220, 238,
    272, 289
    EL GRECO 276
    imagem multiespectral 214, 216, 217,
        218
    imagens de raios X 286
    problemas de imagem 221, 222-224,
        226
    processo de imagem 228, 229, 230
    VASARI 276
EDAX, máquina 279-280, 281, 282, 284
Einstein, Albert 41, 97, 254
EL GRECO 2760277
elipses 155, 156
entropia 297
equações 96-98, 118, 119, 121
Equilíbrio dos planos, Do 280
Equilíbrio dos planos, Do 61, 87, 92
    centros de gravidade 148

comentário de Eustócio 81
    Leonardo da Vinci 129
Equilíbrio, Lei do 35, 61, 154-155, 161-
    162
Eratóstenes 61, 74, 76-78, 141, 181, 193
escribas 91-93, 187, 228, 240
    abreviações 120
    diagramas 101, 102, 105, 106, 107,
        108
    símbolos 118-119
    processo de produzir palimpsestos
        130-133
    textos cristãos 82-83
escrita 117, 119
escrita minúscula 86-87, 87, 92
escritas 86, 87, 117, 119
Escritório Nacional de Reconhecimento
    (NRO) 25-26
esfera e o cilindro, A 49, 51, 87, 92, 137
    comentário de Eutócio 81, 84, 233
    diagramas 29-30, 99-100, 103-105,
        104, 107, 115, 116
    Leonardo da Vinci 129
    símbolos 119, 120
    tradução de Reviel 233
esferas 51, 52
esferóides 52, 54
Euclides 48, 80, 82, 88, 111, 189
Eudoxo 43, 47, 232
Eumenes II 89
Eureca! (mito) 42, 62, 128
Eutócio 81, 84, 103, 233, 291

falsificações 141, 173, 174-175, 176, 184,
    269
    fólios "desfigurados" 170
    imagem em raios X 280
Fermat, Pierre de 253, 271
Fídias 43-44
Filipe da Macedônia 235, 236
Finch, Simon 13-15, 16-19
física
    aplicação da matemática à 36, 145,
        156, 161, 210, 297, 299

aplicação na matemática 154, 193, 194, 209-210
entropia 297
mecânica quântica 254
Método, O 145, 146, 163
newtoniano 146-147, 281-282, 298
radiação síncrotron 282
ver também ciência
Fócio 86, 238
Fogg, Sam 16, 18-20
fólios 22, 90, 131-132
fósseis 278
Fowler, David 98
Frederico II, Sagrado Imperador Romano 239-240

Galileu 10, 35-36, 48, 129, 209, 299
infinito 190, 192
movimento de projéteis 69
poder da mente 62
sobre matemática 299
geometria 56, 61, 149, 255
diagramas 112, 113
Newton 36
parábolas 156
volume de um corte cilíndrico 201
George, Martin 283
Giaccai, Jennifer 285
Gislason, Jason 272, 278
Golz, Doug 272
Graham, Ron 266
grandeza 203-205, 206
Guersan, Anne 142-143, 174
Guersan, Robert 142, 174
Guerson, Salomon 174-179
Guilherme de Moerbeke 127, 128, 233, 286

Hagia Sophia 9, 83
Hall, Gene 272, 277-278, 279-280
Handley, Eric 236
Haselden, Reginald Berti 175-176
Health, T. L. 39

Heiberg, Johan Ludwig 23-24, 183, 189, 225
Corpos flutuantes 286
descoberta do Palimpsesto em Constantinopla 138-140, 300
falsificações 141
fotografias 171-172, 179-180, 185, 186
Método, O 139, 163, 192-197, 201-202, 262-263, 300
paciência 184
reputação 233
seções do manuscrito despercebidas por 185-186, 232
Stomachion 64, 243, 248, 249-250, 262-264, 265
tributo a 291-293
Hermann, Jud 236
Hero de Alexandria 77, 84, 291
Heródoto 237
Hidrostática 61
hieróglifos 121
Hillman, John 272
Hiparco 255-257
hipérboles *155*, 156
Hipérides 86, 234-237, 238, 270
Hipócrates de Quios 47
hipótese Casablanca 177-179
Holmes, Susan 258, 266
Homero 61, 65, 80, 82
Horizonte 271
Horváth, László 235, 236, 237
Hough, David 255

igualdades de multitude 207-208
II Guerra Mundial 177-179
imagem multiespectral 214-219, 222, 270, 275-276
imagens em pseudocor 228, 250, 269, 274, 276
imagens em ultravioleta (UV) 183, 185, 205, 215-216, 219-220, 221, 226-228
infinito 36, 37, 52, 63, 60-61, 145, 163
grandezas 205

história da matemática 190-192
Lei do Equilíbrio 154
O método 192, 193-194, 205-211, 262
potencial 54, 55-56, 59, 60, 190, 191
Stomachion 249, 262
volume de um corte cilíndrico 202-203
infinito potencial 54, 55-56, 59, 60, 190, 191
informação 292-296, 297
informação elementar 277-278, 279-280
Instituto de Conservação Canadense 170, 173, 179, 180, 182, 283
Isidoro de Mileto 84, 138
Istambul *ver* Constantinopla

Jacopo de Cremona 127, 128
James, M. R. 166
Jerusalém 134, 138, 239-240
jogo de cartas 253
Johnston, Andy 272
Johnston, Robert H. 32

Kelekian, Dikran 176-177
Kemal, Mustafa (Ataturk) 140
Kerr, Don 270
Khayyam, Omar 48
Knox, Keith 32, 213-214, 220, 272
EL GRECO 276
imagens de raio X 285
imagens UV 226-228
problemas de digitalização 221, 222-224, 226
processo de digitalização 228, 229, 230
VASARI 275
Krum, cã da Bulgária 85, 238
Kuklos (símbolo) 183

Laboratório de Radiação Sincrotrônica de Stanford (SSRL) 282
LEDs *ver* Diodos Emissores de Luz
Lei da Alavanca 154
Lei do Equilíbrio 35, 61, 154-155, 161-162

Leibniz, Gottfried Wilhelm I 9, 10, 59
Leo, o Filósofo (Geômetra) 88
Leonardo da Vinci 10, 48, 129-130
letras 120
língua 99, 120
Linhas Espirais 49, 51 87, 92
diagramas 115, 116
Leonardo da Vinci 129
Lloyd, Geoffrey 38
lógica 255, 256
lógica estóica 255, 256
Lowden, John 185, 238
cólofon 186, 286, 287
falsificações 173, 176, 184
luz 214-217, 219
Lynch, John 271

manuscritos árabes 244-245
Marasco, Joe 241-242, 246, 250-251, 264-266
Martinez, Kirk 272
massa 207-208, 263
matemática
aplicação na física 36, 145, 156, 161, 210, 297, 299
Euclides 48
experiência da 122
Galileu 299-300
grego(a) 38-39, 47, 49, 50, 64
combinatória 254-257
diagramas 98, 99-100, 101-102, 112, 255
"igual em multitude" 207
infinito 190, 191, 205
parábolas 155-156
prova indireta 54
história da 190-192, 194
infinito 190-192, 209
símbolos 118-122
Teoria de Grupo 244, 262
ver também cálculo; geometria
mecânica quântica 254
medição 49-52, 293
parábolas 51, 56-59

infinito potencial 55-56

Medida do Círculo 81, 87, 92, 129, 243

Methochion do Santo Sepulcro de Jerusalém (Constantinopla) 138, 139

Método, O 12, 22, 60, 87, 145, 189
    análise de imagens digitais 231-232
    carta a Eratóstenes 74-78, 92, 144, 144
    centros de gravidade 130, 145-146
    deterioração de fólio 172
    diagramas 109, *110*
    infinito 163, 192, 193-194, 205-211
    Lei do Equilíbrio 61, 154
    oração escrita sobre 132
    parábolas 155, 163
    transcrição de Heiberg de 139, 192-193, 300
    volume de um corte cilíndrico 194-205

método filológico 103, 106

Metrica 77

Michelângelo *ver* Buonarotti

mofo 169, 242

Morton, Bob 272, 278-280, 285

Mosteiro de Santa Catarina 137, 239

Mosteiro de São Sabas 135-136, 138, 168, 187, 239

movimento 35, 281

Museu de Arte Walters 15-21, 141, 143, 170

Myronas, Ioannes 287, 296

Neugebauer, Otto 78

Newton, Isaac 9, 10, 36, 48, 129, 210
    cálculo 36, 60, 62, 163
    infinito 190, 192
    Leis do Movimento 281
    movimento dos planetas 62, 69, 146, 298-299

New York Times 267

NRO *ver* Escritório Nacional de Reconhecimento

Nylese, Tara 279

Odisséia 47, 65

Omont, Henri 175, 176

Oyens, Felix de Marez 11-13, 15, 142

Papadopolous-Kerameus, A. 135, 139

papiro 75, 88, 116

Pappus 80

parábolas 51, *51*, 155-164, *156*, 295
    método geométrico 56-59, *57*, *58*
    projéteis 69
    seções cônicas 155, 156
    túmulo de Arquimedes 113
    volume de um corte cilíndrico 200-202

paralelogramos 147, *147*

Parenti, Stefano 239

Parpulov, Georgi 174, 286

Pascal, Blaise 253

Patriarcado Greco-Ortodoxo de Jerusalém 12

Peakin, Will 234, 271

pergaminho 22, 89
    conservação 165-166
    deterioração 168-170, 242, 243-244

Petersen, Erik 171

Piero della Francesca 128

Pio, Alberto 128

pirâmides 50

Pitágoras 47

Platão 35, 44, 61, 80

plethos (multitude) 207, 263

Plutarco 70, 236, 255, 256, 257

Políbio 68

polígonos 65, *65*, 107-109

Poliziano 128

Pompéia 111, 112, 115

probabilidade 253, 254, 292, 295, 297

processo de desencadernação 167-171, 184

Procópio 83

proporção 35, 154, 201, 203, 204

prova indireta 54, 55, 59, 149

quadrados 50, *50*, 114

Quadratura da Parábola 48, 51, 88

Quandt, Abigail 20, 24, 26, 28, 31
falsificações 174-185
processo de "palimpsestar" 131
processo de desencadernação e conservação 165-172, 179-187, 213, 228-229, 289
varredura em raios X 283, 284, 286
quebra-cabeça 45-46, 62-66
ver também Stomachion

radiação síncrotron 282
raiz cúbica 69
Rashed, Marwan 237
Reconhecimento Óptico de Caracteres 2730274
Regiomontanus 128
Renascença 128, 136
representação esquemática 109, 111, 112-113
retângulos 49, *50*
túmulo de Arquimedes 113
volume de um corte cilíndrico 200-202, 207-208
retratos de evangelistas *ver* falsificações
"revolução científica" 36, 136, 190, 191
Rickey, Fred 13
Roberts, David 134
rolos 75, 77, 79-80, *79*, 82, 117
Rose, Valentin 127
Russo, Lucio 256
Saito, Ken 188, 189-190, 192-194, 197, 202-205, 207-208, 238
Salerno, Emanuele 272, 275
São João Psichaites 238
"Schröder, números de" 255
Scruggs, Bruce 279
Serapeo 77, 82
Shannon, Claude 297, 299, 300
símbolos 118-123
Sinai 138, 239
Siracusa 40, 41, 67-68, 70, 74, 97
Sirieux, Marie Louis 142, 174, 175, 179
"Sr. B" 19-24, 27, 167, 170, 224, 269, 272-273, 290-291

Stanford Positron Electron Accelerating Ring (SPEAR) 281-282
Stanley, Richard 255
Stomachion 12, 22, 64, 87, 92, 241-267, 296
arranjo original 261
deterioração de fólio 168-169, *169*, 172
formas criativas 249-250, *247*, *248*
fotografia de Heiberg 172
rotações 258, 261-263, *259*, *260*, 266, 267
soluções *63*, 261, *260*, 264-267, *265*
substituições 258-262, 263, *265*, 267
Sunday Times 234, 271
Suter, H. 244, 250

Taft, Robert 239
Tales 47
Tchernetska, Natalie 30, 185, 221-223, 224-225, 234-236
técnica do desenho 111
Tecnologia da Imagem 26, 31-33, 205-206, 213-233
acesso às imagens 230-231
ciência arquimediana 292-296
digitalização 32, 205-206, 213-233
imagens UV 225-228
processo de digitalização de imagem multiespectral 214-219
queixas quanto aos resultados 221-224
tecnologia de computação 217-218, 273-274
ver também imagem digital
Temístio 83
Templo às Musas 76
Templo de Serapis 77
tempo 35
Teodósio II 83, 85
Teófilo 131
Teoria de Grupo 244, 262
Teoria dos Conjuntos 209
termodinâmica 297
textos bizantinos 85, 92, 176, 234, 238

The Works of Archimedes 233
The World Tonight 221
tinta 90-91
Tischendorf, Constantin 137, 239
Toth, Michael B. 24-26, 31, 170, 269-273, 289
    problemas de imagem 223-224
    Reconhecimento Óptico de Caracteres 273-274
    varredura em raios X 282, 284, 285
triângulos 49, *50*, 98-99, *98, 99, 112*
    centro de gravidade 62, 129, 145-146, 147-153
    parábolas 51, *51*, 56-59, *57, 58*, 157-163, *157, 158*
    volume de um corte cilíndrico 197-202, *199¸* 207-208
Trippel, Katja 272
Tybjerg, Karin 171
Tzetzes, Johannes 41-42

Universidade Brigham Young 216

Valla, Giorgio 127

varredura em raio X 277-280, 281, 282, 283, 284-286
VASARI 275, 276
Venizelos, Evangelos 13
Vikan, Gary 16, 17, 19-21, 29
Vitrúvio 42, 61
volume 49

Walvoord, Derek 274
Washington Post 271
Whitehead, A. N. 35
Willoughby, Harold R. 174, 176
Wilson, Nigel 29, 30, 92, 137, 289
    Bibliotheca de Fócio 86
    colaboração com Netz 231-232, 258
    cólofon 287
    descoberta de comentário de Aristóteles 237
    imagem digital 232-233
    Stomachion 257, 258, 262, 267

Young, Greg 283

Zutshi, Patrick 29, 134

Este livro foi composto na tipologia Classical
Garamond BT Roman, em corpo 11/15,6, e em
papel off-set 75g/m^2 nas oficinas da RR Donnelley.

Seja um Leitor Preferencial Record
e receba informações sobre nossos lançamentos.
Escreva para
RP Record
Caixa Postal 23.052
Rio de Janeiro, RJ – CEP 20922-970
dando seu nome e endereço
e tenha acesso a nossas ofertas especiais.

Válido somente no Brasil.

Ou visite a nossa home page:
http://www.record.com.br